ENZYKLOPÄDIE
DEUTSCHER
GESCHICHTE
BAND 15

ENZYKLOPÄDIE
DEUTSCHER
GESCHICHTE
BAND 15

HERAUSGEGEBEN VON
LOTHAR GALL

IN VERBINDUNG MIT
PETER BLICKLE
ELISABETH FEHRENBACH
JOHANNES FRIED
KLAUS HILDEBRAND
KARL HEINRICH KAUFHOLD
HORST MÖLLER
OTTO GERHARD OEXLE
KLAUS TENFELDE

DIE DEUTSCHE FRAGE UND DAS EUROPÄISCHE STAATENSYSTEM 1815–1871

VON
ANSELM DOERING MANTEUFFEL

3., um einen Nachtrag erweiterte Auflage

R. OLDENBOURG VERLAG
MÜNCHEN 2010

Bibliografische Information der Deutschen Nationalbibliothek
Die Deutsche Nationalbibliothek verzeichnet diese Publikation in der Deutschen
Nationalbibliografie; detaillierte bibliografische Daten sind im Internet
über <http://dnb.d-nb.de> abrufbar.

© 2010 Oldenbourg Wissenschaftsverlag GmbH, München
Rosenheimer Straße 145, D-81671 München
Internet: oldenbourg.de

Das Werk einschließlich aller Abbildungen ist urheberrechtlich geschützt. Jede
Verwertung außerhalb der Grenzen des Urheberrechtsgesetzes ist ohne Zustimmung des Verlages unzulässig und strafbar. Das gilt insbesondere für Vervielfältigungen, Übersetzungen, Mikroverfilmungen und die Einspeicherung und
Bearbeitung in elektronischen Systemen.

Umschlagentwurf: Dieter Vollendorf
Umschlagabbildung: Reichswappen von 1848 (Gesetz v. 12. November 1848),
n. d. Zeichnung von Heideloff, in: J. Siebmacher's grosses und allgemeines
Wappenbuch. Bd. I. 1. II.: Wappen der deutschen Souveraine und Lande.
Bearb. v. Gustav A. Seyler, Nürnberg 1909, Taf. 15.

Gedruckt auf säurefreiem, alterungsbeständigem Papier (chlorfrei gebleicht)
Satz: Schmucker-digital, Feldkirchen b. München
Druck: Grafik + Druck, München
Bindung: Buchbinderei Kolibri, Schwabmünchen

ISBN 978-3-486-59675-5

Vorwort

Die „Enzyklopädie deutscher Geschichte" soll für die Benutzer – Fachhistoriker, Studenten, Geschichtslehrer, Vertreter benachbarter Disziplinen und interessierte Laien – ein Arbeitsinstrument sein, mit dessen Hilfe sie sich rasch und zuverlässig über den gegenwärtigen Stand unserer Kenntnisse und der Forschung in den verschiedenen Bereichen der deutschen Geschichte informieren können.

Geschichte wird dabei in einem umfassenden Sinne verstanden: Der Geschichte der Gesellschaft, der Wirtschaft, des Staates in seinen inneren und äußeren Verhältnissen wird ebenso ein großes Gewicht beigemessen wie der Geschichte der Religion und der Kirche, der Kultur, der Lebenswelten und der Mentalitäten.

Dieses umfassende Verständnis von Geschichte muß immer wieder Prozesse und Tendenzen einbeziehen, die säkularer Natur sind, nationale und einzelstaatliche Grenzen übergreifen. Ihm entspricht eine eher pragmatische Bestimmung des Begriffs „deutsche Geschichte". Sie orientiert sich sehr bewußt an der jeweiligen zeitgenössischen Auffassung und Definition des Begriffs und sucht ihn von daher zugleich von programmatischen Rückprojektionen zu entlasten, die seine Verwendung in den letzten anderthalb Jahrhunderten immer wieder begleiteten. Was damit an Unschärfen und Problemen, vor allem hinsichtlich des diachronen Vergleichs, verbunden ist, steht in keinem Verhältnis zu den Schwierigkeiten, die sich bei dem Versuch einer zeitübergreifenden Festlegung ergäben, die stets nur mehr oder weniger willkürlicher Art sein könnte. Das heißt freilich nicht, daß der Begriff „deutsche Geschichte" unreflektiert gebraucht werden kann. Eine der Aufgaben der einzelnen Bände ist es vielmehr, den Bereich der Darstellung auch geographisch jeweils genau zu bestimmen.

Das Gesamtwerk wird am Ende rund hundert Bände umfassen. Sie folgen alle einem gleichen Gliederungsschema und sind mit Blick auf die Konzeption der Reihe und die Bedürfnisse des Benutzers in ihrem Umfang jeweils streng begrenzt. Das zwingt vor allem im darstellenden Teil, der den heutigen Stand unserer Kenntnisse auf knappstem Raum zusammenfaßt – ihm schließen sich die Darlegung und Erörterung der Forschungssituation und eine entsprechend gegliederte Auswahlbibliographie an –, zu starker Konzentration und zur Beschränkung auf die zentralen Vorgänge und Entwicklungen. Besonderes Gewicht ist daneben, unter Betonung des systematischen Zusammenhangs, auf die Abstimmung der einzelnen Bände untereinander, in sachlicher Hinsicht, aber auch im Hinblick auf die übergreifenden Fragestellungen, gelegt worden. Aus dem Gesamtwerk lassen sich so auch immer einzelne, den jeweiligen Benutzer besonders interessierende Serien zusammenstellen. Ungeachtet dessen aber bildet jeder Band eine in sich abgeschlossene Einheit – unter der persönlichen Verantwortung des Autors und in völliger Eigenständigkeit gegenüber den benachbarten und verwandten Bänden, auch was den Zeitpunkt des Erscheinens angeht.

Lothar Gall

Inhalt

Vorwort des Verfassers IX

I. *Enzyklopädischer Überblick* 1

  1. Deutschland in der Neuordnung Europas 1806–1815 .. 1

  2. Zwischen Beharrung und Bewegung: Deutschland im europäischen Staatensystem 1815–1848 8

  3. Deutscher Bund und Deutscher Zollverein 19

  4. Deutsche Revolution und europäische Mächte 1848–1851   24

  5. Auf dem Weg ins Zeitalter der „Realpolitik": Die deutsche Frage im Jahrzehnt des Krimkriegs 1849/51–1856/59 31

  6. Die Verdrängung Österreichs aus Deutschland 1859/62–1866 38

  7. Die Reichsgründung 46

II. *Grundprobleme und Tendenzen der Forschung* 53

  1. Die borussische Schule in der Geschichtsschreibung des Kaiserreichs 53

  2. Das Bild Metternichs und Österreichs Geltung in den Darstellungen vor 1914 60

  3. Schwerpunkte und Tendenzen der politischen Historiographie in der Zwischenkriegszeit und seit 1945/49 ... 65

    3.1 Die europäische Ordnung des Wiener Kongresses und die Allianzpolitik der 1820er Jahre 74

    3.2 Die Phase der Julirevolution und des Vormärz ... 80

    3.3 Die Revolutionszeit 1848–1851 85

    3.4 Europäisches Mächtesystem, deutsche Frage und „Realpolitik" 92

    3.5 Teilung der Nation? Das Ende des deutschen Dualismus 1866 96

    3.6 Europa und die Reichsgründung 100

4. Die wirtschaftliche Dimension der deutschen Frage . . 108
5. Deutschland in der Staatenordnung Europas 112
6. Deutscher Bund und europäisches Staatensystem in
   der Forschung seit 1993. Nachtrag zur 3. Auflage 118

III. Quellen und Literatur 139

  A. *Quellen* 139

  B. *Literatur* 141

  1. Übergreifende Abhandlungen und
     Gesamtdarstellungen 141
  2. Europäische Neuordnung und „Wiener System"
     1814/15–1822 144
  3. Deutschland und das Staatensystem in der „Wiener
     Ordnung" 1822–1830–1847/48 146
  4. Die Revolutionszeit 1848–1851 147
  5. Europäisches Staatensystem und deutscher Dualismus
     1848/51–1856/59 149
  6. Die Mittelstaaten von den Anfängen des Deutschen
     Bundes bis zur Reichsgründung 1815–1871 150
  7. Die deutsche Frage und das europäische Staaten-
     system im Schatten der Machtpolitik 1856/59–1866–
     1870/71 152
  8. Zollverein und deutsche Politik 155
  9. Deutschland in der Staatenordnung Europas 156

  C. *Nachtrag 2010.* 159

Register 165

Themen und Autoren 169

Vorwort des Verfassers

Mit dem Begriff „deutsche Frage" umschrieben die Zeitgenossen des 19. Jahrhunderts das Problem, wie zwischen den gegenläufigen Interessen der Großmächte Österreich und Preußen das Ziel des nationalen Staats in Deutschland zu verwirklichen sei. Er tauchte nach dem Scheitern der Nationalversammlung in der Paulskirche 1849 auf und durchzog die Jahrzehnte bis 1871. Aber das grundlegende Problem der „deutschen Frage", die Existenz einer nicht-nationalen Föderation zahlreicher Einzelstaaten im Zeitalter der nationalen Bewegungen und des aufkeimenden Nationalismus, begleitete die Geschichte des Deutschen Bundes schon von 1815 an. Darauf verweist der Titel dieses Buchs. Es zeichnet in der gebotenen Kürze die staatliche Entwicklung Deutschlands vom Ausgang der napoleonischen Ära bis zur Reichsgründung nach. Da es jedoch „Deutschland" als handlungsfähige Einheit nicht gab, gilt die Darstellung dem europäischen Bezugsrahmen, in den der Deutsche Bund und die Vormächte Österreich und Preußen einbezogen waren. Im Staatensystem des frühen und mittleren 19. Jahrhunderts war die europäische Ebene von mindestens ebenso großer Bedeutung für die Gestaltung der äußeren Politik wie die jeweilige eigenstaatliche. Damit besitzt unser Thema am Ende des 20. Jahrhunderts eine beträchtliche Aktualität für das historische Nachdenken über die Existenzbedingungen der europäischen Staatenwelt. Lange Zeit haben sich die Historiker für die Handlungsformen auf der europäischen Ebene kaum interessiert, weil ihre Aufmerksamkeit der Geschichte der Nationalstaaten galt. Das europäische Mächtesystem zwischen 1815 und 1871 ist deshalb weit weniger gut erforscht als die anschließende Epoche, die von den souveränen nationalen Machtstaaten bestimmt war. Doch der spannungsreiche Zusammenhang zwischen dem Anspruch auf nationale Selbstbestimmung und der Einbettung einzelstaatlicher Interessen in den europäischen Rahmen prägt nach dem Zerfall des Ostblocks unsere Gegenwart in unvermuteter Schärfe. Der Forschungsüberblick des Bandes zeigt, wie unzureichend bisher über Konzeptionen aus dem 19. Jahrhundert gearbeitet wurde, einzelstaatliche Politik im multilateralen Verbund zu verrechtlichen und so das Agieren im Mächtesystem berechenbar zu machen. Die Herausforderungen der Gegenwart sind dazu geeignet, intensivere Forschungen in dieser Richtung in Gang zu bringen.

Das Buch ist so konzipiert, daß es sich mit zwei weiteren Bänden dieser Reihe thematisch ergänzt. 1992 erschien von Elisabeth Fehrenbach die Studie über „Verfassungsstaat und Nationsbildung 1815–1871", die dem Ringen um den Nationalstaat als Verfassungsstaat gewidmet ist. Wolfram Siemanns Band „Der Deutsche Bund im politischen System der Restauration 1815–1866" wird die innenpolitischen Gegenkräfte gegen die Verfassungsbewegung zwischen Wiener Kongreß und Königgrätz darstellen. Die Verflechtung der inneren und äußeren Politik erschließt sich aus der parallelen Lektüre dieser drei Bände.

Unter den vielen, die mir bei der Arbeit geholfen haben, schulde ich an erster Stelle Dank dem Betreuer dieses Bandes im Rahmen der EdG, Herrn Professor Klaus Hildebrand. Er hat das Manuskript eingehend kommentiert und mir hilfreiche Ratschläge gegeben. Dankbar bin ich meinen Würzburger Kollegen Harm-Hinrich Brandt und Dieter Timpe für ihre Bereitschaft zur Diskussion über einzelne Thesen des Buchs und über die Eigenart der Historiographie zur deutschen Geschichte des 19. Jahrhunderts. Für alle technische Unterstützung danke ich Winfried Sautter und Dietmar Boshof in Würzburg, Gabriele Metzler und Eckart Conze in Tübingen. Eine Hilfe war mir zuletzt die angenehme Zusammenarbeit mit dem Lektor des Verlags, Herrn Dr. Adolf Dieckmann.

Tübingen, im Oktober 1992   Anselm Doering-Manteuffel

I. Enzyklopädischer Überblick

1. Deutschland in der Neuordnung Europas 1806–1815

Am 6. August 1806 endete die Geschichte des Heiligen Römischen Reichs Deutscher Nation, als der Habsburger Franz II. unter ultimativem Druck Napoleons die Kaiserkrone niederlegte und das Reich, das es eigentlich schon gar nicht mehr gab, für aufgelöst erklärte. Bereits seit dem 25. Juli 1806 war Napoleons Vorherrschaft im Deutschland rechts des Rheins festgeschrieben. Die Fürsten Süd- und Westdeutschlands hatten die Rheinbundakte ratifiziert; damit hatten sie ihren Austritt aus dem Reich vollzogen und Napoleon als Protektor des neuen Bundes anerkannt. Europa stand in einer Periode grundstürzender Kriege, die sich in Deutschland mit tiefgreifenden staatlich-territorialen Veränderungen und inneren Reformen verbanden. Nachdem die europäischen Mächte schließlich in der Völkerschlacht bei Leipzig (16.–19. Oktober 1813) über Napoleon gesiegt hatten und nachdem sie in Paris eingezogen waren (31. März 1814), standen sie vor der Aufgabe, das Staatengefüge Europas neu zu organisieren. Deutschland lag im Schnittpunkt der Machtprojektionen der Großmächte: Die Neuordnung Europas mußte auf der Neuordnung Deutschlands aufbauen. *Das Ende der alten Ordnung in Europa*

Darüber hatte es schon früh erste Vorüberlegungen gegeben. An der Jahreswende 1804/05 war im Gedankenaustausch zwischen dem russischen Zaren Alexander I. und dem englischen Premierminister William Pitt d.J. der Plan entstanden, die künftige Staatenordnung Europas unter eine Garantie der Großmächte zu stellen und das Gewicht Frankreichs durch eine Verstärkung Preußens am Rhein und Österreichs in Norditalien zu vermindern, schließlich Deutschland föderativ zu reorganisieren. Dieses Konzept war noch nicht vergessen, als knapp zehn Jahre später, im Herbst 1813, nach Napoleons gescheitertem Rußlandfeldzug, die Erhebung Europas begann. In jenen Monaten ließ sich indes nicht absehen, ob das ein Krieg der Völker werden würde oder aber – in der Tradition der vorrevolutionären Epoche – ein Krieg der Staaten. Im Bewußtsein *Pläne für die Neuordnung*

Freiheitskriege oder Befreiungskrieg? mancher Deutschen gewannen die „Freiheitskriege" den Charakter eines Kampfes um die Selbstbestimmung des Volkes. Das förderte die Politisierung der Nation. Es war nicht nur Reaktion auf die französische Fremdherrschaft, sondern auch Ausdruck des Freiheits- und Gleichheitsgedankens, der mit der Französischen Revolution zum Durchbruch gekommen und in dem der Anspruch des Einzelnen auf Selbstbestimmung angelegt war – sei es als einzelner Mensch, als Individuum, oder als einzelnes Volk, als Nation. Dagegen empfanden die handelnden Staatsmänner der Zeit, deren Lebenserfahrung und Denken durch Rationalismus und Aufklärung geprägt worden waren, eine solche Auffassung als bedrohlich. Denn durch sie konnte die Entwicklung unkontrollierbar, der Steuerungsmacht kühler Raison staatlicher Herrschaft entzogen, kurz: revolutionär werden. Nach ihrem Willen durfte deshalb der Befreiungskrieg nicht zu einem Kampf der Völker und Nationen werden, sondern er sollte den Charakter eines Krieges haben, den die europäischen Großmächte gegen Napoleon Bonaparte führten. Dementsprechend sollte auch bei der Neuordnung Europas das Interesse der Staaten und Monarchen, aber nicht das der Völker maßgebend sein.

Diese geistige Disposition und politische Mentalität prägte die Verhandlungen der gegen Frankreich verbündeten Staatsmänner und damit die Friedensregelung des Wiener Kongresses. 1814, im Jahr des Sieges über Napoleon, verständigten sich Lord Castlereagh, der britische Außenminister, Zar Alexander I. von Rußland, Österreichs Außenminister Clemens Fürst von Metternich sowie der preußische Staatskanzler Karl August Fürst von Hardenberg über die gegenseitigen Interessen ihrer Staaten bei der Anbahnung des Friedens. Am 1. März 1814 schlossen sie im Vertrag von Chaumont ein Offensiv- und Defensivbündnis gegen Frankreich, mit dem sich Europa ja noch im Krieg befand, und vereinbarten ferner drei Separatartikel, in denen der Umriß der europäischen Ordnung nach Napoleon schon erkennbar wurde. So sollte Frankreich in die Grenzen von 1792 verwiesen werden. Deutschland, Italien, Spanien, Holland und die Schweiz waren folglich freizuhalten von jedem französischen Einfluß, und Deutschland sollte als Bund souveräner Staaten föderativ geeint werden.

Der Vertrag von Chaumont

Grundlagen der Neuordnung Europas Bis es zum Vertrag von Chaumont kam, war in Verhandlungen zwischen Metternich und dem russischen Zaren einerseits und zwischen Castlereagh und Metternich andererseits ein allgemeines Einvernehmen über die grundlegenden Prinzipien der Neuordnung Europas erzielt worden. Unter Rückgriff auf die russisch-englischen Vorüberlegungen von 1804/05 galt als britisches Interesse, eine stabile Gleichgewichtslage auf dem Kontinent herzustellen, indem die Westausdehnung Preußens durch Stärkung seiner Position in Westfalen und am Rhein ins Auge gefaßt wurde, und zugleich zu verhindern, daß Rußland sich eine Vormachtstellung in Europa verschaffte. Darin traf sich das Interesse der englischen Seite mit dem der österreichischen, welches seit 1809 mit taktischer Meisterschaft von Metternich artikuliert wurde. Metternichs Vorstellungen über die Zukunft Deutschlands wurden deshalb von Castlereagh unterstützt, der dem Plan beipflichtete, Deutschland solle eine Konföderation unabhängiger souveräner Staaten werden. Dadurch ließ sich nicht nur den möglichen Bestrebungen Preußens nach der Vormachtstellung in Norddeutschland ein Riegel vorschieben, weil zwischen dem preußischen Kernland östlich der Elbe und den Gebieten im Westen eigenständige nichtpreußische Staaten bestehen bleiben würden, sondern damit wurde auch den Hoffnungen der politisierten Nation auf eine Vereinigung Deutschlands als Nationalstaat der Boden entzogen. Metternich hatte in dieser Hinsicht schon vorgesorgt, als er in den Wochen vor und nach der Völkerschlacht bei Leipzig mit den von Napoleon zu Königreichen erhobenen und territorial vergrößerten Rheinbundstaaten Bayern und Württemberg die Bündnisverträge von Ried (8. Oktober 1813) und Fulda (2. November 1813) abschloß: Beide verließen den Rheinbund und traten auf die Seite der Alliierten. So sicherten sie sich die Zugewinne, die sie Napoleon verdankten, weil Österreich ihnen Staatsgebiet und Souveränität garantierte, und es stand fortan zu erwarten, daß sie ihre Souveränität gegen die unitarische Tendenz der nationalen Bewegung mit Zähnen und Klauen verteidigen würden.

Konföderationspläne für Deutschland

Nach dem Thronverzicht Napoleons am 11. April 1814 wurde der (Erste) Friede von Paris ausgehandelt und am 30. Mai 1814 von dem Bourbonen Ludwig XVIII. und den Vertretern der vier verbündeten Mächte unterzeichnet. Preußen und Österreich nahmen nicht nur ihre eigenstaatlichen Interessen wahr, sondern sie repräsentierten zugleich Deutschland, da dessen übrige Staaten gar nicht vertreten waren. Darin deutete sich schon an, daß Deutschland in seiner Gesamtheit – wie weiland das Alte Reich – auch künftig ein passives Element der europäischen Staatenordnung sein würde, weil die Großmächte allein über die deutschen Geschicke entschieden, und daß der Dualismus zwischen Österreich und Preußen wiederum zur Determinante der deutschen Entwicklung werden könnte. Dieser

Der Erste Friede von Paris

Kontinuität des deutschen Dualismus

Dualismus zwischen der multinationalen Habsburger Monarchie und dem überwiegend deutschen Königreich Preußen war das Charakteristikum der deutschen Frage im 19. Jahrhundert.

Der Wiener Kongreß

Die Verhandlungen der am Krieg gegen Napoleon beteiligten Mächte begannen schließlich im Oktober 1814 in Wien. Eigenart und historische Bedeutung des Wiener Kongresses liegen darin, daß hier nicht so sehr ein Krieg liquidiert, sondern vielmehr die künftige Friedensordnung konzipiert wurde. Drei Stränge der Verhandlungs- und Gedankenführung waren in den Gesprächen der leitenden Staatsmänner aufs engste verflochten. Den ersten Strang bildete das von französischer Seite postulierte Prinzip der Legitimität von Herrschaft, mit dem Charles Maurice de Talleyrand, der geschmeidige Unterhändler Frankreichs, das Recht siegreicher Staaten auf Annexion und Eroberung bestritt. „Legitime Herrschaft gründet sich für Talleyrand letztlich nicht auf irgendwelche gottgesetzten oder naturrechtlich vorgegebenen Prinzipien, sondern auf die Fähigkeit einer Regierung, im Innern eines Landes Gesetzlichkeit und Ordnung sowie die Wohlfahrt der Bevölkerung dauerhaft zu gewährleisten (wie immer dies im einzelnen definiert sein mag) und auf dieser Basis auch die internationale Anerkennung zu gewinnen". (M. BOTZENHART, in 104: 584). Im Verlauf des Kongresses erhielt der Legitimitätsgedanke eine weitergefaßte Bedeutung, indem er nicht nur auf die Herrschaft eines einzelnen Staates, sondern zugleich auch auf die Ordnung der Staatenwelt insgesamt bezogen wurde. Aus dieser Perspektive besteht eine legitime Ordnung nur dann, wenn die getroffenen Regelungen auf dem Konsens aller Staaten aufbauen und von allen freiwillig anerkannt werden. Dementsprechend waren die Prinzipien der Neuordnung Europas nicht von den Siegern gegen die Vorstellungen der Besiegten festzulegen und auch nicht von den Großmächten gegen die Interessen der mittleren und kleinen Staaten zu bestimmen, sondern sie mußten einvernehmlich ausgehandelt und kodifiziert werden. Diese abstrakten Vorstellungen konnten mit gewissen Einschränkungen hinsichtlich der Interessen kleinerer Staaten auch verwirklicht werden, die Neuordnung Europas wurde zwischen dem besiegten Frankreich und den siegreichen Staaten einvernehmlich ausgehandelt, und sie blieb über die Revolution von 1848 bis in die Phase des Krimkriegs (1853/54–1856) und der nationalen Einigungskriege in Italien und Deutschland bestehen.

Grundsätze der europäischen Neuordnung

Den zweiten Strang der Verhandlungsführung bildete die Frage nach den Grundsätzen der europäischen Neuordnung. Hier galt es, die Interessen der fünf Großmächte in Einklang zu bringen. Wäh-

1. Deutschland in der Neuordnung Europas 1806–1815

rend Großbritannien, Österreich und Frankreich keine territorialen Expansionswünsche hegten, suchte Preußen das Königreich Sachsen zu annektieren, welches als Rheinbundstaat bis zuletzt an der Seite Napoleons verblieben war und nach dem damaligen Verständnis des Kriegsvölkerrechts zur Disposition der Sieger stand. Preußen beabsichtigte mit dieser Annexion sein Staatsgebiet in Mitteldeutschland zu arrondieren und zugleich in den Besitz der prosperierenden Gewerbegebiete dieses Landes zu kommen. Es erhielt Unterstützung vom Zaren, der seinerseits König von Polen werden wollte. Das hätte zu einer erheblichen Machtausweitung Rußlands geführt und das Zarenreich künftig statt Frankreich zur Vormacht des Kontinents werden lassen. Mit dem Interesse Englands und Österreichs am Gleichgewicht der Kräfte ließ sich das nicht vereinbaren. Die sächsisch-polnische Frage führte zu einer schweren Krise, die im Januar 1815 fast bis zum Krieg zwischen Preußen und Rußland auf der einen, Österreich, England und Frankreich auf der anderen Seite eskalierte. Zuletzt konnte Preußen zum Verzicht auf die Totalannexion Sachsens und Rußland zur Reduzierung seiner polnischen Ansprüche veranlaßt werden. An den weiteren Verhandlungen nahm Frankreich nun erstmals als gleichberechtigte Macht teil, nachdem es vorher nur einen Beobachterstatus innegehabt hatte. Damit waren die Möglichkeiten für eine „legitime" Neuordnung in Europa gegeben. Die Großmächte fanden zum Kompromiß, wonach Preußen nur zwei Fünftel des sächsischen Staatsgebiets – die spätere Provinz Sachsen – erhielt und mit den linksrheinischen deutschen Territorien bis zur Nahe entschädigt wurde. Das Königreich Sachsen als eigenständiger und souveräner Staat blieb bestehen. Polen indes wurde in den Grenzen des napoleonischen Großherzogtums Warschau als Königreich Polen („Kongreßpolen") formell restituiert und durch Personalunion mit dem Zarenreich verbunden. Österreich verzichtete in den Verhandlungen des Kongresses endgültig auf die habsburgischen Territorien, die im Westen des Alten Reichs gelegen hatten – auf die österreichischen Niederlande, die mit Holland zum Königreich der Niederlande vereinigt wurden, und auf die Gebiete am Oberrhein, die bei Baden und Württemberg blieben. Es hielt indes seinen Anspruch auf jene Gebiete aufrecht, die nach den Niederlagen gegen Napoleon hatten abgetreten werden müssen (Vorarlberg und Tirol, die illyrischen Provinzen, das Innviertel und Salzburg), sowie auf Mailand und Venetien. Österreichs Schwerpunkt wurde dadurch nach Südost- und Südeuropa verschoben, seine Präsenz in Deutschland schwächer;

Sächsisch-polnische Frage

Gleichgewicht der Kräfte

Preußen hingegen wuchs durch die Territorialentscheidungen des Wiener Kongresses ins westelbische Deutschland hinein. Der Dualismus zwischen Österreich und Preußen während des 19. Jahrhunderts basierte insofern auf anderen territorialen Voraussetzungen als im letzten Drittel des 18. Jahrhunderts, und die spätere Dynamik der deutschen Frage hatte darin einen wichtigen, wenn auch nicht den entscheidenden Grund.

Der Deutsche Bund

Damit ist der dritte Strang der Verhandlungen des Kongresses angesprochen, die Neuordnung Deutschlands. Sie verband Elemente der Verfaßtheit des Alten Reichs mit solchen der Rheinbund-Ära. Im entstehenden Deutschen Bund verfügten Österreich und Preußen als europäische Großmächte über Territorien, die außerhalb des Bundesgebiets lagen, wie es auch vor 1806 der Fall gewesen war. Die ehemaligen Rheinbundstaaten Bayern, Württemberg, Sachsen und das Großherzogtum Baden bildeten eine neuartige Gruppe mittelgroßer Länder, die als „drittes Deutschland" (P. BURG) ihre Eigenständigkeit zwischen den beiden Großmächten zu behaupten suchten. Diese Gruppe wurde durch das im Wiener Kongreß zum Königreich erhobene ehemalige Kurfürstentum Hannover sowie durch Kurhessen und das Großherzogtum Hessen-Darmstadt noch verstärkt. Hinzu traten eine Reihe von kleineren Staaten und die Freien Städte Lübeck, Hamburg, Bremen und Frankfurt am Main.

Die Bundesakte vom 8. Juni 1815 schuf einen unauflöslichen Bund von damals insgesamt 41 souveränen, prinzipiell gleichberechtigten Staaten und Städten. Sein Zentrum war Frankfurt am Main, wo die Bundesversammlung ständig tagte, ein Kongreß weisungsgebundener Gesandter der Einzelstaaten, den man „Bundestag" nannte und in dem die Habsburger Monarchie als Präsidialmacht dominierte. Österreich wahrte auf diese Weise seine Vorrangstellung in Deutschland und nahm eine matte Erinnerung an das Habsburgische Kaisertum im Alten Reich mit in die neue Zeit hinein. Der Zweck des Bundes bestand in der Gewährleistung der äußeren und inneren Sicherheit aller seiner Glieder. Nach außen waren die Bundesstaaten zu gemeinsamer Verteidigung gehalten. Auf Grund der Souveränität der Einzelstaaten war der Bund in seiner Gesamtheit zu anderem als der Abwehr von Angriffen auf die Grenzen Deutschlands nicht in der Lage, solange seine innere Verfassung nicht konstruktiv ausgestaltet wurde: Er war ein passiver Ordnungsfaktor im europäischen Staatensystem.

Der Deutsche Bund eignete sich infolge seiner Verfassung und

1. Deutschland in der Neuordnung Europas 1806-1815   7

Struktur nicht zum Ausbau als unitarisches nationales Staatswesen. Er war deutsch und europäisch zugleich. Darin lag die Bedeutung dieser den europäischen Frieden stabilisierenden Konstruktion und ebenso, im heraufziehenden Zeitalter der Nationalstaaten, seine Schwäche. So waren ausländische Monarchen Mitglieder des Bundes: die Könige von England, Dänemark und der Niederlande als Landesherren von Hannover (bis 1837), Holstein und Luxemburg. Zudem wurde die Bundesakte in die Kongreßakte des Wiener Kongresses vom 9. Juni 1815 inkorporiert, so daß die Verfassung für Deutschland zugleich einen Bestandteil des *ius publicum Europaeum* bildete. Die Gebietsverteilung innerhalb des Deutschen Bundes ließ sich dementsprechend nicht willkürlich durch Entschluß einzelner deutscher Staaten verändern, sofern das dem Interesse eines der Unterzeichner der Kongreßakte zuwiderlief. Unklar und stets umstritten blieb, ob damit auch die innere Verfaßtheit des Bundes unter eine Garantie der europäischen Mächte gestellt war.

Deutscher Bund und europäisches Staatensystem

Die passive Funktion des Deutschen Bundes im europäischen Staatensystem trat sogleich vor Augen, als der Zweite Pariser Frieden nach Napoleons letzter Niederlage in der Schlacht von Waterloo (18. Juni 1815) ohne Mitwirkung des Bundes am 20. November 1815 abgeschlossen wurde. Hier entschieden die Großmächte, da sie den Krieg geführt hatten, unter sich. Am gleichen Tag unterzeichneten sie überdies einen Allianzvertrag („Quadrupelallianz" von 1815), in dem sie sich darauf verpflichteten, zur Sicherung des Friedens in Europa in regelmäßigen Abständen gemeinsame Konferenzen abzuhalten. Daraus gingen die sogenannten Kongresse der Jahre 1818 bis 1822 hervor und später in modifizierter Form das Europäische Konzert.

Der Zweite Friede von Paris

Quadrupelallianz

Schon vor dem Abschluß der Quadrupelallianz war am 26. September 1815 die „Heilige Allianz" begründet worden, die auf eine Initiative des Zaren zurückging, aber unter dem Einfluß Metternichs erst ihren spezifischen Charakter erhielt. In drei Artikeln war die Erklärung formuliert, daß die Unterzeichner die monarchische Ordnung des Staatensystems außen- und innenpolitisch aufrechterhalten wollten. Es unterschrieben zunächst die Herrscher Rußlands, Österreichs und Preußens; bald folgten indes alle europäischen Souveräne der Einladung zum Beitritt (der englische Prinzregent allerdings nur für seine Person), während der Papst und der Sultan keine Aufforderung erhielten. Metternich nutzte in den kommenden Jahren die Idee dieses Vertrags, um durch die Verknüpfung mit der Quadrupelallianz ein Interventionsrecht der Großmächte gegenüber

Heilige Allianz

allen Ländern geltend zu machen, in denen sich liberale Bestrebungen im Kampf um Verfassung und Selbstbestimmungsrecht äußerten. Der Begriff der „Heiligen Allianz" ist allerdings im Sprachgebrauch der Historiker auf die drei östlichen Mächte beschränkt geblieben.

2. Zwischen Beharrung und Bewegung: Deutschland im europäischen Staatensystem 1815–1848

Solidarität–
Friedenssicherung–
Revolutionsprophylaxe

Der Wiener Kongreß und die übrigen Konferenzen des Jahres 1814/15 schufen das neue europäische Völkerrecht des beginnenden Jahrhunderts und mit ihm die Grundlage für ein neues System der Staatenbeziehungen. Die einzelnen Verträge ließen deutlich das Interesse der Staatsmänner erkennen, die Voraussetzungen für „Ruhe und Ordnung" in Europa zu schaffen, ein konservatives Interesse, welches nach dem Erlebten darauf gerichtet war, jedes neue Auflodern „der Revolution" zu verhindern. Als notwendige Aufgabe der Politik aller Großmächte galt ihnen die Bewahrung des Friedens, und daraus entstand ihre Bereitschaft zu solidarischem Handeln. Großmächtesolidarität, Friedenssicherung und Revolutionsprophylaxe hingen aufs engste zusammen und kennzeichneten die europäische Entwicklung bis 1848. „Da die Revolution in Frankreich 1789 so ungeheure soziale Kräfte freigesetzt hatte, daß erstmals eine Großmacht die übrigen drei kontinentalen Mächte zu besiegen vermochte, war zu befürchten, daß revolutionäre Bewegungen in einem anderen Land das Gleichgewicht der Kräfte ähnlich stören würden. Der spannungsreiche Zusammenhang von Krieg und Revolution war unabweisbar" (I. GEISS).

Unterschiedliche Ordnungsvorstellungen

Die einzelnen Regierungen hatten allerdings unterschiedliche Auffassungen darüber, wie in der Zukunft „Ruhe und Ordnung" in Europa zu gewährleisten und die Revolution zu verhindern sei. Einig waren sie im Willen zur Abwehr der „Kräfte der Bewegung", der nationalen und liberalen Tendenzen in den Gesellschaften der europäischen Staaten. Sie repräsentierten damit die „Kräfte der Beharrung", deren Vorstellungen durchweg einem monarchischen Absolutismus und nicht-nationaler Gliederung der Staatenwelt auf dem Kontinent verhaftet blieben. Metternich hing allerdings – wie später auch der Zar und der preußische König – einem ganzheitlichen Verständnis des Ordnungsgedankens an: „Ruhe und Ord-

2. Deutschland im europäischen Staatensystem 1815–1848

nung" mußten sowohl im Innern als auch draußen gewährleistet sein, im politisch-gesellschaftlichen Leben jedes einzelnen Staats ebenso wie im Verhältnis zwischen den Staaten. Konsequente Unterdrückung der liberalen Kräfte in allen Ländern Europas einerseits und Großmächtesolidarität zur Bewahrung des Friedens andererseits waren in diesem Verständnis zwei Seiten derselben Medaille. Dagegen hatte aus englischer und ab 1830 auch aus französischer Sicht die solidarische Kooperation der Großmächte nur den einen Zweck, Konflikte zwischen den Staaten zu verhindern, aber den Umgang mit den Kräften der Bewegung jedem souveränen Staat selbst zu überlassen.

Ein halbes Jahrzehnt etwa – von 1815/18 bis 1820/22 – dauerte es, bis die Großmächte in gegenseitiger Abgrenzung einen Kompromiß gefunden hatten. Am Anfang stand der Versuch, durch ein strenges System vertraglich vorgeschriebener Konferenzen eine Art Großmächte-Regierung über ganz Europa zu installieren, mit der Metternich seiner ganzheitlichen Vision von Ordnungspolitik zu folgen versuchte; das war die Ära der „Kongresse" von 1818 bis 1822. Am Ende bildete sich eine lockere Form von Konferenzen heraus. Gespräche wurden nur noch dann einberufen, wenn akute Krisen auch Kriegsgefahr einschlossen, wenn also zur Regelung von Konflikten auf zwischenstaatlicher Ebene pragmatische Einigung erforderlich war und prinzipienpolitische Differenzen – über die stärker liberale oder aber anti-liberale Ausrichtung der gemeinschaftlich formulierten Großmächtepolitik – im Hintergrund gehalten werden konnten. Diese Form der solidarischen, aber nicht interventionistischen Kooperation der Mächte nannte man „Europäisches Konzert". *Ära der „Kongresse"*

Europäisches Konzert

Im Verlauf des Prozesses, in dem der Handlungsrahmen der Großmächtepolitik noch erst erprobt wurde, fielen auch die Entscheidungen über den Ort des Deutschen Bundes im Staatensystem des 19. Jahrhunderts. Worin bestand der Zusammenhang? Die Verwirklichung des ganzheitlichen Ordnungsgedankens hätte jede antikonstitutionelle und restaurative Politik nach dem Konzept Metternichs überall auf dem Kontinent zu einer schlechthin europäischen Aufgabe gemacht. In dieser – gewiß visionären – Konstellation hätte sich die europäische Einbindung des Deutschen Bundes, die ja außenpolitisch durch die Integration der Bundesakte in das *ius publicum Europaeum* gegeben war, auch innenpolitisch verwirklichen lassen, weil dann die Unterdrückung der liberalen und nationalen Bewegung in allen Staaten des Bundes eine vertragsrechtlich ge-

Die österreichische Politik im Deutschen Bund

sicherte europäische Politik gewesen wäre. Weil diese noch aus der historischen Rückschau beklemmende Vision Metternichs nicht zu verwirklichen war, mußte Österreich als Präsidialmacht im Deutschen Bund darauf achten, den Bundesstaaten, die formell immerhin souverän waren, die Rahmenbedingungen ihrer Innenpolitik vorzuschreiben, damit sie sich nicht liberalen Einflüssen öffneten. Je stärkeren Widerstand Metternich also auf der Ebene der Großmächtepolitik erfuhr, desto entschiedeneren Einfluß mußte er auf ganz Deutschland auszuüben versuchen, wenn Österreich seine Dominanz dort und, damit verbunden, seine Stellung als europäische Großmacht nicht aufs Spiel setzen wollte.

Gesellschaftlicher und machtpolitischer Grundsatzkonflikt

Die Frage, wie man der Revolution wehren sollte, deckte einen Grundsatzkonflikt auf, der keineswegs nur eine ideologische, prinzipienpolitische Dimension hatte, sondern im Kern gesellschaftlicher und machtpolitischer Natur war. Dementsprechend lautete die deutsche Frage bis zum Beginn des Jahres 1848: Wird und kann sich Deutschland liberalen Chancen und Risiken – dem Konstitutionalismus, der Presse- und Versammlungsfreiheit, dem gleichen Wahlrecht für Männer – öffnen oder nicht? Die stets gleiche verneinende Antwort gab Metternich, der sich seit 1819 zum Sprecher der drei östlichen Monarchien und so manches furchtsamen Fürsten im Deutschen Bund zu machen verstand.

Kongreß von Aachen

Schon auf dem Kongreß von Aachen (29. September – 21. November 1818), der ersten turnusmäßigen Konferenz der europäischen Großmächte im Rahmen des „Wiener Systems", zeichnete sich der bevorstehende Grundsatzkonflikt ab. In Aachen sprachen die europäischen Monarchen und Diplomaten über die Entwicklung in Deutschland, nachdem sie über den wichtigsten Verhandlungspunkt rasch Einigung erzielt hatten, über die Wiederaufnahme Frankreichs, des Mutterlandes der Revolution, in den Kreis der Großmächte. Sie sprachen über das Wartburgfest des Vorjahrs als Anzeichen eines sich ausbreitenden revolutionären Geists im Umfeld der Universitäten, dem Einhalt geboten werden müsse. Hatten die Großmächte aber das Recht und Interesse, in die inneren Angelegenheiten souveräner Staaten einzugreifen, um Angriffe auf die politisch-gesellschaftliche Ordnung zu verhindern?

Revolutionswelle seit 1820

1820 brach der Konflikt auf. Damals kam es in Spanien, Portugal und im Königreich Neapel zu Unruhen und Umsturz im Zeichen liberaler, konstitutioneller und nationaler, Ideen. Das war „Revolution" im Verständnis der Konservativen der Zeit. Dementsprechend befürwortete Metternich die Intervention in den betref-

2. Deutschland im europäischen Staatensystem 1815-1848

fenden Ländern, jedoch entweder als gemeinsame Aktion der Großmächte oder als Resultat eines gemeinsamen Beschlusses, den dann eine Macht vollstreckte. Jetzt galt es zu erproben, ob antirevolutionäre Politik zugleich europäische Politik sein konnte. Die Mächte im Schulterschluß gegen die Kräfte der Bewegung – hie „Europa" und dort „Revolution", „Konstitution", „Nation" als schlechthin antithetische Begriffe, die nicht miteinander verbunden werden konnten: So wollte Metternich die Lage sehen und so wollte er, daß die Repräsentanten der anderen Staaten sie sahen. Der Widerspruch kam aus England, wo sich Kabinett und Parlament vehement gegen ein Interventionsverständnis zur Wehr setzten, welches mehr umfaßte als gegen ein Land einzuschreiten, das ein anderes militärisch angegriffen hatte. Auf dem Kongreß von Troppau (23. Oktober bis 8. Dezember 1820) einigten sich die Monarchen der drei Ostmächte auf eine umfassende antirevolutionäre Interventionspolitik, während die Vertreter Englands und Frankreichs dieses Protokoll nicht unterschrieben. Die Kongresse von Laibach (11. Januar – 12. Mai 1821) und Verona (20. Oktober – 14. Dezember 1822) unterstrichen den Dissens. Metternichs Idee, die Abwehr gegen die Kräfte der Bewegung zur gemeinsamen Sache Europas zu machen, erwies sich als Illusion. Seine Vision totaler Ruhe und Ordnung bot keinen Weg zu einer maßvollen konservativen Politik, sondern führte zu unproduktiver Bewegungslosigkeit.

Kongreßdiplomatie und Interventionsprinzip

Das hatte nun Auswirkungen auf Deutschland. Wenn antirevolutionäre Politik nach dem Verständnis des österreichischen Staatskanzlers nicht gesamteuropäische Politik sein konnte, dann mußten zumindest sämtliche Gliedstaaten im Deutschen Bund zum Einflußbereich der politischen Strategie der Habsburger Monarchie werden. Konstitutionelle und liberale Ansätze, die es von Preußen bis nach Württemberg, Baden und Bayern gab, waren zu unterbinden. Metternich nutzte das Attentat des Burschenschaftlers Karl Ludwig Sand auf den Schriftsteller Karl August von Kotzebue (23. März 1819), der seit 1807 als Staatsrat in russischen Diensten stand, um die Bundesstaaten zu den „Karlsbader Beschlüssen" zu bewegen (20. September 1819). Darin wurden Repressionsgesetze gegen die liberale und nationale Bewegung vorgesehen. Preußen trug diese Politik entschieden mit. Hier begann die antiliberale Kooperation der beiden Vormächte im Deutschen Bund, die Deutschlands Ort im europäischen Staatensystem bis 1848 prägen sollte. Im Zusammenwirken Österreichs mit Preußen wurde auf den Wiener Ministerialkonferenzen 1819/20 die „Wiener Schlußakte" beraten, die das

Karlsbader Beschlüsse

Wiener Schlußakte

konservative Ordnungsprinzip Metternichscher Provenienz als Grundlage der Verfassungen aller Bundesstaaten festlegte. Die „Wiener Schlußakte" (15. Mai 1820) war das zweite „Bundesgrundgesetz" (E. R. HUBER), das zwar gleichwertig neben die Bundesakte vom Juni 1815 trat, aber doch nur von den Staaten des Deutschen Bundes beschlossen wurde. Insofern war die innere Verfassung Deutschlands kein Bestandteil des *ius publicum Europaeum.* Darin kam die Tatsache zum Ausdruck, daß Metternichs konservatives Ordnungsprinzip sich zwar nicht gesamteuropäisch, wohl aber mit gravierenden Folgen innerdeutsch hatte verwirklichen lassen. In der „Verfassungsgeographie" Europas (R. KOSELLECK), die sich vom parlamentarischen England über das Frankreich der Charte von 1814 und die konstitutionellen Staaten Süddeutschlands bis zu den autokratischen Monarchien Österreich, Preußen und Rußland erstreckte, erhielt Deutschland in seiner Gesamtheit 1820 einen Platz als Territorium der „Heiligen Allianz". Die 1815 noch denkbare Erweiterung der Zentralkompetenzen des Deutschen Bundes im liberalen Sinne unterblieb. Sie wurden vielmehr „ganz in den Dienst der politischen Reaktion" der Vormächte Österreich und Preußen

„Reaktionäre Wende" im Deutschen Bund

gestellt; das war eine „reaktionäre Wende, von der die wichtigsten ... politischen Geschehnisse der nächsten Jahrzehnte" ihren Ausgang nahmen (H. LUTZ).

Zäsur 1820/22

Im europäischen wie im deutschen Bezug markieren die Jahre 1820/22 eine deutliche Zäsur. Die prinzipienpolitische Kooperation aller Großmächte im gesamteuropäischen Rahmen erwies sich als Fiktion. Um so entscheidender war der Erfolg des österreichischen Staatskanzlers in Deutschland, die Kriterien repressiver Politik auf Bundesebene gesetzlich zu verankern. Das mag erklären, warum es in den 1820er Jahren in Deutschland zu keinerlei Unruhen kam.

Griechischer Unabhängigkeitskrieg

Denn der Unabhängigkeitskampf der Griechen gegen die osmanische Herrschaft (1822–1827) sorgte nicht nur für Konfliktstoff unter den Großmächten und brachte zeitweilig die Antipoden im Mächtesystem, England und Rußland, in gemeinsame Frontstellung gegen Österreich, sondern er erzeugte auch eine Welle philhellenischer Begeisterung unter den Deutschen, die jedoch von bildungsbürgerlichen, humanistischen Idealen getragen und nicht primär politisch motiviert war. Erst die Folgen der französischen Julirevolution von 1830 weckten die Kräfte der Bewegung wieder auf und schärften die Einsicht in Deutschlands Dilemma.

Julirevolution 1830

Die französische Julirevolution begann mit dem Sturz des reaktionären Regimes Karls X., also eines legitimen Herrschers. Das

2. Deutschland im europäischen Staatensystem 1815–1848

Prinzip der monarchischen Legitimität als bisheriger Basis der europäischen Staatenordnung war damit an einem wichtigen Punkt außer Kraft gesetzt. Und obwohl von Frankreich keine Kriegsgefahr auszugehen drohte, nachdem Louis Philippe von Orléans als „Bürgerkönig" inthronisiert worden war und die übrigen Großmächte zu beschwichtigen trachtete, wirkte der revolutionäre Anstoß weiter. Belgien löste sich aus dem Königreich der Niederlande, im Winter begannen in Polen Aufstände gegen die Herrschaft des Zaren, 1831 kam Bewegung in die Staaten des Deutschen Bundes. Aufstände 1830/31

Die europäischen Großmächte standen vor der Frage, ob sie nach Maßgabe der Verträge von 1814/15 und dem Protokoll der Aachener Konferenz von 1818 in Frankreich intervenieren wollten, um das Regime des verhaßten Bourbonen gegen den Willen der Nation zu restituieren und ebenso die Belgier in den Herrschaftsverband des Oraniers zurückzuzwingen. Mußte man nicht aus prinzipienpolitischen Gründen eine solche Haltung einnehmen? Aus ganz unterschiedlichen Motiven enthielten sich die Mächte einer Intervention sowohl in Frankreich als auch in Belgien. Keine von ihnen wollte das Risiko eines Krieges eingehen. England billigte die Entwicklung in Frankreich, zumal seit erkennbar wurde, daß mit der Einsetzung des Bürgerkönigs die Revolution nicht weiter in republikanische Richtung forttrieb; im Herbst 1830 signalisierte London die Bereitschaft zur politischen Zusammenarbeit mit Louis Philippe. Und in Preußen wurde man sich im Krisenjahr 1830/31 wohl erstmals der prekären geopolitischen Situation wirklich bewußt, in die das Land durch die Westausdehnung infolge des Wiener Kongresses hineingeraten war. Wegen Belgiens einen Krieg zu riskieren, hätte angesichts des polnischen Aufstands die Gefahr in sich geborgen, an der westlichen und an der östlichen Grenze gegen revolutionäre Kräfte kämpfen zu müssen. Damit wäre das Risiko noch stärker angestiegen, daß die Revolution nach Preußen und überhaupt nach Deutschland übergriff. Verzicht der Großmächte auf Intervention

Das Ziel der Friedensbewahrung behielt 1830/31 die Oberhand gegenüber legitimistischen, prinzipienpolitischen Forderungen, die vor allem der Zar und Metternich äußerten. Die Mächte erkannten im Sommer 1830 nicht nur das Königtum Louis Philippes an, sondern sie konferierten seit November als Europäisches Konzert in London über eine Lösung der belgischen Frage. Hier war es namentlich Preußen, welches im Einvernehmen mit den Briten auf eine Kompromißlösung hinarbeitete – auf die Gründung eines selbständigen Königreichs. Das britische Interesse war darauf gerichtet, Belgische Frage die Scheldemündung frei von französischem Einfluß zu halten und so die Kanalzone zu sichern; das preußische Interesse ging dahin, an der Westgrenze stabile und geordnete staatliche Verhältnisse zu haben, die Frankreich keine Möglichkeit gaben, seinen Einfluß auszuweiten und dadurch Druck auf Preußen auszuüben. Der Vorschlag, Belgien nach dem Vorbild der Schweiz zum neutralen Staat zu erklären und diese Neutralität unter europäische Garantie zu stellen, war Ausdruck des Mißtrauens gegen Frankreich und kam vom preußischen Vertreter auf der Londoner Konferenz. Es entsprach dem Staats- und Herrschaftsverständnis der Zeit, daß Belgien als Monarchie gegründet wurde – den König rekrutierte man aus dem fast unerschöpflichen Reservoir der Fürstenfamilien deutscher Kleinstaaten und wählte Leopold von Sachsen-Coburg-Gotha; es entsprach den fortschrittlichen Tendenzen der Zeit und den Entstehungsbedingungen des Staats, daß Belgien eine prononciert liberale Verfassung erhielt und der König auf sie vereidigt wurde. Belgien als Modell einer zeitgemäßen konstitutionellen Monarchie war eine prinzipienpolitische Herausforderung an die absolutistischen Monarchen des europäischen Ostens und in umfassendem Sinn die Antithese zum politischen Konzept Metternichs und der Heiligen Allianz.

Intervention oder Nicht-Intervention? Es nimmt daher nicht wunder, daß bei den Verhandlungen des Europäischen Konzerts in London auch prinzipienpolitische Fragen angesprochen wurden. Im Zentrum stand die Auseinandersetzung über die Doktrin der Intervention oder Nicht-Intervention. Rußland und Österreich hielten den Anspruch auf das Interventionsrecht mit Nachdruck aufrecht. Preußen lehnte es im konkreten Fall aus Gründen der territorialen und innenpolitischen Sicherheit ab, konnte sich indes zu einer grundsätzlichen Positionsbestimmung nicht entschließen. Frankreich und England hingegen befürworteten das Prinzip der Nicht-Intervention. Danach war es das Recht eines jeden Volkes, seine Regierung zu verändern, auch durch Umsturz; fremden Mächten stand es nicht zu, in einem solchen Fall einzugreifen. Zwar ging es hier im aktuellen Kontext der frühen 1830er Jahre um macht- und vorteilsorientiertes Interesse, weil Paris und London hoffen konnten, Staaten und Völker auf ihre Seite zu ziehen, die sich in Gärung befanden und dem Konstitutionalismus zustrebten; aber damit wurde zugleich der liberale und aus der Sicht eines jeden Legitimisten revolutionäre Anspruch der Völker auf das Selbstbestimmungsrecht als neuer Grundsatz des Staatensystems postuliert. England und Frankreich sonderten sich nun programma-

2. Deutschland im europäischen Staatensystem 1815-1848

tisch von der legitimistischen Prinzipienpolitik der östlichen Mächte ab. Seither richteten sich die Hoffnungen der Liberalen in den europäischen Ländern und nicht zuletzt in Deutschland vorzugsweise auf England, dessen Beistand man erwartete, wenn es darum gehen würde, die Idee vom Reich, vom nationalen Staat, aus der Welt der Träume in die Wirklichkeit zu transponieren. Auch in den Staatenbeziehungen begann nach 1830 der Vormärz.

Welchen Auslegungsspielraum die Doktrin der Nicht-Intervention enthielt, erfuhren die legitimistischen Hüter des Status quo im Herbst 1832. Nach dem Hambacher Fest vom 27. Mai 1832, welches den spektakulären Höhepunkt aller Rückwirkungen der Julirevolution in den Staaten des Deutschen Bundes gebildet hatte und auf dem die Verschmelzung von konstitutionellen und nationalen Forderungen, der Wunsch nach dem freien und einigen Vaterland, unübersehbar gewesen war, reagierten die Bundesstaaten auf Druck aus Wien und Berlin mit der Verabschiedung von „Sechs Artikeln" als Ergänzung der „Wiener Schlußakte" von 1820, also der inneren Verfassung des Deutschen Bundes; die landständischen Rechte wurden beschnitten und die politische Öffentlichkeit ins Dunkel des Hinterzimmers zurückgedrängt durch Verschärfung der Pressezensur und Beschränkung der Berichtsfreiheit über die Verhandlungen der landständischen Kammern. Dagegen protestierte mit flammenden Memoranden der Außenminister Englands, Lord Palmerston. Er forderte die Rücknahme der „Sechs Artikel" und überhaupt liberale Reformen in allen Staaten des Deutschen Bundes. Die Regierung in Paris sekundierte ihm. War das „Intervention"? London und Paris beriefen sich auf die Tatsache, daß die Bundesakte als Teil der Schlußakte des Wiener Kongresses Bestandteil des *ius publicum Europaeum* sei und unter dem Vorbehalt der europäischen Staaten stehe; Maßnahmen zur Unterdrückung landständischer Rechte könnten von England und Frankreich nicht gebilligt werden. Das war eine fragwürdige und vertragsrechtlich kaum haltbare Argumentation, aber es war gewiß eine diplomatische – wenngleich machtpolitisch irrelevante – Intervention, die immerhin das erwartungsvolle Vertrauen der deutschen Liberalen in die englische Regierung stärkte. Über das Recht zu einer solchen Intervention im Gewande der „Nicht-Intervention", welches Österreich und Preußen energisch bestritten, kam es zu scharfen Auseinandersetzungen zwischen London, Wien und Berlin. Aktionen ähnlicher Art unterblieben seither.

Ideologisch standen sich die beiden westlichen Mächte in ihrer

Das Hambacher Fest und die „Sechs Artikel"

Diplomatische Intervention Englands und Frankreichs

Befürwortung liberaler Reform und die drei legitimistischen und antiliberalen östlichen Mächte als Gegner gegenüber. Allerdings waren sie hinsichtlich des letzten Ziels weitgehend einig, was gerade im Streit über die „Sechs Artikel" deutlich zutage trat: Ihre Politik sollte dazu dienen, jeder weiteren revolutionären Entwicklung vorzubeugen, wobei sie „Revolution" im Sinne von 1789 verstanden – als den totalen Umsturz der gesellschaftlichen Ordnung und zugleich als europäischen Krieg. Ihr Ziel war die Stabilisierung des gesellschaftlichen und politisch-territorialen Gleichgewichts in Europa, Erhalt des Friedens. In dieser „Wiener Ordnung" bestimmte der Gedanke der Großmächtesolidarität, der von 1814/15 herrührte, noch durchaus die Politik, wie die Londoner Konferenz über Belgien erwies. Neu gegenüber der Zeit der Restauration und vor allem gegenüber den Mächtebeziehungen im Rahmen des „Wiener Systems" war jedoch, daß nach 1830 unter den europäischen Staaten zwei gegenläufige Interpretationen des Ordnungsgedankens Platz fanden: die britische (und „westliche"), wonach der gesellschaftliche und politische Status quo nur bewahrt werden könne durch die Bereitschaft zu rechtzeitiger und maßvoller liberaler Reform, und die österreichische (und „östliche"), wonach jeder kleinste Schritt des Nachgebens dem zentimeterweisen Öffnen eines Schleusentors gleichkomme.

Die Julirevolution hat insofern zwar „ideologische Blockbildung" zu einem „Bestandteil internationaler Politik im 19. Jahrhundert" (H. GOLLWITZER) gemacht, aber die Bereitschaft der Großmächte zu einer auf Friedensbewahrung gerichteten Solidaritätspolitik im Rahmen des Europäischen Konzerts nicht erschüttert. Das hatte verschiedene Ursachen: Noch war die Industrialisierung in England nicht weit genug fortgeschritten, in Frankreich und hier und da in Deutschland kaum erst in Gang gekommen, als daß ein materielles Machtgefälle innerhalb der Pentarchie bereits politisch fühlbar geworden wäre; noch war die Heilige Allianz infolge der antiliberalen Harmonie der Monarchen ein Machtfaktor ersten Ranges, in dem das materiell schwache Österreich dank des Geschicks seines Staatskanzlers Metternich atmosphärisch dominierte; noch gab es Preußen nicht als deutschland- und wirtschaftspolitischen Kontrahenten der Habsburger Monarchie; noch fürchteten die Mächte einmütig die Explosion der bestehenden Gesellschaftsordnung in allen Staaten Europas, und sie fürchteten die *Revolution als Krieg*. Das Handeln der Staatsmänner stand noch im Horizont der Revolutionsepoche von vor 1815 und war noch unbeeinflußt

2. Deutschland im europäischen Staatensystem 1815–1848

von der Vorahnung des Zeitalters der Industrie- und Nationalstaaten.

Es ist daher sinnvoll, die „ideologische Blockbildung" der 1830er Jahre und die damit assoziierten Bündnisse nicht überzubewerten. Herausgefordert durch die Doktrin der Nicht-Intervention hatte Metternich den Zaren und den preußischen König zu einer erneuten Bekräftigung des konservativen Interventionsprinzips und des Willens zu politischem Zusammengehen gerade auch im Hinblick auf Polen veranlaßt; im Herbst 1833 verständigten sie sich darüber in Münchengrätz und unterzeichneten den entsprechenden Vertrag in Berlin am 16. Oktober 1833. Darauf antworteten die westlichen Mächte mit dem Abschluß eines Bündnisses mit Spanien und Portugal, durch das die liberalen Regime in beiden Ländern gegen östliche Unterstützung für die reaktionären Kräfte abgesichert werden sollten. Das war die „Quadrupelallianz" vom 22. April 1834, deren Basis in der ersten *Entente Cordiale* zwischen England und Frankreich bestand, welche als „liberal Alliance" die Antithese zum Bündnis von Münchengrätz bildete. Sicherheitserwägungen und machtpolitisches Kalkül führten aber bereits während der Rheinkrise 1840 dazu, daß Paris seinen Bündnispartner im Lager der Gegner wiederfand.

Konservative Koalition von Münchengrätz

Liberale Quadrupelallianz

Die Rheinkrise war eine Krise innerhalb der Pentarchie und hatte keinen Bezug zu den ideologischen Subformationen des westlichen und östlichen Bündnisses. Den Auslöser bildete die orientalische Frage, wie ja immer wieder im Verlauf des 19. Jahrhunderts der Machtzerfall und Niedergang des Osmanischen Reiches zu Erschütterungen ganz Europas führte, bis er 1914 im Beginn des Ersten Weltkriegs kulminierte. Da die orientalische Frage auf dem Wiener Kongreß ausgeklammert worden war, lagen die Territorien des Osmanischen Reichs nicht im Geltungsbereich der Verträge von 1814/15. Das netzwerkartige Gefüge des europäischen Rechts, das die Interessen der Mächte multilateral verknüpfte und ihren Spielraum dadurch begrenzte, berührte informell zwar noch den Balkan, reichte aber nicht bis nach Kleinasien und Ägypten. Hier betrieben die Mächte von Anfang an „Realpolitik", hier zählten allein Machtinteresse und Vorteilskalkül.

Orientalische Frage

Das mußte Frankreich 1840 schmerzlich erfahren. 1839 hatte sich aus einem internen Machtkampf des ägyptischen Vizekönigs mit dem Sultan in Konstantinopel ein scharfer Konflikt entwickelt zwischen Frankreich auf der einen Seite und Rußland, England, Österreich (Preußen trat dann noch hinzu) auf der anderen. Die Re-

Rheinkrise

gierung in Paris, die nach der Julirevolution und durch die *Entente Cordiale* mit England die europäische Front des Argwohns endgültig durchbrochen zu haben glaubte, fand sich über Nacht ausmanövriert und isoliert der alten Siegerkoalition von 1814 gegenüber (Viermächtevertrag von London zur Befriedung der Levante, 15. Juli 1840). Die außenpolitische Krise schlug um in eine „nationale Stimmungskrise" (TH. SCHIEDER), das Trauma von 1814 brach wieder auf, man redete von einem „diplomatischen Waterloo", verglich 1815 und 1840. Die Stimmung wurde kriegerisch. Sie richtete sich auf Krieg gegen die Verträge von 1815, Krieg auch gegen England, aber vor allem gegen Deutschland: „An die Stelle der entschwindenden Ziele der orientalischen Frage trat als neues Ziel der Rhein" (ebd.).

Antifranzösische Stimmungen in Deutschland

In Deutschland führte das zu einem Aufwallen antifranzösischer Stimmungen, nationalistische Töne wurden laut, „Rheinlieder" wurden gedichtet – oftmals eine schauerliche Lyrik, aber sie war populär und „vereinte gehobene wie niedere Stände (...) von Köln bis Königsberg, von Hamburg bis Stuttgart" (H. SCHULZE). Österreich und Preußen verständigten sich auf eine militärische Punktation, und im Frankfurter Bundestag wurden die Beratungen über die Reform der Bundeskriegsverfassung intensiviert.

Auf das Mächtesystem hat die Krise nicht weiter zurückgewirkt, da in Paris die Regierung wechselte und um versöhnliche Politik bemüht war. Ebenso gab es in London ein neues Kabinett. Die Außenpolitik lag bis 1846 in den Händen von Lord Aberdeen, der die Bedeutung der Verträge von 1814/15 hochschätzte und bemüht war, die britische Politik in die europäische Gesamtordnung einzupassen. Der ideologische Gegensatz zwischen konstitutionellen und legitimistischen Positionen lebte deshalb in der alten Schärfe vorerst nicht wieder auf, „Blockbildung" unterblieb. Aber in anderer Hinsicht war die Rheinkrise ein Wetterleuchten. Die „Eruptionen eines Nationalismus, wie ihn Europa noch nicht gekannt hatte" (H. LUTZ), standen sich in Frankreich und Deutschland nicht nach. Diesseits des Rheins waren sie mit dem „teutschen" Raunen und Turnen der Burschenschaftler in den Jahren nach 1813 kaum noch

Neuartige Formen des Nationalismus

zu vergleichen; hier begann vielmehr der moderne deutsche Nationalismus Gestalt anzunehmen, der sich dann deutlicher 1848 in der Frankfurter Nationalversammlung artikulierte. In diesem „nach außen gewandten Nationalbewußtsein" bildete sich, wie schon die Zeitgenossen erkannten, die aus Resignation gespeiste Neigung zum Verdrängen des innergesellschaftlichen Konflikts zwischen den liberalen Befürwortern der Konstitutionalisierung und ihren monarchistischen Gegnern ab und ließ es aggressiv erscheinen; das verband sich sodann mit Anflügen von Stolz auf Deutschlands wachsende Wirtschaftskraft und seine militärische Stärke. Gewiß steckte alles noch in den Kinderschuhen, „aber bei vielen Liberalen überlagerten schon jetzt die nationalen Töne die freiheitlichen Ziele" (ebd.).

Der Rheinkrise folgte eine Stagnation in den Mächtebeziehungen, die einen legitimistischen Konservativen und Verfechter des ganzheitlichen – innergesellschaftlichen und zwischenstaatlichen – Ordnungsgedankens wie Metternich darüber hinwegtäuschen konnte, daß die Fundamente seines vormodernen Systemdenkens weitgehend unterspült waren. Denn obwohl die Wiederbelebung der antagonistischen Blöcke vorerst unterblieb und Metternich ein persönlich gutes Einvernehmen mit dem französischen Außenminister François Pierre Guizot herzustellen wußte, befand sich Österreich – ähnliches galt für das Zarenreich – in einem zunehmend schroffen, nicht mehr überbrückbaren politisch-gesellschaftlichen Gegensatz mindestens zu England. Der unter dem Einfluß von Pauperismus und Wirtschaftskrise mühevoll errungene Entschluß des Parlaments, 1846 den Übergang zum Freihandel zu vollziehen, warf ein Licht auf den Modernisierungsvorsprung Englands in Wirtschaft und Gesellschaft. Die Lage in Preußen hatte, äußerlich betrachtet, manches gemein mit dem Stillstand in der Habsburger Monarchie. Der Antikonstitutionalismus des neuen Königs Friedrich Wilhelm IV. (seit 1840) dämpfte die innere Dynamik Preußens, seine Grundidee der christlichen Monarchie förderte seine Bereitschaft zur Anlehnung an Österreich. Das verschaffte Metternich noch einmal weiten und nahezu autonomen Handlungsspielraum in den auswärtigen Belangen, aber die zoll- und handelspolitische Vormachtstellung Preußens in Deutschland nahm zum Nachteil Österreichs kontinuierlich zu.

Stagnation in den Mächtebeziehungen

Modernisierungsvorsprung Englands

Anlehnung Preußens an Österreich

3. Deutscher Bund und Deutscher Zollverein

Die Geschichte Deutschlands und des europäischen Staatensystems zwischen Wiener Kongreß und Märzrevolution ist nicht allein die Geschichte von Europäischem Konzert und Wiener Ordnung oder von jener restaurativen, antiliberalen Dominanz der Habsburger Monarchie in Deutschland, die in allen Staaten des Bundes bis in die Innenpolitik hinein spürbar wurde. Zur deutschen Geschichte und zur Geschichte des Staatensystems gehören schon in der ersten Hälfte des Jahrhunderts auch die Festigung und der Aufstieg Preußens. Das geschah zwar unspektakulär und wirkt noch aus der historischen Rückschau scheinbar unbedeutend, zumal wenn man es mit der dynamischen Hegemonialpolitik unter Bismarck vergleicht. Dennoch verlief dieser Prozeß so konsequent und wirkungsvoll, daß Preußen seit dem Ende der Revolutionsepoche 1848/51 der materiell erschöpften und beharrlich vormodernen Habsburger Monarchie dauerhaft überlegen geworden war. Die Schwäche des Deutschen Bundes – das Kümmerdasein seiner Institutionen und die Beengtheit seiner Kompetenzen – kann daher nicht allein mit der österreichischen Vorherrschaft oder mit den neugewonnenen und eifersüchtig gehüteten Souveränitätsrechten der deutschen Mittelstaaten erklärt werden. Vielmehr muß die preußische Entwicklung als drittes konstitutives Element mit in die Betrachtung einbezogen werden.

Festigung und Aufstieg Preußens

Preußen wurde durch den Wiener Kongreß in weit umfassenderem Maß zu einem deutschen Staat gemacht, als es das je zuvor gewesen war. Seit 1815 verband es den äußersten Westen mit dem äußersten Osten Deutschlands. Im Rahmen des Staatensystems wurde es daher zum Exponenten *deutscher* Außenpolitik, während die Habsburger Monarchie in und mit Deutschland *europäische* Politik betrieb. Besonders klar läßt sich das erkennen beim Blick auf Preußens distanzierte Haltung gegenüber den periodischen Eruptionen im Osmanischen Reich – vom griechischen Unabhängigkeitskampf der 1820er Jahre bis zum Krimkrieg in den 1850ern. Auf dem Wiener Kongreß hatte Preußen die geographische und staatliche Grundlage für eine deutsche Außenpolitik im Mächtesystem erworben; die Staatsräson gebot es, daß Berlin sich den veränderten Anforderungen stellte.

Preußen als Exponent deutscher Außenpolitik

Österreich als Exponent europäischer Politik

Gerade im westlichen Teil des Deutschen Bundes grenzten viele souveräne Einzelstaaten an preußisches Territorium oder schlossen es sogar als Enklaven völlig ein: Fast zwangsläufig begann Preußen mit Deutschland ineinanderzuwachsen. Im Deutschen Bund der „souveränen Fürsten und Freien Städte" mochte dies anfangs nicht weiter auffallen, aber von Anbeginn erwies sich als Sachverhalt von historischer Bedeutung, daß Preußen seit 1815 die nationale Option besaß, während die Habsburger Monarchie nur den Status quo der vornationalen Ordnung repräsentierte und an ihn gefesselt blieb.

Preußens Interesse am Ausbau seiner neugewonnenen Position

3. Deutscher Bund und Deutscher Zollverein

hatte sich bereits auf dem Wiener Kongreß in dem Vorschlag geäußert, in die Bundesakte solle eine „bindende Bestimmung über das deutsche Zoll- und Handelssystem" eingefügt werden (E. R. HUBER). Das scheiterte am Widerstand Bayerns, dem der Verzicht auf die handelspolitische Unabhängigkeit als Preisgabe eines entscheidenden Teils der staatlichen Souveränität erschien. Bayern und die weiteren Mittelstaaten des entstehenden Deutschen Bundes dachten und wirtschafteten noch in den merkantilistischen Kategorien des 18. Jahrhunderts. Sie hatten keine Vorstellung von einem einheitlichen nationalen Wirtschaftsraum. Obendrein zerfiel Deutschland nicht nur in eine Vielzahl von Staaten, sondern auch in drei ganz unterschiedlich strukturierte Wirtschaftszonen des großagrarischen Nordens und Ostens, einer gewerblich und bald auch frühindustriell geprägten mittleren Region vom Rhein bis nach Sachsen und Schlesien und des agrarisch-kleingewerblichen Südens und Südwestens. Indem Artikel 19 der Bundesakte lediglich vorsah, daß die Bundesversammlung über die Fragen des Handels und Verkehrs beraten solle und bindende Beschlüsse einstimmig zu fassen seien, war faktisch bereits 1815 entschieden, daß der Deutsche Bund nicht den Rahmen für eine wirtschafts- und zollpolitische Vereinheitlichung zwischen den Einzelstaaten abgeben würde. Damit war die Voraussetzung gegeben, daß bis 1834 innerhalb des Deutschen Bundes der von Preußen dominierte Deutsche Zollverein entstand, und dieser wiederum wurde zur Basis für Preußens wachsende Macht, mit der später Österreich aus Deutschland hinausgedrängt, die vornationale Verfassung des Bundes beseitigt und der Nationalstaat zusammengezwungen wurde.

Wirtschaftspolitisches Defizit des Deutschen Bundes

Am Anfang stand nichts anderes als binnenpreußische Interessenpolitik, die das zersplitterte Staatsgebiet einem einheitlichen Zollsystem unterwarf und für den Gesamtstaat statt Protektionismus mehr Handelsfreiheit vorsah: Am 26. Mai 1818 wurde das preußische Zollgesetz verabschiedet. Es stieß nicht nur bei den meisten deutschen Regierungen auf harte Kritik, weil die sich herausgefordert und unter Druck gesetzt sahen. Auch in der öffentlichen Meinung war Widerspruch zu hören. Hier herrschte die Auffassung vor, man solle die deutsche Zoll- und Wirtschaftseinheit nicht abseits, sondern innerhalb der Institutionen des Deutschen Bundes anstreben. 1819, im Jahr der Karlsbader Beschlüsse, war der „Zusammenhang zwischen den handelspolitischen Forderungen und den nationalen und verfassungspolitischen Zielen des liberalen Bürgertums" (H.-W. HAHN) unübersehbar geworden. Und bereits hier

Aufbau des preußischen Zollsystems

zeigte sich die Doppelbödigkeit der preußischen Politik. Denn in den allgemeinen Bundesangelegenheiten suchte Berlin den Anschluß an Metternich, unterstützte seine Vorschläge zur Unterdrückung der liberalen Kräfte und seine Auffassung von der staatenbündischen Souveränität der Bundesglieder, während es in der Handelspolitik dazu tendierte, einen „hegemonial geleiteten Sonderbund" (E. R. HUBER) auf tendenziell wirtschaftsliberaler Grundlage zu errichten.

Das preußische Zollsystem wurde im Anfang nur von kleinen mitteldeutschen Staaten übernommen, deren Territorien Enklaven in preußischem Gebiet bildeten. Die mittel- und süddeutschen Staaten des „Dritten Deutschland" hingegen versuchten seit 1820, zur Abwehr der preußischen Maßnahme eine Zolleinigung im Rahmen der deutschen Trias zu vereinbaren, aber in jahrelangen Verhandlungen fanden sie keinen gemeinsamen Weg. Schließlich wurde auf bayerische Initiative 1827/28 wenigstens eine bilaterale bayerisch-württembergische Zollunion geschaffen. Im selben Jahr schloß sich indes das Großherzogtum Hessen-Darmstadt, dessen Territorium Rheinpreußen benachbart war und wie eine Brücke den Main überspannte, dem preußischen Zollsystem an, womit Süddeutschland ins Blickfeld Preußens geriet und das Interesse Berlins an einem Ausgreifen nach Süden stimuliert wurde. Aus Sorge um ihre einzelstaatliche Souveränität und aus Furcht vor einer Vereinnahmung durch Preußen schlossen sich nun die mitteldeutschen Staaten Sachsen, Kurhessen und Nassau mit Hannover, Braunschweig, Oldenburg, Bremen, den thüringischen Staaten und Hessen-Homburg 1828 zum „Mitteldeutschen Handelsverein" zusammen – ein trotziges Aufbegehren des Partikularismus, das nicht weit führte. Der materielle und administrative Erfolg der preußischen Zollunion sowie die Einwirkungen der Julirevolution brachten gerade die mitteldeutschen Staaten rasch dahin, sich preußischen Beitrittsangeboten nicht länger zu verschließen. 1831 trat Kurhessen auf die Seite Preußens, und am 22. März 1833 wurde dann auch die Verschmelzung der süddeutschen Zollunion mit der preußischen zum 1. Januar 1834 vereinbart. Das war der Deutsche Zollverein, dem am Tage seiner Gründung auch Sachsen und Thüringen angehörten, seit 1835 zudem das Großherzogtum Baden. Hannover mit seinen norddeutschen Nachbarstaaten blieb außerhalb, so daß Preußen der Zugang zur Nordsee weiterhin verschlossen war.

Es stellt sich die Frage, warum Österreich nicht entschieden versucht hat, die Gründung des Zollvereins zu verhindern oder aber

3. Deutscher Bund und Deutscher Zollverein 23

selbst daran teilzunehmen. Den Anfang der Entwicklung, die Bedeutung des preußischen Zollgesetzes von 1818, hat Metternich offenbar nicht erkannt, und darin unterschied er sich nicht von den meisten seiner Zeitgenossen. In den folgenden Jahren, als die verschiedenen Zollunionen entstanden, bedurfte es der vertrauensvollen politischen Zusammenarbeit mit Preußen, um nach den Karlsbader Beschlüssen und der Wiener Schlußakte die Kräfte der Bewegung im Zaum zu halten. Metternich konnte deshalb nicht offen gegen die preußische Zollpolitik vorgehen und war auf heimliche und verdeckte Obstruktion angewiesen. Österreich versuchte mit Druck und Versprechungen, die Bundesstaaten vom zollpolitischen Anschluß an Preußen abzuhalten, aber um 1830 war die Entwicklung schon nicht mehr aufzuhalten, weil die materielle Überzeugungskraft des Berliner Konzepts zu wirken begann.

Metternich unterschätzte die Gefahren der preußischen Zollpolitik für Österreichs Halt in Deutschland keineswegs. Er versuchte nach 1840, Anschluß an den Zollverein zu finden, aber es gelang ihm nicht, in Wien mit seiner Meinung gegenüber dem Kaiser und den Interessenvertretern der Wirtschaft durchzudringen. Innenpolitisch war in Österreich der Wille zur Präsenz und Verankerung in Deutschland nur schwach ausgebildet. Auch die europäischen Mächte setzten der Gründung des Zollvereins keinen entscheidenden Widerstand entgegen. Gewiß waren 1834 Bedenken verbreitet, aber das Interesse der Großmächte ging doch sehr bald dahin, mit dem Zollverein ein vorteilhaftes Arrangement zu suchen.

1834 war der „Bund im Bunde" geschaffen, und es nimmt nicht wunder, daß seither der Ruf nach Reformen und Kompetenzausweitung der Bundesgremien, der nach der Julirevolution wie schon einmal 1816/19 verbreitet zu hören gewesen war, ganz verstummte und erst unter gänzlich anderen Voraussetzungen nach der 48er-Revolution wiederauflebte. Die Menschen spürten, daß der vormoderne, vornationale, von den Rivalitäten der souveränen Staaten durchfressene Deutsche Bund wenig Kraft zur Selbstbehauptung aufweisen werde; er repräsentierte das dem Gestern zugewandte Gesicht der Gegenwart, während der Zollverein in die Zukunft sah. 1835 begann in Deutschland der Bau von Eisenbahnen. Das trieb die Industrialisierung voran, löste eine Revolution aus im Verständnis von Raum und Zeit und machte den nationalen Wirtschaftsraum sowohl möglich als auch notwendig. An den kleindeutschen Nationalstaat von 1871 dachte damals noch kaum jemand, und dieses Ziel war mit der Gründung des Zollvereins auch nicht

Nationaler Wirtschaftsraum

Der Bau von Eisenbahnen

verbunden. Gleichwohl lief die Entwicklung seither auf Preußens Dominanz in Deutschland und auf anhaltende Schwächung Österreichs hinaus. Offen blieb allerdings, ob und wie die Staaten dem zu steuern in der Lage sein würden.

4. Deutsche Revolution und europäische Mächte 1848–1851

Die Revolution von 1848 brachte in ganz Deutschland den überraschend schnellen Sieg der liberalen Kräfte. Von München über Wien bis nach Berlin flossen in der Märzbewegung konstitutionelle, soziale und nationale Impulse zusammen. Die 1848er glaubten, daß jetzt der Zeitpunkt gekommen sei, wo sich Repräsentativsystem, Demokratie und deutsche Einheit würden zusammenfügen lassen, und daß dies alles mit einer dauerhaften europäischen Friedensordnung vereinbar sei. Die deutsche Revolution war Bestandteil einer gesamteuropäischen Umwälzung, die den Kontinent von Frankreich bis nach Polen und von Dänemark bis Italien erfaßte und die Parameter des gesellschaftlichen und staatlichen Lebens in ganz Europa veränderte. Das Zeitalter der Nationalstaaten brach an. Ein Völkerfrühling wie in den Jahren der Julirevolution, als die freiheitliche Aufbruchsstimmung zur Überwindung absolutistischer Herrschaft die ethnischen Grenzen übersprang, blieb 1848 eine ephemere Erscheinung. Die Revolution setzte Kräfte frei, die einen großen europäischen Krieg vorstellbar werden ließen, und es ist unter außenpolitischen Gesichtspunkten das Charakteristikum der Revolutionsepoche, daß die europäischen Großmächte dieser Gefahr eines Nationenkrieges entgegenarbeiteten. Die führende Rolle hierbei übernahmen die beiden Mächte, die von der Umwälzung im eigenen Land verschont blieben – England und Rußland, und dies trotz ihrer einander entgegengesetzten gesellschaftspolitisch-ideologischen Ausrichtung. Sie waren es, die insbesondere das Ausgreifen der deutschen Revolution über die Grenzen des Deutschen Bundes verhinderten und dann in der Phase des Ringens zwischen Berlin und Wien um die Neugestaltung der staatlichen Verhältnisse in Deutschland und Mitteleuropa die beiden deutschen Großmächte in die gesamteuropäische Verfassung des Bundesrechts und des Vertragswerks von 1814/15 zurückdrängten. Vom Staatssystem her betrachtet ist deshalb die Phase der 48er-Revolution nicht auf das Jahr der Nationalversammlung in der Paulskirche beschränkt, son-

Europäische Revolutionswelle

Eindämmung der Revolution unter Führung Englands und Rußlands

4. Deutsche Revolution 1848–1851

dern erstreckt sich bis zum Mai 1851, als mit dem Abschluß der Dresdener Konferenzen die Wiederherstellung des Deutschen Bundes beschlossen wurde.

Als sich die deutsche Nationalversammlung am 18. Mai 1848 in der Frankfurter Paulskirche versammelte, wurde sie sogleich in nationale Konflikte hineingezogen, die die Arbeit an der Reichsverfassung verzögerten und zu ihrem Scheitern beitrugen. Wo sollten die Grenzen des Reiches sein, das die Paulskirche zu schaffen angetreten war? Im Osten stellte sich das Problem Polens. In der Polendebatte der Paulskirche (24. Juli 1848) wurden scharfe nationalistische Töne laut, und die Versammlung lehnte es ab, auf Rechte der Deutschen im Osten zu verzichten. Im Norden herrschte seit April/Mai 1848 Krieg um Schleswig-Holstein, wo der Anspruch der Dänen, die beiden Herzogtümer einem dänischen Nationalstaat einzuverleiben, auf den Anspruch der Deutschen traf, sie zum Teil des künftigen deutschen Nationalstaats zu machen. Den Krieg führte Preußen mit Billigung des Bundestages, welcher sich im April noch auf diese Regelung verständigt hatte, bevor er seine Arbeit zugunsten der Nationalversammlung einstellte. Der Konflikt, der zu einem Modellfall für ähnlich gelagerte territorial und national motivierte Auseinandersetzungen werden konnte, rief England und Rußland auf den Plan. Gemeinsam drängten sie die dänische und die preußische Regierung zum Kompromiß. Während über einen Waffenstillstand verhandelt wurde, hatte sich allerdings die Paulskirche in der Debatte vom 9. Juni der schleswig-holsteinischen Frage angenommen und sie zur Sache Deutschlands erklärt – zur Sache der Nationalversammlung und der „Provisorischen Zentralgewalt". Damit sollte Berlin an Frankfurt und insofern an die Ziele der Revolution gefesselt werden. Daraus konnte eine Konstellation erwachsen, die auf die Intervention Rußlands gegen die Revolution in Deutschland und in der Folge auf einen europäischen Krieg hinauslaufen mochte. Deswegen war es so bedeutungsvoll, daß der Malmöer Waffenstillstand vom 26. August 1848 allein von Preußen und Dänemark unterzeichnet wurde: Dieser Vertrag entstand als schroffe Absage an den Anspruch der Paulskirche, als trotzige Demonstration des Selbstbestimmungswillens souveräner monarchischer Einzelstaaten. Vermittelt hatte ihn der englische Außenminister in elastischem Zusammenspiel mit dem Zaren.

Die Frankfurter Parlamentarier mußten bitter erkennen, daß das Deutschland, welches ihnen vorschwebte und dessen Existenz sie durch ihren bloßen Zusammentritt postulierten, von den euro-

Frankfurter Nationalversammlung

Schleswig-Holstein und die Gefahr eines europäischen Krieges

Waffenstillstand von Malmö

päischen Mächten ignoriert wurde. Die Idee des Reichs bedrohte schon für sich genommen den Frieden in Europa, zumindest so lange, wie die Paulskirche nicht sagen konnte, wo denn eigentlich die Grenzen dieses Reichs verlaufen sollten. Die „Provisorische Zentralgewalt", die von keiner europäischen Großmacht völkerrechtlich anerkannt wurde, besaß nicht die Macht, um den Beschlüssen der Nationalversammlung in Deutschland, geschweige denn in Europa Geltung zu verschaffen. Das alles deckte der Malmöer Waffenstillstand schonungslos auf. Die Peripetie der Paulskirche wurde markiert durch den Beschluß vom 5. September, den Malmöer Waffenstillstand zu sistieren, und durch die Debatte am 15./16. September, an deren Ende die Entscheidung fiel, dies wieder zu revidieren. Die Folge war der Septemberaufstand in Frankfurt, der die zweite, die radikale und außerparlamentarische Phase der Revolution einleitete. Das mobilisierte Abwehrkräfte auf breiter Front, gerade auch im Lager der gemäßigten Liberalen, und machte die Bahn frei für die Gegenrevolution.

Peripetie der Paulskirche

Der Versuch der Frankfurter Nationalversammlung, die Grundlagen des Staatslebens in Deutschland neu zu bestimmen, erforderte neben der definitiven Festlegung der Grenzen auch eine Entscheidung über die Abtretung von Souveränitätsrechten der Einzelstaaten an die Staatsspitze des neuen Reichs, mithin über die Form der Integration Preußens und der Habsburger Monarchie in den Nationalstaat. Am 27. Oktober 1848 entschied die Paulskirche zugunsten der „großdeutschen Lösung", wonach die deutschen Territorien der Habsburger Monarchie, die auch zum Deutschen Bund gehört hatten, ins Reich eingegliedert und mit den übrigen Gebieten der Monarchie nur in Personalunion verbunden bleiben sollten. Teilung der Habsburger Monarchie? Das stieß in Wien sofort auf die kategorische Ablehnung des neuen Ministerpräsidenten Fürst Felix von Schwarzenberg. Das großdeutsche Ziel der Paulskirche war damit zum Scheitern verurteilt. In Frankfurt entstand daraufhin Heinrich von Gagerns Plan des „engeren und weiteren Bundes" (18. Dezember 1848), wonach ein kleindeutsches Reich unter preußischer Führung entstehen sollte, welches durch anschließende vertragliche Regelung mit der Habsburger Monarchie zu verknüpfen sei. Die Nationalversammlung würde sich demnach auf die Gestaltung des „engeren" Deutschland beschränken. Nunmehr war Österreich mit der Möglichkeit konfrontiert, ganz aus Deutschland hinausgedrängt zu werden. Die kleindeutsche Lösung nach dem Plan Gagerns scheiterte unmittelbar jedoch nicht an Österreich, sondern an Preußen,

Großdeutsche oder kleindeutsche Lösung?

Der Gagernsche Plan

4. Deutsche Revolution 1848–1851

als Friedrich Wilhelm IV. im April 1849 die ihm von der deutschen Nationalversammlung angetragene Kaiserkrone ablehnte. Mit allen Plänen zur Gestaltung eines deutschen Reichs erlitt die Paulskirche Fehlschläge: Mit der großdeutschen Lösung, die Österreich mit Zerteilung bedrohte; mit dem Plan des engeren und weiteren Bundes, der Österreich aus seinen deutschen Bindungen herauslöste; und mit der kleindeutschen Lösung, die zu einer Art Mediatisierung Preußens und der deutschen Mittelstaaten im neuen Reich geführt hätte. Jeder dieser Pläne hatte die Souveränität aller Staaten im Deutschen Bund bedroht. Das war ein Angriff auf den Kern der bisherigen Ordnung in Mitteleuropa, auf die politische Addition der „souveränen Fürsten und Freien Städte" im Rahmen des Deutschen Bundes, welcher im Falle des Erfolgs das europäische Vertragssystem von 1814/15 insgesamt hätte zu Makulatur werden lassen. Indes, dieser Angriff war in großen Teilen der Bevölkerung aller deutscher Staaten begrüßt und von den liberalen Märzministerien unter Duldung der Fürsten unterstützt worden. Und obwohl die Gegenrevolution 1849 zum Sieg geführt wurde, konnten die beiden Großmächte den nationalen Impetus der Revolution nicht ungeschehen machen: So griffen sie ihn auf und verknüpften ihn mit ihren eigenen, von der monarchischen Staatsspitze her konzipierten Ordnungsvorstellungen für Deutschland und Mitteleuropa. Zur gleichen Zeit, aber schroff gegeneinander gerichtet, entwickelten Österreich und Preußen Konzeptionen, in denen die nationalen Anstöße der Revolution nun im jeweiligen staatlichen Eigeninteresse umgeformt wurden. Der revolutionäre Impuls wuchs aus der gesellschaftlichen Sphäre in die staatliche hinüber. Die Neuordnungspläne, die jetzt in Berlin und Wien entstanden, zielten gleichermaßen auf eine Umgestaltung der staatlichen Ordnung in Mitteleuropa. Sie waren auf Staatsgebilde gerichtet, in denen die eine oder andere deutsche Großmacht fraglos ein Übergewicht haben würde. Beide Entwürfe waren mit dem europäischen Vertragsrecht von 1814/15 nicht vereinbar und insofern noch Bestandteil der Revolution. Aber sie spiegelten nicht mehr den liberalen und nationalen Impetus der Märzbewegung, sondern nur noch den gegeneinander gerichteten Selbstbehauptungswillen der Monarchien; in diesem Sinne waren sie Ausdruck der Gegenrevolution.

Der österreichische Plan, von Schwarzenberg im März 1849 an die Öffentlichkeit gebracht, sah den Gesamteintritt der Habsburger Monarchie mit allen Gebietsteilen in einen erweiterten „deutschen" Bund vor. In diesem 70-Millionen-Reich hätte Österreich allein

Ablehnung der Kaiserkrone durch Friedrich Wilhelm IV.

Bedrohung der Ordnung in Mitteleuropa durch Pläne der Paulskirche

Umformung der nationalen Anstöße durch Preußen und Österreich

Schwarzenberg-Plan

schon aufgrund seiner Bevölkerungszahl die Führung beanspruchen können. Der Plan mutete gigantisch an – ein Reich, das sich von Ungarn über Norditalien bis an die Ost- und Nordsee und an den Rhein erstreckt hätte! –, aber er war doch eher Zeichen der Defensive und der geschwächten Machtstellung der Habsburger Monarchie im Staatensystem nach 1848. Österreichs Einbindung in die staatliche Organisation Deutschlands wäre wieder gefestigt und die zentrifugalen Kräfte der nationalen Bewegungen in Deutschland, Ungarn und Italien wären abgeschwächt worden; die Verwundbarkeit der Habsburger Monarchie schließlich durch auswärtige Mächte – etwa durch Frankreich in Oberitalien – hätte mit dem Schutz Deutschlands im Rücken erheblich vermindert werden können. Bei näherem Hinsehen ließ der Schwarzenberg-Plan deutlich erkennen, wie dringend Österreich das Kräftepotential Deutschlands brauchte, um sich als europäische Großmacht behaupten zu können. Nicht zufällig begann parallel der Druck aus Wien auf die Staaten des Deutschen Zollvereins stärker zu werden, daß sie in die Schaffung einer mitteleuropäischen Zollunion einwilligten. Österreich war sowohl auf den politischen Rückhalt in Deutschland als auch auf die wirtschaftliche und finanzielle Stärke des Zollvereins angewiesen, um die staatliche Konsolidierung vorantreiben zu können.

Radowitz-Plan Der preußische Plan verband sich mit dem Namen des außenpolitischen Beraters von Friedrich Wilhelm IV., Joseph Maria von Radowitz, und bildete eine Umformung des Vorschlags von Heinrich von Gagern, in Deutschland erst einmal einen engeren Bund zu schaffen. Der Radowitz-Plan war mithin an einem Konzept der Revolution orientiert, indem er die Revolution zu überwinden versuchte durch die Hineinnahme ihrer Ziele in die Politik eines bestehenden Staats und monarchischer Gewalt. In einigen Aspekten wies Radowitz' Konzept bereits auf Bismarck voraus. Die „Preußische Union", so die offizielle Bezeichnung, hatte jedoch von Anbeginn kaum eine Chance des Erfolgs. Innerdeutsche Widerstände verbanden sich mit Hemmnissen, die aus dem europäischen Staatensystem herrührten. So sollte die Union die mittelstaatlichen Königreiche Bayern, Württemberg, Hannover und Sachsen mit Preußen zusammenfügen. Aber die Süddeutschen beobachteten Distanz. So kam

Dreikönigsbündnis am 26. Mai 1849 nur ein „Dreikönigsbündnis" zwischen Preußen, Hannover und Sachsen zustande. Darin war obendrein die Klausel enthalten, daß die beiden Mittelstaaten nur dann an die – noch zu erstellende – Verfassung der Preußischen Union gebunden sein wür-

4. Deutsche Revolution 1848–1851

den, wenn sich alle deutschen Staaten außer Österreich dem Bündnis anschlössen. Da dies nicht zu erwarten war und da Sachsen und Hannover rasch die Erfahrung machen mußten, daß Radowitz für Preußen rigoros die Führung beanspruchte, statt Kooperation zu bieten, trennten sie sich im Oktober 1849 faktisch wieder vom „Dreikönigsbündnis". Schon jetzt mußte die Union als gescheitert gelten, obwohl noch ein ganzes Jahr lang mit ihr und gegen sie Politik gemacht wurde. *Scheitern der Unionspolitik*

Auch für die europäischen Großmächte war der Radowitz-Plan nicht vorbehaltlos akzeptabel. Zwar weckte die Unionspolitik in London wohlwollendes Interesse, weil sie auf ein konstitutionelles Deutschland in den Grenzen des Zollvereins hinauszulaufen schien; ein von Preußen dominiertes Deutschland als politisch und wirtschaftlich liberaler Staat entsprach englischen Wunschvorstellungen. Aber man erwartete in England, daß Preußen rasch und entschlossen handelte und einen kriegerischen Konflikt mit Österreich unbedingt vermied. Am Jahresende 1849 war absehbar, daß es eine solche Entwicklung nicht geben werde. Rußland hingegen verurteilte den Radowitz-Plan von Anfang an ganz entschieden, weil er die Politik der Paulskirche fortsetzte und auf der Grundannahme basierte, daß das europäische Vertragswerk von 1814/15 durch 1848 seine Geltung verloren habe. Österreich sekundierte Rußland und nutzte dabei geschickt die Tatsache, daß der Plan des 70-Millionen-Reichs mit den Verträgen vereinbar zu sein schien. Frankreich widerstrebte jeder Veränderung in Mitteleuropa, sofern sie nicht Territorialgewinne für den eigenen Staat mit sich brachte. *Vorbehalte Englands und Rußlands*

Interessen Frankreichs

Der Konflikt zwischen Preußen und Österreich über Neuordnung und Vorherrschaft in Deutschland führte 1850 bis an den Rand des Krieges. Preußen blieb Unterstützung durch die Mittelstaaten versagt, es willigte in Verhandlungen mit Österreich ein und verzichtete darin auf die Union. In der Punktation von Olmütz (29. November 1850) beschlossen Wien und Berlin, nun gemeinsam und zusammen mit allen deutschen Staaten über die Reform des Deutschen Bundes und die staatliche Organisation Mitteleuropas zu beraten. Während der Dresdener Konferenzen (Januar–Mai 1851) versuchte Österreich, die Zustimmung der deutschen Staaten zum Gesamteintritt der Habsburger Monarchie in den Deutschen Bund und parallel dazu auch die Billigung der europäischen Großmächte zu erhalten. Beides mißlang. Über die Opposition der deutschen Staaten hinausgehend, kam der entscheidende Widerstand von den Großmächten, die nach dem Scheitern der Preußischen Union er- *Punktation von Olmütz*

Dresdener Konferenzen

kannten, welche Gefährdung des europäischen Gleichgewichts aus dem 70-Millionen-Reich würde erwachsen können. Verbunden mit massiven Drohungen wiesen sie Österreich jetzt darauf hin, daß der Deutsche Bund eine Konstruktion europäischen Rechts sei und nur im Einvernehmen mit allen europäischen Mächten in seiner staatlichen Organisation verändert werden könne. Den deutschen Staaten allein stünde das nicht zu.

Rückkehr zu den Rechtsgrundllagen des vorrevolutionären Staatensystems

Erst das diplomatische Ringen der Großmächte um Abwehr oder Durchsetzung des 70-Millionen-Reichs im Frühjahr 1851 beendete die deutsche Revolution von 1848 in ihrer europäischen Dimension. Herausgefordert durch das gigantische Neuordnungskonzept Schwarzenbergs, kehrten jetzt die außerdeutschen Großmächte entschlossen zu den Rechtsgrundlagen des Staatensystems der vorrevolutionären Zeit zurück und zwangen Österreich und Preußen auf ihre Linie. Damit war klargestellt, daß auch 1851 die staatliche Ordnung Mitteleuropas Gegenstand allgemein-europäischen Interesses war. Das *ius publicum Europaeum* von 1814/15 wurde durch die Revolution nicht beseitigt, weil die „deutsche Frage" (wie der preußisch-österreichische Machtkampf seit 1849 in der europäischen Diplomatie genannt wurde) nicht lösbar zu sein schien. Die widerstreitenden staatlichen und nationalen Interessen in Mitteleuropa waren offenbar allein auf europäischer Ebene zu kontrollieren. Das Ende der Dresdener Konferenzen bestätigte dies: Die deutschen Staaten erzielten in mehr als 50 Sitzungen keinerlei Einigung über die Reform der staatlichen Ordnung in Deutschland und beschlossen am Ende resignierend, den Deutschen Bund in der Form wiederherzustellen, wie er bis 1848 bestanden hatte. Das Bewußtsein der Zeitgenossen im In- und Ausland wurde von dieser Erfahrung tief geprägt: Bis ins Zeitalter Bismarcks hinein, bis 1866, vermochte sich in Europa schwerlich jemand die Begründung eines deutschen Nationalstaats vorzustellen. *Diese* Wirkung der 1848er-Revolution kann sowohl im deutschen Bezug als auch im Kontext des Staatensystems gar nicht überschätzt werden.

Unlösbarkeit der deutschen Frage?

Machtpolitik Preußens und Österreichs im Deutschen Bund

Die preußisch-österreichische Rivalität in Deutschland hatte seither kein anderes Ziel mehr, als den Kontrahenten zu übervorteilen und die eigene Machtstellung zu stärken. Die Perspektive auf den deutschen Gesamtstaat war entfallen. Schon in den Jahren des machtpolitischen Ringens zwischen Preußen und Österreich war auch auf der wirtschafts- und handelspolitischen Ebene verbissen gekämpft worden. Aus Wien kam 1849, ergänzend zum Schwarzenberg-Plan, der Vorschlag einer mitteleuropäischen Zollunion

(Bruck-Plan). Preußen arbeitete den österreichischen Forderungen entgegen und erreichte es, daß zum 7. September 1851 der hannoversche „Steuerverein" mit dem deutschen Zollverein verschmolzen und so dem Zugriff Österreichs entzogen wurde. Preußen erhielt dadurch den Zugang zur Nordsee, Handel und Schiffahrt Deutschlands gerieten unter seinen Einfluß. Das war ein unauffälliger, aber weitreichender und folgenschwerer Sieg. Er verstärkte Preußens Verankerung in Deutschland und festigte die Grundlagen, auf denen fünfzehn Jahre später Bismarcks Machtpolitik aufbauen sollte.

<small>Handelsrivalität</small>

5. Auf dem Weg ins Zeitalter der „Realpolitik": Die deutsche Frage im Jahrzehnt des Krimkriegs 1849/51–1856/59

Äußerlich betrachtet blieb das Staatensystem durch die Revolution unbeeinflußt, doch ist kaum anzunehmen, daß eine Erschütterung, die mit ihren ganz verschiedenartigen, wenngleich eng verflochtenen Ursachen fast den gesamten Kontinent erfaßte, völlig wirkungslos vorübergehen konnte. Und in der Tat, so wie die Revolution in der Gesellschaft, im Verfassungsleben und in der Wirtschaft vieler europäischer Länder einschneidende Veränderungen bewirkte und längst angelegte Entwicklungen freisetzte oder mindestens beschleunigte, so brachte sie auch in den zwischenstaatlichen Beziehungen und innerhalb des europäischen Systems Wandlungen in Gang, die binnen eines knappen Jahrzehnts zur Funktionslosigkeit des Europäischen Konzerts, zum Erlöschen der Wiener Ordnung und zum Aufleben einer neuen *raison* in den Staatenbeziehungen führten.

<small>Konsequenzen der Revolution 1848/49</small>

Der Legitimismus als tragendes Element der konservativen europäischen Ordnung zwischen 1815 und 1848 verlor in der Revolution seinen Existenzsinn, seit die Fürsten des Deutschen Bundes im März 1848 vor der Revolution zurückgewichen waren und die Einrichtung liberaler Märzministerien, ja sogar verfassunggebender Versammlungen zugelassen hatten. Der Geist der europäischen Ordnung von 1815 war erloschen. Deshalb gab es nirgendwo einen ernsthaften Versuch zur „Restauration", sondern 1850/51 setzte eine Epoche der „Reaktion" ein. Was die Revolution bewirkt hatte, blieb erhalten, wenn auch verformt, verändert und abgeschwächt. Die gestaltenden Kräfte waren indes kaum irgendwo die Liberalen, sondern das waren zumeist Konservative, welche die prinzipienpolitische, legitimistische Starre der Ära Metternich abgeschüttelt hatten

<small>Reaktion statt Restauration</small>

und, obwohl Gegner der Liberalen, die Herausforderung der Zeit annahmen. Anders als den Ministern der Ära Metternich, deren Ziel es gewesen war, die Revolution zu *verhindern,* ging es ihnen darum, die Revolution zu *überwinden.* Deswegen tauchten in der Politik konservativer Staatsmänner seit den 1850er Jahren Elemente der Modernisierung auf, die der Metternichzeit stets fremd blieben. Die Repräsentanten der „Reaktionszeit" waren nicht mehr nur auf den Status quo fixiert. Vertreter des Machtstaatgedankens nach außen und eines klassenspezifischen Ordnungsgedankens nach innen, leiteten sie das Zeitalter der „Realpolitik" ein, das längst vor Bismarck begann. Am frühesten wurde der Wandel erkennbar an Fürst Schwarzenberg, dem Ministerpräsidenten in Wien, der schon 1852 starb. Gewiß waren in allen Kabinetten noch Befürworter politischen Handelns zu finden, das an den Prinzipien der europäischen Ordnung vor 1848, insbesondere am Solidaritätsgedanken und am Europäischen Konzert, orientiert blieb. Aber sie gerieten im Jahrzehnt des Krimkriegs in den Hintergrund und besaßen nach 1856 kaum noch Einfluß. Der vielleicht typischste Repräsentant dieser älteren Tradition war Preußens König Friedrich Wilhelm IV., während der Ministerpräsident Otto von Manteuffel ein erträgliches Miteinander von Altem und Neuem anstrebte. Die Haltung des Königs, der als schwankend und unentschlossen galt, war so unmißverständlich eindeutig, daß der entschiedenste Verfechter des Neuen in der preußischen Politik, Bismarck, genau spürte, für ihn werde es so lange in Berlin keine Entfaltungsmöglichkeiten geben, wie Friedrich Wilhelm IV. regiere.

Was blieb von der europäischen Ordnung des Vormärz erhalten? Durch den Entschluß, den Deutschen Bund wiederherzustellen, und durch die Hartnäckigkeit, mit der die außerdeutschen Großmächte bei ihrem Kampf gegen den Schwarzenberg-Plan darauf bestanden, daß Deutschlands Staatenordnung ein integrierender Bestandteil des *ius publicum Europaeum* sei, wurde das in der Revolutionszeit siech gewordene Vertragsrecht von 1814/15 politisch reaktiviert. Kennzeichnend für das diplomatische Ringen um das 70-Millionen-Reich war der weithin unbemerkt gebliebene Sachverhalt, daß alle Mächte nur auf die Territorialregelungen hin pointierten und daß die weitergehende Frage nach künftiger europäischer Solidaritätspolitik – der Gedanke eines allgemeinen europäischen Kongresses etwa – nicht aufgegriffen wurde. Das europäische Vertragsrecht der nachrevolutionären Zeit war äußerlich unverändert geblieben, jedoch in der Substanz des prinzipienpoliti-

5. Die deutsche Frage im Jahrzehnt des Krimkriegs

schen Gehalts weitgehend entkleidet und auf die Territorialregelungen reduziert.

Das Europäische Konzert hatte seine Funktionsfähigkeit bewahrt, und damit war der Eindruck einer nach wie vor existenten Solidarität der Großmächte erhalten geblieben. Dieser Eindruck war nicht einmal nur äußerer Schein, obwohl der Solidaritätsgedanke in der europäischen Politik eine immer geringere Rolle spielte: Das vergehende Gestern überlagerte sich vielfältig mit dem entstehenden Morgen. Das Europäische Konzert überlebte einfach deshalb die Revolution, weil es von 1848 bis 1852 wegen der Schleswig-Holstein-Krise kontinuierlich in Aktion blieb. Auf den Londoner Konferenzen wurde Solidaritätspolitik nach dem Maßstab und im Geist der Vergangenheit praktiziert. In der orientalischen Krise hingegen, seit 1853, wurde die Konzertdiplomatie dazu benutzt, um den Zweck des Konzerts – Krisenminderung durch solidarische Kooperation – zu unterlaufen. Die Zeitgenossen der frühen fünfziger Jahre mochten durchaus glauben, daß europäisches Vertragsrecht und Konzert, anders gesagt: die Wiener Ordnung des europäischen Staatensystems, die Revolution unbeschadet überstanden hätten. Diese Auffassung war bis 1855/56 nicht nur in Deutschland, sondern auch in England und Frankreich und besonders in Österreich ein fester Bestandteil der öffentlichen Meinung und beeinflußte das Urteil von Staatsmännern, Publizisten und Abgeordneten. Das macht den ambivalenten Charakter der 1850er Jahre aus und läßt das Spiel der gegenläufigen Kräfte oft verwirrend erscheinen. Und doch birgt gerade dieses Jahrzehnt den Schlüssel zur Erklärung des Kommenden.

Wie sehr das verbindende Wertgefüge der Wiener Ordnung überlebt war, zeigte sich 1852, als der französische Prinzpräsident Louis Napoleon den Anspruch erhob, sich den Kaisertitel „Napoleon III." zuzulegen. Was er plante, war Usurpation monarchischer Gewalt. Ihm ging es um die kategorische Negation des Legitimitätsprinzips der Wiener Ordnung, mithin um die Beseitigung ihrer ideellen Bauteile, und danach um die Revision dieser Ordnung schlechthin. Wenn die Großmächte diesen gezielten Angriff auf das Legitimitätsprinzip duldeten, war die Wiener Ordnung nicht mehr viel wert. Dazu bedurfte es eines solchen Tests. Die Großmächte duldeten es, denn Louis Napoleon verkörperte ja nicht den Typus des revolutionären Herrschers, den die Legitimisten vor Augen hatten, sondern das Gegenteil: Dieser Mann, der als Präsident der Republik die oberste Staatsgewalt ohnehin in Händen hielt, erschien

Reduktion auf die Territorialregelungen

Ambivalenter Charakter der 1850er Jahre

Napoleon III. und das Legitimitätsprinzip

den Konservativen Europas als Sieger über die Revolution, als Garant der Ordnung in Frankreich. Deshalb willigten schließlich auch die prinzipienpolitisch strengen Monarchen Preußens und Rußlands ein und akzeptierten das Kaisertum Napoleons III. Der Usurpator erhielt Eintritt ins Lager der traditionellen Legitimisten als ein Mann sozialkonservativer Ordnungspolitik gegen die Gefahr der plebiszitären Massendemokratie, des Schreckbilds der Regierenden von London bis nach Wien und St. Petersburg.

Bemerkenswert an der Anerkennung Napoleons III. ist die Tatsache, daß England hier den führenden Part spielte. Darin deutete sich der Prozeß an, der dann die Entwicklung des Staatensystems und die deutsche Frage in den 1850er Jahren prägte: England war infolge seiner frühen Industrialisierung und der damit verknüpften inneren Reformen 1832 und 1846 in eine politische Gesamtsituation geraten, die dem Land nicht nur 1848 die Revolution ersparte und 1849 einen Wirtschaftsaufschwung bescherte, als auf dem Kontinent noch die Gegenrevolution wütete, sondern die einen politisch-ökonomischen Modernitätsvorsprung fühlbar werden ließ, der das Handeln der Regierung in London deutlich beeinflußte. Im Jahrzehnt etwa ab 1850 klaffte der Modernitätsunterschied zwischen Großbritannien und den Ländern des Kontinents am weitesten während der ganzen Industrialisierungsepoche auf. Viel bestauntes Symbol war die erste Weltausstellung im Londoner „Kristallpalast" 1851. Solche Veränderung der materiellen Bedingungen verschob auch das Kräfteparallelogramm des europäischen Staatensystems. 1815 hatte die englische Politik ihr kontinentales Widerlager in Wien gesucht, um die Mächtebalance zwischen Frankreich und Rußland sicherzustellen. 1830 hatte sich die Achse stärker nach Paris verlagert, jedoch unter der sorgsam beachteten Voraussetzung, daß mit dem Europäischen Konzert die Pentarchie funktionsfähig blieb. Das Interesse an dieser gesamteuropäischen Solidaritätsform hatte zwei Voraussetzungen, die nach 1848 beide entfallen waren: Zum einen erforderten der Zustand der Volkswirtschaften sowie die Wirtschafts- und Handelspolitik ein Mindestmaß an Kompatibilität, welche nach 1815 durch restriktive Zollgesetzgebung gegeben war. Englands Übergang zum Freihandel 1846/49, der sozialökonomisch gewiß weniger einschneidend war als atmosphärisch, hob das Land aus dem Kreis der europäischen Mächte heraus, die politischen Interessen der Welthandelsmacht England wurden ein Stück weit aus ihrer Rückbindung an Europa gelöst. Zum andern beruhte die *raison* der Wiener Ordnung, wie schon einmal betont, auf dem

5. Die deutsche Frage im Jahrzehnt des Krimkriegs 35

gemeinsamen Willen zur Friedenssicherung durch Abwehr der Revolution. Die bloße Tatsache der kontinentalen Revolution 1848 veränderte die Frage nach dem Sinn europäischer Solidaritätspolitik von Grund auf. Die „Traditionalisten" in England und auf dem Kontinent, die der Wiener Ordnung verhaftet blieben, sahen Sinn und Aufgabe der Mächtesolidarität nur um so mehr darin, den Frieden zu sichern und mit „Krieg" nicht nur Revolutionskrieg und napoleonische Eroberung zu assoziieren, sondern den zwischenstaatlichen Konflikt schlechthin. Die „Progressiven", die Protagonisten der „Realpolitik", erblickten dagegen im Krieg ein legitimes Mittel der Politik; sie dachten – und darin waren sie ganz traditionell – in der Kategorie des Kabinettskriegs, und sie glaubten, daß ein multilateral konzipiertes Solidaritätssystem und ein Völkerrecht, welche den Handlungsspielraum der einzelnen Macht durch Einbindung in das Interessengefüge aller übrigen einschränkten, die Entfaltung des Einzelstaats nur hemmten – die Kraftentfaltung des wirtschaftlich-industriell expandierenden, nationalen Staats.

Divergierende Auffassungen über den Sinn europäischer Solidaritätspolitik

Von England ausgehend und zielstrebig vorangetrieben, bahnte sich seit 1850 ein Gestaltwandel in der Politik der europäischen Großmächte an, der weitreichende Folgen für das Staatensystem und für Deutschland hatte. Durch die Wiedererrichtung des Deutschen Bundes und die damit verknüpfte Reaktivierung des europäischen Vertragsrechts von 1814/15 blieb das zunächst verdeckt, aber im Krimkrieg und auf der Pariser Friedenskonferenz wurde es bereits deutlicher sichtbar, nach Beginn der Ära Bismarck, 1864/66, war es offenbar. Der Krimkrieg entriegelte gewissermaßen die zentraleuropäische Verfassung und schuf die Möglichkeiten, daß in den Grenzen des Deutschen Bundes das alte Ordnungsprinzip der fürstlichen Souveränität hinter das neue der nationalen Souveränität, freilich unter dem Gebot der Staatsidee, zurücktrat. Österreich, Repräsentant des alten Prinzips, wurde im Verlauf von 15 Jahren (1851–1866) aus seinen europäischen und deutschen Positionen verdrängt, Preußen spielte die nationale Option aus und folgte darin dem englischen Beispiel der nicht-solidarischen, sondern egoistischen Macht- und Interessenpolitik.

Gestaltwandel in der Großmächtepolitik

Der Krimkrieg ging aus einer orientalischen Krise hervor, die seit Mai 1853 zu einem scharfen Konflikt zwischen Rußland einerseits sowie dem Osmanischen Reich, Österreich, Frankreich und bald auch England andererseits führte. Versuche Österreichs, die Krise und – ab März 1854 – den Krieg durch Konzertdiplomatie beizulegen, scheiterten bis 1855 letzten Endes an der britischen

Krimkrieg 1854–1856

Außenpolitik, die die Spannungen im eigenen Interesse zur Schwächung des weltpolitischen Rivalen Rußland zu nutzen versuchte. Die gegensätzlichen Interessen der Befürworter von Konzertdiplomatie und der Fürsprecher nationaler Machtpolitik blockierten sich auf den Wiener Konferenzen der Mächte. In Deutschland verschärfte der Krimkrieg die seit 1848/51 ohnehin starken Spannungen zwischen Preußen und Österreich sowie zwischen den Mittelstaaten und den beiden Großmächten. Preußen verfolgte eine bisweilen uneindeutig erscheinende, aber im Kern konsequente Neutralitätspolitik und geriet nach dem Abschluß eines Defensivvertrags mit Österreich (20. April 1854) bald völlig in die Isolierung, als die Habsburger Monarchie am 2. Dezember 1854 ein Bündnis mit Rußlands Kriegsgegnern Frankreich und England einging. Die Mittelstaaten im Deutschen Bund versuchten, sich von den deutschen Großmächten unabhängig zu halten und sich zugleich gegen die westlichen Mächte abzugrenzen (Bamberger Konferenz, 25. Mai 1854); seit dem Dezembervertrag folgten sie jedoch der preußischen Linie. Die Neutralität Deutschlands verhinderte maßgeblich, daß sich der Krimkrieg zum gesamteuropäischen Krieg ausweitete. Er blieb ein regionaler Konflikt, der im September 1855 mit dem Fall der Schwarzmeerfestung Sebastopol zugunsten der Westmächte entschieden wurde, ohne daß er die an ihn gerichteten Erwartungen einer nachhaltigen Schwächung Rußlands erfüllte.

Pariser Friedenskonferenz 1856

In seinen Rückwirkungen auf das Staatensystem indes kann der Krimkrieg kaum überschätzt werden, wie ein Blick auf die Pariser Friedenskonferenz (25. Februar – 17. April 1856) zeigt. Drei Aspekte sind hervorzuheben. Erstens wurde hier von Napoleon III. der Versuch unternommen, die Konferenz über die orientalische Frage hinaus zu einem allgemein-europäischen Kongreß auszuweiten, der den seitherigen Veränderungen der Staatenwelt Rechnung trug, indem er insbesondere den Verzicht Österreichs auf Oberitalien regelte und Frankreich in eine politisch-ideelle Führungsposition in Europa brachte, dagegen Rußland gewissen Restriktionen unterwarf. Darin schlug sich einerseits der Zerfall der Wiener Ordnung nieder, wobei Napoleon III. als wichtigstes Einzelergebnis wertete, daß Österreich durch sein Bündnis mit den westlichen Mächten die seit 1815/18 bestehende formell-informelle Allianz der drei östlichen Monarchien gesprengt hatte; damit war die entscheidende *machtpolitische* Konstellation der Wiener Ordnung zerstört worden. Andererseits zeigte der Kongreßplan, daß die Idee einer europäischen Gesamtordnung die Vorstellungswelt selbst eines

Zerfall der Wiener Ordnung

5. Die deutsche Frage im Jahrzehnt des Krimkriegs 37

Mannes beherrschte, dessen Ziel die Revision des Vertragswerks von 1814/15 war. Nationales Machtinteresse und die Idee des politisch-rechtlichen Verbundes der europäischen Staatenwelt schlossen sich in den Plänen Napoleons III. nicht aus.

Zweitens: Der Kongreßplan stieß nicht auf positive Resonanz. In Österreich nicht, weil Österreichs Grenzen und Machtstellung bei jeder Neuordnung Europas hätten zurückgenommen werden müssen; Wien fühlte sich nur stark auf der Basis des Status quo. In England nicht, weil England den Zerfall der alten Ordnung selbst beschleunigt hatte und Kabinett und Krone jede neue Einbindung in ein „System" zu vermeiden entschlossen waren, welches die nationale Selbstentfaltung und Bewegungsfreiheit behindern konnte. Für England begann hier die Epoche der *splendid isolation*.

Scheitern des französischen Kongreßplans

Drittens begann mit der Pariser Konferenz die Chance Preußens sichtbar zu werden, die Bismarck später nutzte. Preußen war infolge der Berliner Neutralitätspolitik zur Friedenskonferenz nicht zugelassen. Während König, Kronprinz und Ministerpräsident das als Zurücksetzung Preußens und als nicht vereinbar mit europäischer Politik im Rahmen der Pentarchie auffaßten, betrachtete Bismarck es als Vorteil. Er hatte klarer als andere erkannt, daß Preußen in der Machtrivalität mit Österreich um die Vorherrschaft in Deutschland erheblich größeren Spielraum haben werde, wenn sich der Ordnungszwang des Staatensystems auflöste und das kraftlos gewordene Vertragsrecht von 1814/15 nicht durch einen europäischen Kongreß aktualisiert wurde. Bismarcks Einsichten während der Konferenz bildeten die – mit preußischen Vorzeichen versehene – Widerspiegelung der britischen Politik und Strategie seit 1852. Wie die englische Regierung sah Bismarck mit dem Krimkrieg die Grundlagen der Mächtesolidarität zerstört, woraus Preußen ganz neue Chancen erwuchsen. Es ist kein Zufall, daß Bismarcks berühmter „Prachtbericht" das Datum des 26. April 1856 trägt.

Preußens Chance durch das Ende der Mächtesolidarität

Der Krimkrieg beschleunigte den Machtverlust der Habsburger Monarchie. An den Verhandlungen in Paris war Sardinien-Piemont beteiligt worden, und noch während der Konferenz hatte es Erklärungen der einzelnen Delegationen über die italienische Frage gegeben. Österreichs Stellung in Oberitalien blieb äußerst prekär, da es mit seinem Anspruch auf dauerhaften Verbleib keine Unterstützung fand. Zwischen England und Frankreich klärte sich obendrein in jenen Tagen, daß die Londoner Regierung das Bemühen Napoleons III. um die Befreiung Italiens unterstützte. So wußte der französische Kaiser seinen Rücken frei, als er am 20. Juli 1858 mit Graf

Die italienische Frage

Camillo di Cavour, dem leitenden Minister des Königreichs Sardinien-Piemont, in Plombières eine Vereinbarung traf, wonach Österreich zum Krieg gegen Sardinien und das dann mit ihm verbündete Frankreich provoziert und aus Oberitalien vertrieben werden sollte, damit der Weg geebnet wurde für eine neue, dem Nationalitätsprinzip verpflichtete politische Organisation Italiens. Am 10. Dezember 1858 unterzeichneten Cavour und Napoleon III. das entsprechende geheime Abkommen, der Krieg begann am 23. April 1859 und endete mit dem Waffenstillstand von Villafranca am 11. Juli 1859. Österreich trat die Lombardei an Frankreich ab, welches sie mit dem Frieden von Zürich (10. November 1859) in die Obhut Sardiniens gab. Zwischen der Pariser Friedenskonferenz und Villafranca hatte das Zeitalter der reinen Machtpolitik, hatte „Realpolitik" (LUDWIG AUGUST VON ROCHAU) Kontur gewonnen. Sie sollte das Staatensystem tiefgreifend verändern und auf die deutsche Frage eine der italienischen ähnliche Antwort finden: Verdrängung Österreichs aus Deutschland und politische Zusammenfassung der verbleibenden Territorien unter der Hegemonie des stärksten Staats im Bunde, Preußen.

6. Die Verdrängung Österreichs aus Deutschland 1859/62–1866

Seit dem italienischen Krieg stand die scharfe Machtrivalität zwischen Preußen und Österreich im Vordergrund des Geschehens und blieb bis zum Krieg von 1866 bestimmend für die europäische und die deutsche Entwicklung. Preußen hatte sich während der Kämpfe in Oberitalien nicht entschließen können, an Österreichs Seite einzugreifen. Das rief nicht nur Verbitterung in Wien hervor, sondern ließ nach einem Jahrzehnt der Lähmung auch die Nationalbewegung in Deutschland wiederaufleben. Deren Organisation im propreußisch-kleindeutschen „Nationalverein" (1859) und im erheblich kleineren, disparaten und großdeutsch orientierten „Reformverein" (1862) spiegelte die Atmosphäre in Politik, öffentlicher Meinung und Wirtschaft wider: Die historische Verknüpfung Deutschlands mit den habsburgischen Territorien bildete die Grundlage des nationalen Denkens außerhalb des ostelbischen Preußen, aber das war zunehmend mit Resignation durchmischt angesichts der politischen Schwäche und wirtschaftlichen Unterentwicklung Österreichs.

6. Die Verdrängung Österreichs aus Deutschland

Als Preußen am 29. März 1862 einen Handelsvertrag mit Frankreich paraphierte, dessen Vorbild der zwei Jahre zuvor geschlossene freihändlerische „Cobden-Vertrag" zwischen Frankreich und England war, hatte Österreich den Kampf um den Zollverein endgültig verloren. Die mitteleuropäische Zollunion, die Wien seit 1849 anstrebte, ließ sich nicht mehr verwirklichen, denn die deutschen Mittelstaaten stimmten bis zum Jahresende 1864 der Annahme des preußischen Vertrages zu und willigten in eine Verlängerung des Zollvereins-Vertrags ein. Österreich blieb keine andere Wahl mehr, als einen Handelsvertrag mit Preußen zu akzeptieren, der die Zollunion auf unbestimmte Zeit verschob und dadurch erledigte (11. April 1865). Die Mittelstaaten indes folgten Preußen in der wirtschaftlichen Westorientierung mit dem Grundsatz weitgehender Handelsfreiheit und freier Konkurrenz der Volkswirtschaften. Das beschleunigte die Entwicklung des Zollvereins-Deutschland zum wirtschaftlich ebenbürtigen Partner und Kontrahenten der westeuropäischen Nationalstaaten und befestigte die strukturellen Voraussetzungen für die harte Machtpolitik Bismarcks, mit der er Österreich aus seinen alten Bindungen an Deutschland herausschnitt.

Preußisch-österreichischer Handelsvertrag

Otto von Bismarck, im September 1862 von König Wilhelm I., dem Bruder und Nachfolger Friedrich Wilhelms IV., zum preußischen Ministerpräsidenten berufen, trat in sein Amt ein als Herausforderer gleichermaßen der inneren Verfassung Preußens und der Verfaßtheit des Staatensystems. Herrschaftssicherung im Innern und Machtentfaltung des Staats nach außen bildeten Bismarcks Leitlinien. In seiner Politik bis zur Reichsgründung hatte Macht stets Vorrang vor Recht, sein Handeln war deshalb mit hohen Risiken behaftet. Bismarcks genaue Kenntnis vom inneren Zustand des Staatensystems und seine einzigartige taktische Begabung befähigten ihn zu scheinbar widersprüchlichen, aber beim Blick auf das Ziel – Hegemonie Preußens in Deutschland – unbedingt konsequenten Entscheidungen bei der Herbeiführung der beiden Kriege, mit denen Österreich aus Deutschland verdrängt wurde: des deutsch-dänischen 1864 und des preußisch-deutschen 1866.

Bismarck als preußischer Ministerpräsident

In der schleswig-holsteinischen Krise 1863/64 verkoppelte Bismarck die Tradition des europäischen Vertragsrechts mit einer seit dem Krimkrieg faktisch akzeptierten, aber in der Pentarchie noch nicht wirklich etablierten nationalegoistischen Machtpolitik, die dem Sinn des alten zwischenstaatlichen Rechts diametral entgegengesetzt war. So ließ sich einzelstaatliche Interessenpolitik *gegen* die Interessen anderer europäischer Mächte durchsetzen, ohne daß

Schleswig-Holsteinische Krise 1863/64

diese die Möglichkeit zu politischer Gegenwehr und gemeinsamen Sanktionen erhielten.

Londoner Protokoll 1850/52

Während der Krise um Schleswig-Holstein lebten die Spannungen von 1848/52 wieder auf, und die damals getroffenen Regelungen (1. und 2. Londoner Protokoll, 2. August 1850 und 8. Mai 1852) erwiesen sich als nicht dauerhaft. Nach dem Tod des dänischen Königs Friedrich VII. im November 1863 stellten sich die komplizierten dynastisch-erbrechtlichen, staatlichen und nationalen Verwicklungen neu. Es gab in Dänemark Bestrebungen, Schleswig dem dänischen Gesamtstaat einzuverleiben, was mit der Rechtsstellung der Elbherzogtümer nach dem 2. Londoner Protokoll unvereinbar war. Der neue König folgte dieser Linie, und bevor es zum Protest der Unterzeichner des Londoner Protokolls kam, wogte in Deutschland die Nationalbewegung auf. Die Trennung der Herzogtümer wurde gefordert und ein nicht erbberechtigter Sproß des schleswig-holsteinischen Fürstenhauses (augustenburgische Linie) zum Herzog erhoben. Nationale Emotionen auf der einen Seite und Verletzung eines europäischen Vertrags auf der anderen konstituierten die Krise. Bismarck war entschlossen, sie zum Nutzen Preußens zu meistern.

Flexible Zielsetzung Bismarcks

Diplomatische Vorbereitung des Krieges

Seine Zielsetzung war flexibel. Von einer Aufhebung des gegebenen verfassungsrechtlichen Zustands über die Unabhängigkeit der Herzogtümer bis hin zur Annexion durch Preußen vermochte er sich verschiedene Lösungen vorzustellen, wobei er die Annexion wohl als späteres, letztes Ziel im Auge hatte. Sein taktisches Vorgehen war gegen die Ziele der nationalen Bewegung gerichtet, weil ein Konflikt der Deutschen mit den Dänen zur Intervention der Großmächte führen würde: Erfahrung von 1848. Da Holstein Bestandteil des Deutschen Bundes war, konnte Preußen nicht ohne die Zustimmung des Bundestages, einschließlich Österreichs, vorgehen, wenn es das Risiko der Intervention einer auswärtigen Großmacht vermeiden wollte. Denn das hätte am Ende wiederum zu einem europäischen Vertrag über Schleswig-Holstein geführt, den Preußen dann nicht maßgeblich nach seinem Interesse bestimmen könnte, sondern den alle miteinander aushandeln und an den sie dann alle auch gebunden sein würden. Bismarcks Erfahrung aus der Frankfurter Gesandtentätigkeit, durch die er das Spiel mit dem europäischen Vertragsrecht kannte, befähigte ihn dazu, Preußens Interessen in der schleswig-holsteinischen Krise europäisch einzukleiden. Das war um so nötiger, als es nicht leicht zu werden versprach, Österreich auf die preußische Seite zu ziehen. Denn nach dem Handelsvertrag mit Frankreich 1862 hatte Preußen eben erst, im August

6. Die Verdrängung Österreichs aus Deutschland 41

1863 und unter maßgeblichem Einfluß Bismarcks, Österreichs angestrengten und keinesfalls ganz aussichtslosen Versuch zu einer Reform des Deutschen Bundes (Frankfurter Fürstentag) zunichte gemacht. Wien mußte in Preußen den kalt entschlossenen Gegner sehen und konnte ihm doch nicht ausweichen, weil Bismarcks Entscheidung, gegen die Volksbewegung in Deutschland vom Boden des Bundes- und des übrigen Vertragsrechts zu agieren, Österreich sowohl als Bundesmacht als auch als Unterzeichnerstaat des Londoner Protokolls zum Mittun zwang.

Aus einem gemeinsamen Ultimatum gegen Dänemark (16. Januar 1864) entstand der Krieg. Die beiden deutschen Großmächte gingen kein allzu hohes Risiko ein, daß die übrigen Unterzeichner des Londoner Protokolls (Frankreich, Rußland, England sowie Schweden und Norwegen) intervenieren würden. Dies nicht nur deshalb, weil sie gemeinsam unter ausdrücklicher Bezugnahme auf europäisches Recht gegen Dänemark zogen, sondern weil die dänische Regierung das Ultimatum abgelehnt und formell dadurch selbst den Krieg ausgelöst hatte. Eine taktische Meisterleistung Bismarcks, die des Zynismus nicht entbehrte: Er benutzte das überlieferte Vertragsrecht dazu, um die nichtbeteiligten Mächte zum Stillhalten zu veranlassen, während er gleichzeitig ganz unabhängig von diesem Recht und gegen es gerichtet agierte. Ähnlich Napoleon III. fühlte Bismarck im Schleswig-Holstein-Konflikt vor, ob das, was auf der Pariser Friedenskonferenz erkennbar geworden war, bereits die politische Wirklichkeit des Staatensystems bestimmte: Hatte das *ius publicum Europaeum* seine prägende Kraft verloren, war es zur leeren Schale geworden? War in den Staatenbeziehungen ein rechtsfreier Raum entstanden, der sich mit neuen Interessen füllen ließ? In der Tat, was sich seit 1856/59 abzuzeichnen begann, wurde jetzt zur praktischen Erfahrung – zu einer *neuen* Erfahrung für alle Menschen, die wie Bismarck 1815 oder später geboren waren. Solange sie denken konnten, hatte die Politik des begrenzten Krieges in Europa unter dem Verdikt und der Interventionsdrohung der Großmächte gestanden. Bis 1864 hatte sich nun herausgestellt, daß solche Politik praktikabel geworden war, sofern (noch) mindestens zwei europäische Großmächte in den Zielen übereinstimmten wie Frankreich und England 1859 und Preußen und Österreich 1863/64.

Am 1. August 1864 schlossen die kriegführenden Staaten einen Vorfriedensvertrag (bestätigt im Frieden von Wien am 30. Oktober), mit dem der König von Dänemark seine sämtlichen Rechte in den Elbherzogtümern zugunsten des österreichischen Kaisers und des

Deutsch-dänischer Krieg

Erfolg der Politik des begrenzten Krieges

Der Friede von Wien

preußischen Königs preisgab. Bismarck war dem endgültigen Ziel der Annexion Schleswig-Holsteins ein großes Stück näher gekommen. Darüber hinaus barg das Erfordernis, daß die Herzogtümer durch Österreich und Preußen gemeinsam verwaltet wurden, deutliche Chancen für Preußen in sich. Einerseits würde das weitere Zusammenwirken mit Österreich im Deutschen Bund mehr als bisher vom preußischen statt vom österreichischen Interesse bestimmt sein. Andererseits war die Überlegung nicht abwegig, daß das Kondominium in Schleswig-Holstein Reibungen hervorbringen werde, aus denen sich der Anlaß für einen handfesten Konflikt mit Österreich herauspräparieren ließ. Wenn es Bismarck mit dem Ziel der Annexion im Norden ernst war, sah er sich nach dem Wiener Frieden einer Konstellation gegenüber, die erweiterten Spielraum bot. Sofern er aber, damit verknüpft, die Verdrängung Österreichs aus Deutschland anstrebte, ging er ein hohes Risiko ein. Denn für den Fall eines preußischen Krieges gegen Österreich war mit der aktiven Zustimmung einer anderen europäischen Großmacht nicht zu rechnen, sondern allenfalls mit stillschweigender Duldung. Preußens deutsche Politik mußte nunmehr unilateral angelegt werden. Bismarcks gefährliches Spiel mit den „fünf Kugeln" begann zwischen 1864 und 1866.

Im Spätsommer 1864 verständigten sich Preußen und Österreich auf die Grundsätze ihres Kondominiums über Schleswig-Holstein. Das basierte auf einer Konferenz der beiden Monarchen und ihrer leitenden Minister im Schloß Schönbrunn (August 1864), auf der es indes nicht gelang, den österreichischen Vorstellungen entsprechend eine umfassende Neuregelung der Kräfteverteilung und der Interessenverflechtung beider Mächte in Mitteleuropa zu erzielen. In den Herzogtümern traten die ausgreifenden Ambitionen der preußischen Seite schon im Winter unverhüllt zutage, und im Frühjahr 1865 schien die Entwicklung auf den Konflikt zuzulaufen. Wilhelm I. gab im Mai 1865 seine Zustimmung zur Annexion der Herzogtümer zu erkennen, aber Bismarck verhielt sich zögernd. Die Annexion würde den Krieg mit Österreich nach sich ziehen, und dieses Risiko ließ sich nur eingehen, wenn einerseits soweit wie möglich sichergestellt war, daß die außerdeutschen Großmächte nicht intervenierten, und wenn andererseits der deutsche Bruderkrieg, als den ihn die Öffentlichkeit in Deutschland unzweifelhaft empfinden würde, zu deutschlandpolitischen Resultaten führte, die über das egoistische Ziel bloßer Annexion hinausreichten. Machtinteresse und Sicherheitsbedürfnis der Großmächte in Europa sowie

6. Die Verdrängung Österreichs aus Deutschland 43

die Hoffnungen und Ziele der nationalen Bewegung in Deutschland mußten mit dem preußischen Staatsinteresse in eine verträgliche Relation gebracht werden.

Bismarck versuchte, die Spannung mit Österreich zu vermindern, indem er in der Konvention von Gastein (14. August 1865) eine weitere Übereinkunft ermöglichte, die nunmehr eine Teilung der Verwaltung in den Elbherzogtümern vorsah, jedoch Österreich in eine taktisch noch ungünstigere Position hineinmanövrierte. Wien übernahm die Verwaltung Holsteins, Berlin diejenige Schleswigs, weshalb Bismarck fordern konnte, daß Preußen nicht nur Stützpunkte in Holstein zugestanden wurden, sondern auch das Recht zum Unterhalt von Etappenstraßen. Preußische Präsenz fraß sich gewissermaßen ins österreichische Holstein hinein, und es lag nun in der Hand der Berliner Regierung, daraus eine Krise entstehen zu lassen.

Konvention von Gastein

Zeitgleich begannen Bismarcks Bemühungen um die Absicherung bei den Großmächten. Im Vordergrund der Aufmerksamkeit stand Frankreich, denn Englands Abkehr vom Kontinent war nach dem Pariser Frieden 1856 schon sichtbar geworden und hatte sich während des dänischen Kriegs 1864 bestätigt. Rußland war nach der Niederlage von 1855 auf sich selbst zurückgeworfen und durch seine Interessen in Asien in Anspruch genommen. Obendrein war seit Österreichs Bündnis mit den westlichen Mächten vom 2. Dezember 1854, welches der Zar als Verrat an der politischen Gemeinschaft der konservativen Monarchien aufgefaßt hatte, mit einer Intervention Rußlands zugunsten der Habsburger Monarchie nicht mehr zu rechnen. Dagegen hatte Bismarck schon 1863 mit der Alvensleben-Konvention (8. Februar 1863) hinsichtlich Polens den Interessen St. Petersburgs entsprochen. Die Vorstellungen Napoleons III. lernte Bismarck in zahlreichen Sondierungen vom Herbst 1865 bis zum Juni 1866 einzuschätzen und zu parieren. Es gelang ihm, dem französischen Wunsch nach territorialen Kompensationen als Gegenleistung für Neutralität auszuweichen, nicht zuletzt deshalb, weil Frankreich an einem Krieg zwischen Österreich und Preußen durchaus interessiert war. Und da 1866 weit verbreitet mit einem Sieg der Habsburger Monarchie gerechnet wurde, schloß Napoleon III. zuletzt einen Neutralitätsvertrag mit Österreich (12. Juni 1866). Damit war Preußen ein entsprechender Vertrag erspart geblieben und die Neutralität Frankreichs dennoch fürs erste gesichert. Österreich hingegen hatte sich erhebliche Zugeständnisse abringen lassen, indem es Frankreich Mitspracherecht bei einer

Diplomatische Vorbereitung des Krieges gegen Österreich

Konvention von Alvensleben 1863

Sondierungen Bismarcks in Frankreich

denkbaren Reorganisation des Deutschen Bundes zubilligte und, selbst für den Fall des eigenen Sieges, auf Venetien verzichtete. Wie immer der Krieg ausgehen mochte, politisch befand sich Österreich im Frühjahr 1866 überall auf dem Rückzug.

Preußisch-italienisches Bündnis 1866

Bereits am 8. April 1866 hatte Preußen ein auf drei Monate befristetes Defensiv- und Offensivbündnis mit Italien abgeschlossen, dem (wesentlich auch auf Kosten der Habsburger Monarchie) zum Staat gewordenen Symbol für die Durchsetzungskraft der nationalen Bewegungen. Das Abkommen sah vor, daß Italien in einem preußisch-österreichischen Krieg mit auf den Plan treten würde. Dies zielte einerseits auf Venetien, da ja Österreichs Neutralitätszugeständnisse an Paris noch nicht existierten, und entsprach andererseits einer Forderung der preußischen Militärs, die eine zweite Front im Süden für dringend notwendig hielten. Einen Tag nach

Sprengung des Deutschen Bundes

Abschluß des italienischen Bündnisses, am 9. April 1866, beantragte Preußen am Bundestag in Frankfurt die Einberufung einer aus allgemeinen Wahlen hervorgegangenen Nationalversammlung. Das war das innerdeutsche Pendant zum italienischen Vertrag: Gegen Österreich suchte Bismarck das Bündnis mit den Kräften der Bewegung. Ein weiterer Aspekt kam hinzu. So „sollte mit der Mobilisierung der kleindeutsch-national gesinnten Öffentlichkeit der bevorstehende Konflikt mit Österreich vor allem im Hinblick auf Frankreich und das von ihm so nachhaltig propagierte Nationalitätenprinzip aus der Sphäre der rein machtpolitischen Auseinandersetzung zwischen zwei europäischen Großmächten herausgeführt und zugleich die preußische Position gestärkt werden; ‚ein deutsches Parlament hilft uns mehr als ein Armeekorps', bemerkte Bismarck in diesen Tagen einmal lakonisch" (L. GALL). Gleichwohl gelang es ihm nicht, die kleindeutsche Nationalbewegung in der Krise des

Bismarcks Politik ohne Rückhalt in der öffentlichen Meinung

Jahres 1866 auf seine Seite zu ziehen. Innenpolitisch und in der öffentlichen Meinung besaß Bismarcks Politik keinen Rückhalt. Darin spiegelte sich, wie fremd noch im Jahr der Zerschlagung der bisherigen europäischen Ordnung den Menschen politisches Handeln war, welches keinerlei Orientierung an einem der entgegengesetzten Prinzipien der nationalen und liberalen oder der legitimistisch-konservativen Kräfte erkennen ließ, sondern allein auf den praktischen Nutzen gerichtet war. Auch wenn es sich als unumgänglich erwies, die auf „Veränderungen drängenden wirtschaftlichen, sozialen, nationalen und im engeren Sinne staatlich-politischen Kräfte zu kanalisieren" (ebd.), ist hier in aller Schärfe das lastende Problem der Bismarckschen Reichsgründungspolitik klar zu erkennen, denn die

6. Die Verdrängung Österreichs aus Deutschland 45

Herauslösung staatlicher Machtausübung aus ethischen Normierungen und Werthaltungen läßt sie offen werden für diffuse Auffassungen von Macht als eines Werts an sich.

Dominanz staatlicher Machtpolitik

Selbst Bismarcks Widerpart jenseits des Rheins konnte sich offenbar eine Auflösung des europäischen Gesamtzusammenhangs der Staatenordnung nicht vorstellen. Erneut, wie schon 1856, griff er den Kongreßgedanken auf, und es gelang ihm diesmal, Rußland und England dafür zu gewinnen. Am 24. Mai 1866 luden sie gemeinsam Österreich, Preußen, Italien und den Deutschen Bund dazu ein, über die Regelung der schleswig-holsteinischen und italienischen Frage sowie über eine Reform des Deutschen Bundes zu beraten. Wie 1856 England, so sah jetzt Bismarck die bisherige Entwicklung grundsätzlich in Frage gestellt, denn jeder mühsame Schritt weg von der europäischen Gesamtordnung und hin zur Konzentration auf die einzelstaatliche Machtausweitung konnte dadurch umsonst getan sein. Wenn Preußen jedoch die Teilnahme an einem solchen Kongreß ablehnte, erhob sich doch noch die Gefahr einer Intervention der außerdeutschen Großmächte, sobald es zum Krieg mit der Habsburger Monarchie kam. Aus diesem Dilemma befreite Bismarck die Regierung in Wien, die den Kongreß aus denselben Gründen wie 1856 strikt ablehnte: Sie sah, daß Österreich derjenige Staat sein würde, der bei einer Neuregelung aller anstehenden Fragen am meisten zu verlieren hatte. Das war der entscheidende Schritt zum Krieg.

Scheitern der Vermittlungsversuche

Der Krieg, in dem sich Österreich sowie alle wichtigen Staaten des Deutschen Bundes (Bayern, Württemberg, Sachsen, Hannover, Baden, Hessen-Darmstadt und Kurhessen) auf der einen Seite und Preußen mit den Kleinstaaten Norddeutschlands auf der anderen Seite gegenüberstanden, war der Form nach eine Bundesexekution gegen Preußen. In einem letzten Konflikt über Schleswig-Holstein kam es am 14. Juni 1866 zur Spaltung des Bundes durch einen Mobilisierungsantrag Österreichs gegen Preußen, dem eine Mehrheit zustimmte, und dann zur Sprengung, als Preußen daraufhin den Bundesvertrag für gebrochen und erloschen erklärte. Bereits drei Wochen später war der Krieg entschieden durch Preußens Sieg über Österreich in der Schlacht von Königgrätz am 3. Juli. Gegen den Widerstand Wilhelms I. setzte Bismarck im Vorfrieden von Nikolsburg (26. Juli 1866) durch, daß die Habsburger Monarchie schonend behandelt wurde: Sie verlor allein Venetien, und darüber hinaus anerkannte sie, daß der Deutsche Bund aufgelöst wurde, und gab ihre Zustimmung zu einer neuen Gestaltung Deutschlands ohne Beteili-

Der deutsche Krieg

Schlacht von Königgrätz

46   I. Enzyklopädischer Überblick

Der Friede von Prag

gung Wiens. Preußen annektierte Hannover, Kurhessen und Nassau, die Stadt Frankfurt und natürlich Schleswig-Holstein, nicht aber Sachsen. Im Friedensvertrag von Prag (23. August 1866) stimmte Österreich der Begründung eines neuen Bundes nördlich des Mains zu, der dann einen Modus der Verständigung mit den süddeutschen Staaten suchen würde.

Damit war die staaten- und nationenübergreifende Verfassung Zentraleuropas zerschlagen und nach der Verhinderung eines Kongresses auch die Möglichkeit zur Suche nach einer neuen europäischen Lösung unterbunden. Die Abtrennung der deutschen Nation von den österreichischen Bindungen machte den Nationalstaat in Deutschland möglich, aber auch seine Isolierung in Europa wahrscheinlich; diese Abtrennung kappte den Wurzelstrang der deutschen Tradition, der ins lateinische Mittelalter hinabreichte. Beides zusammengenommen bedeutete den nahezu völligen Bruch der geschichtlichen Beziehungen. Die deutsche Öffentlichkeit verfolgte das in rasender Geschwindigkeit ablaufende Geschehen des Jahres 1866 gebannt und nicht selten erschrocken. Die Jubelrufe der Machtanbetung kamen erst später. Europa als politischer Begriff war abgeschafft. Das Zeitalter der nationalen Machtstaaten brach an und machte die Wiederentdeckung des europäischen Zusammenhangs so lange unmöglich, wie es sich nicht selbst in den Feuerstürmen zweier Weltkriege verzehrt haben würde.

7. Die Reichsgründung

Der Norddeutsche Bund als Provisorium

Das halbe Jahrzehnt zwischen Königgrätz und der Proklamation des Kaiserreichs im Spiegelsaal von Versailles war ein Zwischenspiel, eine Etappe sowohl des Abräumens von Resten der bis 1866 beseitigten Ordnung als auch des Aufbaus von Neuem, des nationalen Staats. Die Ordnung von 1866 war unfertig und instabil. Der Norddeutsche Bund konnte schwerlich eine dauerhafte Lösung sein, weil er die staatliche Organisation Süddeutschlands unberührt ließ. Doch nicht nur die Erwartungen innenpolitischer Kräfte, der Nationalliberalen, der Wirtschaft und des Handels, waren auf die Begründung des Nationalstaats konzentriert, sondern auch das sicherheitspolitische und ökonomische Interesse Preußens drängte in diese Richtung: Die Staaten südlich des Mains auf Dauer in ihrer ohnmächtigen Souveränität zu belassen, setzte sie dem Sog Frankreichs und Österreichs aus; eine Stabilisierung Deutschlands war

7. Die Reichsgründung

dann unmöglich. Erst die Klammer der nationalstaatlichen Verfassung und der alleinigen Souveränität des geeinten Gesamtstaats entzog die Länder dem Zugriff konkurrierender Mächte. Auf dieses Ziel hin war Bismarcks Politik zwischen 1866 und 1870 orientiert. Es galt nicht nur, den Widerstand Frankreichs zu überwinden, was Bismarck nur durch Krieg erreichbar zu sein schien, sondern auch eine Lösung mit den süddeutschen Staaten zu finden.

Den Ausgangspunkt bildete der Prager Frieden, dessen Perspektive von Berlin aus ganz auf Frankreich bezogen war. Preußen hatte die Verfügungsgewalt über Norddeutschland gewonnen, es hatte die Gebiete vormals souveräner Fürsten annektiert und stand Frankreich jetzt als eine Macht von bedrohlicher Stärke gegenüber. Mit Gegenmaßnahmen Napoleons III. mußte gerechnet werden, mit einer aktiven Sicherheitspolitik Frankreichs, die schon für sich genommen und ohne die weitergehenden Forderungen nach territorialen Kompensationen für den preußischen Machtgewinn dazu beitragen würden, daß diese Ordnung von 1866 keine Stabilität gewinnen konnte. Die preußischen Maßnahmen blieben deshalb zunächst auf die Territorien nördlich des Mains beschränkt. Beim Aufbau des Norddeutschen Bundes (seit 18. August 1866) wurde das strikt beachtet. Unter der Hand jedoch band Bismarck die süddeutschen Staaten zur selben Zeit, schon im August 1866, militärisch an Preußen, indem er sie unmittelbar unter dem Druck der französischen Kompensationspläne zum Abschluß geheimer Schutz- und Trutzbündnisse veranlaßte, welche sie zur Anpassung ihrer Wehrgesetze an die Heeresverfassung Preußens verpflichteten. Obendrein erwies sich die in drei Jahrzehnten gewachsene Infrastruktur des Zollvereins einmal mehr als Pfund in preußischer Hand, mit dem sich wuchern ließ, denn die wirtschaftspolitischen Interessen Süddeutschlands waren auf Berlin hin orientiert. In Baden und Bayern gab es durchaus Tendenzen zum Zusammengehen mit dem Norddeutschen Bund, in Württemberg dagegen und in der Landwirtschaft aller drei Staaten starke Widerstände. Sie äußerten sich 1867/68, als in den Verhandlungen über die Erneuerung des Zollvereins vorgesehen wurde, die bisherige staatenbündische Struktur zur bundesstaatlichen auszugestalten, indem ein Zollbundesrat und ein Zollparlament als politische Institutionen vorgesehen wurden. Das war zunächst ein Abbild des Norddeutschen Bundes, der als Bundesstaat unter preußischer Führung konzipiert und verfaßt war, womit er sich signifikant vom alten Deutschen Bund unterschied. So wie der alte Zollverein entsprechend dem Aufbau des Deutschen

Der Norddeutsche Bund und die süddeutschen Staaten

Schutz-und-Trutz-Bündnisse

Bundes staatenbündisch organisiert worden war, sollte der am 8. Juli 1867 erneuerte Zollverein nun auch auf der wirtschaftlichen Ebene zur bundesstaatlichen Ordnung überleiten. Angesichts des unterschiedlichen Gebietsumfangs von Norddeutschem Bund und Zollverein wurden die süddeutschen Staaten wieder ein Stück weiter in den entstehenden neuen deutschen Staatsverband hineingezogen. Widerstand dagegen äußerte sich in den Wahlen zum Zollparlament im Februar/März 1868, als in allen süddeutschen Staaten die kleindeutsch-preußischen Kräfte eine deutliche Niederlage erlitten; in Württemberg war der Wahlkampf bewußt polemisch gegen Preußen, gegen „Steuer zahlen ... Soldat sein ... Maul halten" geführt worden. Rückhalt in der Bevölkerung Süddeutschlands hatte Bismarcks Politik bis 1868 nicht gefunden. Aber die Strukturen der politischen Institutionen von Norddeutschem Bund und Zollverein waren zur Deckung gebracht, der Zollverein zum Bestandteil eines politisch-staatlichen Systems geworden, über dessen Grenzen er nach Süden noch hinausreichte: Seit 1868 deutete alles darauf hin, daß aus dem Zollverein der Nationalstaat geschaffen werden konnte.

Napoleon III. mußte folglich die innere Entwicklung in Deutschland trotz aller proklamierten Zurückhaltung Preußens und Selbstbeschränkung auf den Norddeutschen Bund mit Argwohn betrachten. Seine Skepsis war allerdings untrennbar verknüpft mit seinem beharrlichen Interesse an einer Arrondierung der französischen Ostgrenze, weshalb die Pariser Politik gegenüber Preußen zwischen Defensive und Offensive oszillierte. Im Jahr nach dem Prager Frieden, zu einer Zeit also, in der Bismarck mit den süddeutschen Staaten um die Erneuerung des Zollvereins rang und die Wahlen zum Zollparlament noch nicht stattgefunden hatten, suchte Napoleon III. durch taktische Manöver und diplomatische Kontakte mit Preußen Einfluß auf die deutsche Politik zu nehmen. Als er 1867 erkannte, daß das nichts fruchtete, begann er Bündnisfühler nach Wien auszustrecken. 1867 kam es zu einer kurzen Krise wegen des Großherzogtums Luxemburg, das bis 1866 zum Deutschen Bund gehört hatte und zugleich Kronland des Oraniers Wilhelm III., des Königs der Niederlande, war. Als ehemalige Bundesfestung beherbergte Luxemburg eine preußische Garnison, die auch 1867 noch nicht abgezogen worden war, obwohl das Land außerhalb des Norddeutschen Bundes blieb. Napoleon III. schlug dem Oranier vor, Luxemburg an Frankreich zu verkaufen, was dieser wiederum vom Einverständnis Preußens abhängig machte. Bis-

7. Die Reichsgründung

marck wich dem aus. Er ermunterte die Nationalliberalen zu einer parlamentarischen Interpellation, in deren Folge die Stimmung der Öffentlichkeit sofort eine scharfe Wendung gegen Frankreich nahm. Die preußische Regierung erteilte dem niederländischen König den Rat, sich auf keinen Vertrag mit Napoleon III. einzulassen. Es wurde eine internationale Regelung angestrebt, und auf einer Konferenz in London garantierten die europäischen Großmächte dem Großherzogtum Luxemburg seine Unabhängigkeit und Neutralität (11. Mai 1867).

Die luxemburgische Krise wäre eine Lappalie zu nennen, wenn darin nicht die Unterschiede in den Vorstellungen und im politisch-taktischen Kalkül zwischen Napoleon III. und Bismarck sichtbar würden. Der französische Kaiser schloß bis 1867 nicht aus, daß zwischen Frankreich und Preußen einvernehmliche Regelungen während des Neuordnungsprozesses in Deutschland erzielt werden könnten, wobei er als selbstverständlich voraussetzte, daß Frankreich von der deutschen Einigung in territorialer Hinsicht profitieren würde und daß Preußen im Norddeutschen Bund sich mit einer gegenüber Frankreich nachrangigen Machtposition bescheiden würde. Diese Auffassung unterschätzte zweierlei: zum einen die nationale Gemütslage in Deutschland, denn die öffentliche Meinung hätte eine Abtrennung deutschsprachiger Gebiete als Preis für die staatliche Einheit kaum hingenommen (umgekehrt forderte sie dann 1870 die Abtrennung des Elsaß und Lothringens von Frankreich); zum andern die Zielsetzung Bismarcks, der gewiß die Stimmungen in Deutschland berücksichtigen mußte, der aber vor allem gar keine Veranlassung zu einem Geschäft auf Gegenseitigkeit sah. Bismarcks Vorstellungen waren darauf gerichtet, im Alleingang durch Konfrontation und Druck die Hegemonie Preußens in Deutschland und die staatliche Einigung zu erreichen; dazu brauchte er den Krieg mit Frankreich, aber kein Geschäft über Luxemburg. Zudem war er mit seinem stolzen Patriotismus nicht der Mann, um eine machtpolitische Selbstbescheidung Preußens oder des kommenden Reichs vorab zu erklären, solange dies nicht aus politisch-taktischen Gründen – wie seine Politik der „Saturiertheit" nach 1871 zeigte – geboten zu sein schien.

Unterschiedliche Zielsetzungen Frankreichs und Preußens

Napoleon III. hielt es seit der luxemburgischen Krise für erforderlich, Preußen einzudämmen, und suchte dazu ein Bündnis mit Wien aufzubauen (August 1867), bis er im Mai 1869 sogar den Plan eines gegen Preußen gerichteten Dreibundes zwischen Frankreich, Österreich und Italien lancierte. Aber mehr als ein österreichisch-

Scheitern französisch-österreichischer Bündnispläne

französisches Zusammenwirken zwischen 1867 und 1870 kam dabei nicht zustande. Österreich konnte sich zu einer eindeutig gegen Preußen gerichteten Politik, die manch einer als Revanche für Königgrätz erwartete, nicht verstehen. Es versuchte vielmehr bis in den preußisch-französischen Krieg von 1870 hinein, politische Regelungen mit den süddeutschen Staaten zu sondieren, die an der Idee des „weiteren Bundes" orientiert waren. Ein Bündnis mit Frankreich hätte Österreich zur unzweideutigen Wendung gegen Preußen gezwungen und damit die Chance auf künftigen Einfluß in Mitteleuropa weiter vermindert, es hätte Österreich in den Balkan abgedrängt. So blieb es bei Sondierungen. Als Frankreich und Preußen in den Krieg miteinander gerieten, stand Napoleon III. ohne Bündnispartner da. Seine multilaterale Kooperationspolitik zum Zweck allein des französischen Vorteils war an den eigenstaatlichen Interessen der einzelnen Mächte gescheitert. Die Realpolitik dominierte inzwischen in allen Regierungskanzleien Europas, und Napoleon III., ihr früher, wenn auch nie ganz entschiedener Protagonist, wurde noch zu seinen Lebzeiten ihr Opfer.

Isolation Frankreichs

Es war schließlich die Hohenzollernsche Thronkandidatur in Spanien, aus der sich der Krieg entwickelte. Die Frage nach der Kriegsschuld ist hier falsch gestellt und nützt der historischen Erkenntnis nicht. „Keine Seite ist innerlich widerstrebend in diesen Krieg hineingestolpert oder gar hineingerissen worden. Hier wie dort galt es in seinem Vorfeld bei den entscheidenden Männern als ausgemacht, daß das Instrument des Krieges die ultima ratio der Politik und ein wenn auch äußerstes Mittel zur Konfliktlösung sei, das man entsprechend anwenden könne. Das aber bedeutet, daß die Frage nach der Verantwortung eine Frage nach dem Erfolgskalkül sein muß, welches die eine und die andere Seite damit verband" (L. GALL). Als die französische Kriegserklärung am 19. Juli 1870 erfolgte, hielten die nichtbeteiligten europäischen Großmächte still. Insbesondere in England war die Befürchtung verbreitet, daß Frankreich im Falle eines Sieges erneut die Hegemonie über den Kontinent anstreben könnte und deshalb Unterstützung nicht ratsam sei. Erst nach dem preußischen Sieg von Sedan schlug die Stimmung um. An jenem 2. September 1870 wurde die kaiserliche Armee geschlagen, Napoleon III. selbst gefangengenommen, das Kaiserreich zerbrach. Die neue Regierung in Paris bot umgehend Frieden an, aber das erwies sich als illusorisch, weil Preußen als Voraussetzung dafür die Abtretung des Elsaß und eines Teils von Lothringen forderte.

Deutsch-französischer Krieg

Sedan

7. Die Reichsgründung

Es war nicht einmal ausschließlich der nationale Überschwang in Deutschland, der die Annexionsforderung hervorbrachte. Gewiß hatte der Ausbruch des Krieges die deutsche Nation auch südlich des Mains emotional sehr schnell geeint, und der Ruf nach den alten Reichsterritorien Elsaß und Lothringen wurde bald laut. Wichtiger war, daß Bismarck diese Forderung selbst vertrat und damit bewußt die Verlängerung des Krieges und nach dem Friedensschluß die andauernde Feindschaft und den Haß Frankreichs gegen Deutschland in Kauf nahm. Bismarck schien von vornherein und bereits vor Sedan von der irreversiblen Feindschaft Frankreichs überzeugt zu sein, weshalb er die Annexionsforderung glaubte mit Gelassenheit vertreten zu können. Nach dem Waffenstillstandsvertrag (28. Januar 1871) und dem Vorfrieden von Versailles (26. Februar) wurde die Abtretung Elsaß-Lothringens im Frieden von Frankfurt am Main (10. Mai 1871) besiegelt.

Nimmt man die deutsche Kaiserproklamation im Spiegelsaal des Versailler Schlosses hinzu, die nach dem Abschluß der Einigungsverträge mit den süddeutschen Staaten (15.–25. November 1870) am 18. Januar 1871 erfolgte, dann wird das Ausmaß der französischen Niederlage und in deren Folge der nationalen Demütigung Frankreichs erst wirklich erkennbar. Ungeachtet der für die deutsche Innenpolitik wichtigen Tatsache, daß dieser Akt überheblicher Selbstdarstellung des Fürstenstaats ein Schlag gegen die politischen Erwartungen der bürgerlichen nationalen und liberalen Kräfte war, wurde dadurch die Feindschaft Frankreichs gegen Deutschland zum definierenden Bestandteil der Grundlagen, auf denen das Reich stehen mußte. Die Symbole der deutsch-französischen Feindschaft – Versailles 1871 und 1918 sowie der Eisenbahnwagen von Compiègne, in dem die Waffenstillstandsverträge von 1918 und 1940 unterzeichnet wurden – durchzogen die Geschichte des Deutschen Reichs vom Gründungstag bis zu seiner Zerschlagung und überdeckten sogar nahezu die kurze Phase des Aussöhnungsversuchs von Gustav Stresemann und Aristide Briand in den 1920er Jahren. Erst vor diesem Hintergrund wird die historische Dimension des deutsch-französischen Vertrags erkennbar, den Charles de Gaulle und Konrad Adenauer als Zeitgenossen der Reichsgeschichte und der Weltkriege am 22. Januar 1963 unterzeichneten, eines Vertrags, der eine wichtige Etappe markiert auf dem Weg der Nationen zurück nach Europa.

Annexion Elsaß-Lothringens

Friede von Frankfurt

Abschluß der deutschen Einigung

Deutsch-französische Feindschaft

II. Grundprobleme und Tendenzen der Forschung

1. Die borussische Schule in der Geschichtsschreibung des Kaiserreichs

Als im Jahre 1855 seine „Geschichte der preußischen Politik" zu erscheinen begann, unterstrich Johann Gustav Droysen mit Nachdruck die deutsche Bestimmung Preußens durch die Jahrhunderte hindurch, während noch kurz zuvor Leopold von Ranke in der ersten Ausgabe seiner „Preußischen Geschichte" (1847) von der „europäischen Selbständigkeit" Preußens gesprochen hatte. Droysen lehnte Rankes Konzeption eines europäischen Systems der Großmächte ab, innerhalb dessen Preußen eine staatlich sich selbst genügende, indes geistig über sich hinausweisende und auf ganz Deutschland ausstrahlende Stellung einnahm. Aus Droysens Sicht hatten die preußischen Herrscher schon seit dem 15. Jahrhundert Preußens deutsche Aufgabe gesehen und gewußt, daß die Interessen ihres Staats auch immer diejenigen Deutschlands waren. So dienten sie, in der Abfolge der Generationen, durch stetige Machtsteigerung des Hohenzollernstaats dem eigentlichen Ziel der deutschen Einheit. Droysen wurde zum Begründer der „preußischen Schule" der deutschen Historiographie, nicht allein durch seine These von Preußens „deutschem Beruf", sondern ebenso durch die Anerkennung der Vorrangstellung des Staats vor individuellen Interessen oder ethischen Erwägungen, des Vorrangs der Macht vor dem Recht [W. HARDTWIG, Von Preußens Aufgabe in Deutschland zu Deutschlands Aufgabe in der Welt, in: HZ 231 (1980), 265-324]. Die erste Generation von Historikern der „preußischen Schule" hatte als Zeitgenossen die Reichsgründungsepoche miterlebt. Ganz überwiegend nationalliberal geprägt, hegten sie keine demokratischen Neigungen, keiner von ihnen war im westeuropäischen Sinne liberal. Sie waren überzeugt von der Notwendigkeit eines starken Staates. Das allgemeine Stimmrecht lehnten sie ab wie überhaupt jede wirkungsvolle Kontrolle des Monarchen durch das Parlament. Vorprägungen durch die preußisch-protestantische Geistes- und Kulturgeschichte

Droysen und die „preußische Schule"

Preußens „deutscher Beruf"

Notwendigkeit eines starken Staates

vornehmlich Nord- und Mitteldeutschlands verbanden sich hier mit dem gewaltigen Eindruck, den Bismarcks Politik seit 1866 auf sie ausübte, zu einer geistig-politischen Grunddisposition, welche diese Historiker und die Mehrzahl ihrer Nachfolger in einem „antidemokratischen machtstaatlichen Nationalismus" (E. SCHULIN) gefangen hielt. Ihr politisches Bewußtsein war repräsentativ für das Bewußtsein des Bürgertums im Deutschen Reich: staatsorientiert und antiindividualistisch.

Sybel und Treitschke

Die einflußreichsten und wirkungsmächtigsten Repräsentanten der „preußischen Schule" in der ersten Generation, die sich mit der Geschichte des 19. Jahrhunderts befaßten, waren HEINRICH VON SYBEL [82] und HEINRICH VON TREITSCHKE [84]. Sie schrieben die ersten monumentalen Werke über die Entwicklung Deutschlands seit Napoleon und dem Wiener Kongreß bis zur Revolution von 1848 (TREITSCHKE) resp. von der Revolution bis zur Reichsgründung (SYBEL). Sie bekannten sich, Treitschke geradezu emphatisch, zu einer engagierten Geschichtsschreibung und zur *Subjektivität* ihrer Darstellung. Nach den Erlebnissen in den Jahren von 1866 bis 1870/71 gab es für sie keinen Zweifel mehr, daß die Geschichte auf der Seite Bismarcks war, und dementsprechend sahen sie den Verlauf der deutschen Entwicklung: als Vorgeschichte des titanenhaften Wirkens dieses Staatsmanns. So gesehen nahm sich die Geschichte Deutschlands und des Deutschen Bundes nicht eben vorteilhaft aus.

„Borussisch-neudeutscher Nationalismus"

Hier entstand das Geschichtsbild des „borussisch-neudeutschen Nationalismus, dessen gesinnungsmilitaristische und machtselige Haltung ... Treitschke gleichsam stellvertretend für die ganze Generation der kleindeutschen Historiker" des Kaiserreichs vorgetragen hat, dessen Wirkungen freilich bis über den Untergang des Reichs 1945 hinaus spürbar blieben [H.-O. SIEBURG, Die deutsche Geschichtswissenschaft im 19. Jahrhundert, in: Geschichtsschreibung. Hrsg. v. J. Scheschkewitz, Düsseldorf 1968, 110–135, 125 f.].

TREITSCHKES Urteil über den Wiener Kongreß, die Neuordnung Europas und die Organisation Deutschlands konnte deshalb nicht anders als abfällig sein. Er kontrastierte Preußens „deutschen Beruf" und das Ziel der nationalen Einheit mit dem Bestreben der Staatsmänner des Wiener Kongresses, eine tragfähige europäische Friedensordnung zu schaffen. Er sprach von Preußen als „dem großen Vaterlande" und dessen „unerläßlicher Aufgabe der nationalen Politik" [Bd. 1, 639], sah Bayern und Württemberg als „die boshaften Feinde der deutschen Einheit" [ebd., 687]. Den Abschluß der Bundesakte und ihre Einordnung in die Schlußakte des Wiener

1. Die borussische Schule 55

Kongresses, die Verzahnung von deutscher Verfassung und europäischem Vertragsrecht, beschrieb Treitschke so: „Das siegreiche Vaterland hatte fortan alle Fürsten Europas, mit Ausnahme des Papstes und des Sultans, als Garanten seines Grundgesetzes zu verehren" [ebd., 709]. „So entstand die Bundesakte, die unwürdigste Verfassung, welche je einem großen Kulturvolke von eingeborenen Herrschern auferlegt ward ... Ihr fehlte jede Majestät der historischen Größe, die das Reich der Ottonen noch im Verfall umschwebte. Blank und neu stieg dies politische Gebilde aus der Grube, das Werk einer kurzlebigen, in sich selbst versunkenen Diplomatie, die alle Erinnerungen des eigenen Volks vergessen hatte ... Die Nation nahm das traurige Werk mit unheimlicher Kälte auf" [ebd., 710f.].

Was verband das Deutsche Reich von 1871, wie TREITSCHKE hier suggerierte, mit dem Reich der Ottonen? Auch SYBEL betonte das in der Vorrede zu seiner „Begründung des Deutschen Reichs durch Wilhelm I.": Es sei ihm nach den Ereignissen von 1866 und 1870 ein Wunsch, „die Wiedergeburt des deutschen Reiches" darzustellen [Bd. 1, IX]. Wiedergeburt? Nächst dem geschichtlichen Defizit der jungen Hohenzollerndynastie im Vergleich mit dem alten europäischen Haus Habsburg oder auch den Wittelsbachern kam darin zum Ausdruck, was sich dann in der staatlichen Denkmalpolitik insbesondere während der Wilhelminischen Ära ebenfalls zeigen sollte: Der Aufbau des Reiches als Staat aus dem Zollvereins-Territorium, abgekappt vom lateinisch-mittelalterlichen und insofern europäischen Wurzelstrang, erforderte zur Überdeckung dieses Defizits eine Traditionssuggestion. Daraus entstand die Ideologie einer Kontinuität vom mittelalterlichen deutschen Kaisertum zur Herrschaft der Hohenzollern, die Idee vom „Zweiten Reich". Der imaginäre Wurzelstrang des Deutschen Reichs reichte in die Zeit der Ottonen, Salier und Staufer. Rudolf von Habsburg und überhaupt die Herrschaft der Habsburger im 14. und 15. Jahrhundert repräsentierten nurmehr den „Zerfall des Kaisertums" [ebd., 7], wohingegen Luthers Reformation und die Lossagung zahlreicher deutscher Fürstentümer von der Herrschaft des Papstes „der bedeutendste Schritt zur nationalen Einheit und zur politischen Unabhängigkeit Deutschlands" war [ebd., 8. Zu SYBELS Nationsbegriff und zum Streit mit Julius von Ficker s. H. SEIER, Die Staatsidee Heinrich von Sybels in den Wandlungen der Reichsgründungszeit, Lübeck 1961, 59–75].

Vor diesem Hintergrund, den SYBEL in den einleitenden Ab-

Geschichtliches Defizit der Hohenzolerndynastie

Kontinuitätsideologie

schnitten seines Werkes entfaltete, mußte sich die Eingliederung Deutschlands in eine europäische Gesamtordnung, mußte sich der Deutsche Bund sowie jede Politik in und mit dem Bund negativ ausnehmen. TREITSCHKE sprach vom „Fluch der Lächerlichkeit, welcher die Bundesversammlung durch ihr gesamtes Wirken begleiten sollte" [Bd. 2, 131], und SYBEL nannte die Gründung des Bundes ein „inhaltsleere[s] Ergebnis", das vom deutschen Volk „mit patriotischer Entrüstung aufgenommen" wurde [Bd. 1, 34]. Diese Auffassungen waren sowohl repräsentativ für die öffentliche Meinung, wie sie umgekehrt auch die Öffentlichkeit beeinflußten. Dem Deutschen Bund – und damit verknüpft der Einordnung der beiden deutschen Großmächte und aller Staaten Deutschlands in das europäische System – wurde ein geschichtlicher Eigenwert nicht zuerkannt. Als unrühmliche Zwischenphase auf dem Weg hin zum eigentlichen Ziel der preußischen Reichsgründung beschrieb man den Bund unter negativen Gesichtspunkten: Die „unheimliche Kälte" der Nation deutete auf die Distanz der nationalen Kräfte nach den Befreiungskriegen zur Bundesgründung hin. Die Funktion des Bundes als passiver Ordnungsfaktor in Europa, seine strukturelle Unfähigkeit zum Angriff und seine rein defensive militärische Anlage konnte vom machtorientierten Denken TREITSCHKES, seiner zeitgenössischen Autoren und ihrer Leser nur als Schwäche empfunden werden.

SYBEL und TREITSCHKE waren freilich nach 1900 schon nicht mehr tonangebend, sie überlebten sich noch während der Wilhelminischen Epoche. Ihre Parteinahme für Bismarcks preußische Machtpolitik hatte sich aus dem unmittelbaren Miterleben der Reichsgründungszeit legitimiert. Je größer nun der zeitliche Abstand wurde und je mehr der für die erste Generation der „preußischen Schule" so heftig herbeigewünschte und doch lange Zeit unerwartete Gewinn des starken, souveränen nationalen Staats den Nachfolgenden zur Selbstverständlichkeit wurde, desto fragwürdiger erschien den jüngeren Historikern dieser inzwischen regelbildenden Schule das subjektive Engagement der älteren. Geschichte als wissenschaftliches Fach entfaltete sich im letzten Drittel des 19. Jahrhunderts mit wachsender Intensität, und im Rahmen dieser Entwicklung vollzog sich „der bedeutendste Revisionsversuch der deutschen Geschichtsschreibung" vor 1945 [H.-H. KRILL, Die Rankerenaissance, Berlin 1962, 2]. MAX LENZ und ERICH MARCKS als Schüler TREITSCHKES und SYBELS leiteten die Abkehr von der parteilichen Historiographie der liberalen und nationalen Zeitgenossen der Reichsgründungszeit ein und begannen mit einer neuen Hinwen-

1. Die borussische Schule 57

dung der Geschichtswissenschaft zu LEOPOLD VON RANKES Objektivitäts- und Distanzpostulat, von dem sich SYBEL seinerzeit losgesagt hatte. Der „Ranke-Renaissance mißfiel das eifernde Groß- und Kleindeutschtum, es kam ihr einseitig, altfränkisch, zu tagespolitisch, dann wieder zu selbstgenügsam vor. Die Neurankeaner von Lenz und Marcks bis zu Delbrück, Meinecke und Oncken wollten über dem Getümmel stehen, strebten zu Sachlichkeit, Universalismus, angenäherter Objektivität zurück, die meisten mit einem erneuerten Primat der Außenpolitik vor Augen" [H. SEÏER, Der Deutsche Bund als Forschungsproblem 1815 bis 1960, in 69: Deutscher Bund und Deutsche Frage, 31-58, 47]. Der Anspruch auf eine methodisch kontrollierte Objektivität der politisch, insbesondere außenpolitisch orientierten historistischen Geschichtswissenschaft wurde, hier beginnend, zum Paradigma der Arbeit des Fachs bis in die 1960er Jahre hinein. Die Mehrzahl der deutschsprachigen Forschung zum Thema „deutsche Frage und europäisches Staatensystem" steht demnach bis an die Schwelle der Gegenwart in diesem geistesgeschichtlichen Rahmen. Die vorwissenschaftliche Basis der nach Objektivität strebenden Neurankeaner und ihrer Nachfolger in der reichsdeutschen Geschichtswissenschaft war das historisch-politische *Faktum* des souveränen Nationalstaats in Deutschland, des Deutschen Reichs als eines etablierten Staats im Kreis der Mächte, bisweilen mit dem Anspruch auf einen Rangplatz in der ersten Reihe der Weltmächte. Die Rückwendung zu Rankes Postulat nach Objektivität und sachlicher Distanz erfolgte mithin aus dem Selbstbewußtsein, Bürger eines großmächtlichen Staats zu sein, der so, wie er geworden war, auch hatte werden sollen. Die Entstehung des Staats wurde im geistigen Horizont des Historismus sowie in der Nachfolge der „preußischen Schule" teleologisch in ansteigender Linie vom hohenzollernschen Kurfürstentum bis zu Bismarcks Reich interpretiert. Die nicht-preußischen Alternativen der deutschen Geschichte von der Frühen Neuzeit bis ins Jahr 1866 spielten im Selbstverständnis der im preußisch-kleindeutschen Reich aufgewachsenen und erzogenen Historiker ganz überwiegend keine Rolle. Der europäische Aspekt der deutschen Geschichte des 19. Jahrhunderts fiel nach und nach dem Vergessen anheim. Bis in die Zeit nach 1945 hinein war denn auch die nationalstaatliche Begrenzung das Charakteristikum der meisten Studien zur Epoche des Deutschen Bundes und der Wiener Ordnung.

Das Gewicht von Darstellungen wissenschaftlicher Provenienz aus der Zeit des Kaiserreichs zur Geschichte des Staatensystems [56:

Marginalien:
Neue Hinwendung zum Objektivitätspostulat

Nationalstaat als historisch-politisches Faktum und historiographischer Bezugspunkt

Vernachlässigung der europäischen Dimension der deutschen Geschichte

M. LENZ, Die großen Mächte], zur Geschichte Preußens [49: O. HINTZE, Die Hohenzollern und ihr Werk; 60: E. MARCKS, Kaiser Wilhelm I.] und zur deutschen Geschichte vor 1871 [31: E. BRANDENBURG, Die Reichsgründung] besteht denn auch heute vor allem darin, daß sie Zeitströmungen repräsentieren. Doch nutzte OTTO HINTZE, der richtungweisende Verfassungs- und Verwaltungshistoriker, den offiziellen Auftrag, zum 500jährigen Hohenzollernjubiläum 1915 die repräsentative Festschrift zu verfassen, um Droysens These vom „deutschen Beruf" Preußens als unhistorisch zurückzuweisen, und er wandte sich auch gegen die Auffassung von einem breit im Volk verankerten nationalen Bewußtsein im Jahr der Bundesgründung 1815, die er als unzulässige Rückprojektion betrachtete. Die Einordnung der Bundesverfassung ins europäische Vertragsrecht schätzte er gering gegenüber der Charakterisierung des Deutschen Bundes als „Polizeianstalt" [Hohenzollern, VI, 489, 503 und passim]. Ein Werk wie die Radowitz-Studie FRIEDRICH MEINEKKES aus dem Jahre 1913 [153], in der die Motive der preußischen Unionspolitik 1849/50 und die Bedingungen und Gründe für ihr schließliches Scheitern analysiert werden, ist bis in die Gegenwart – trotz mannigfaltiger Korrekturen im Detail – gültig geblieben.

Erste Quelleneditionen

Bald nach der Reichsgründung wurden sodann erste Quellensammlungen zur preußischen Geschichte seit der Jahrhundertmitte der Öffentlichkeit übergeben. Den Anfang machte schon 1872 LEOPOLD VON RANKE mit der Herausgabe des Briefwechsels zwischen Friedrich Wilhelm IV. und Bunsen, der von 1842 bis 1854 preußischer Gesandter in London war und dem König persönlich nahestand, obwohl seine eigenwillige Politik der Annäherung an England in der orientalischen Krise 1853/54 zu außen- und innenpolitischen Friktionen und schließlich zu seiner Ablösung führte [20]. Ohne einen strengen wissenschaftlichen Anspruch zu erheben, dokumentierte und beschrieb RANKE hier, „treu bemüht um das Andenken Friedrich Wilhelms IV.", die „wundersame Geschichte dieser Freundschaft" [160: V. VALENTIN, Revolution, Bd. 2, 598]. Zwischen 1882 und 1885 erschien die vierbändige Sammlung „Preußen im Bundestag", die die Berichte Bismarcks als preußischer Gesandter in Frankfurt am Main von 1851 bis 1858 enthält, herausgegeben nicht von einem Historiker, sondern einem Mitarbeiter der Reichskanzlei, HEINRICH VON POSCHINGER [16]. 1902 besorgte POSCHINGER dann die Edition unveröffentlichter Dokumente aus dem Nachlaß des preußischen Ministerpräsidenten Otto von Manteuffel, „Preußens auswärtige Politik 1850–1858", deren Motiv in der Ehrenrettung dieses Politikers bestand, der seit den 1860er Jahren allzu stark in den Schatten Bismarcks geraten war, jedoch die preußische Außenpolitik im Jahrzehnt des Krimkriegs vorsichtig, wenn auch nicht gerade souverän auf der Grundlage des europäischen Systemdenkens geleitet hatte [17]. Von 1892 bis 1905 veröffentlichte HORST KOHL, Gymnasialprofessor und Bismarckforscher, die „politischen Reden des Fürsten Bismarck" in einer sorgfältig erläuterten vierzehnbändigen Ausgabe [4]. Als deutsche Teilübersetzung des großen französischen Editionsunternehmens „Les Origines Diplomatiques de la Guerre de 1870–1871" (Paris 1910ff.) erschien 1910/11 eine Sammlung „Der diplomatische Ursprung des Krieges von 1870/71", die auf das Jahr der schleswig-holsteinischen Krise beschränkt und vor allem ein negatives Bild von der Politik Napoleons III. zu zeichnen bestrebt war [9]. ERICH BRANDENBURG, ein Schüler des Neurankeaners Max Lenz, gab 1911 „Briefe Kaiser Wilhelms I." heraus. Das Motiv für die Edition war von den zeitgenössischen Bestrebungen beeinflußt, den ersten Kaiser des Reichs als „Wilhelm den Großen" zu stilisieren, und darauf gerichtet, die soldatische und politische Persönlichkeit Wilhelms anhand der nicht-amtlichen Korrespondenz verständlich zu machen [23].

Beim Blick auf diese Quellensammlungen wird allemal die vorrangige Konzentration auf die Genese des preußischen Triumphs in Deutschland anschaulich. Die Geschichte des Deutschen Bundes, die Bedingungen der staatlichen Existenz Deutschlands unter dem *ius publicum Europaeum* von 1815 bilden nur die Negativfolie, vor der die Entwicklung Preußens anhand der Dokumente nachvollzogen werden kann. Preußen erscheint als ein Staat, dessen Wille zu souveräner Politik unübersehbar ist und der durch die Konstellation des Staatsystems und das politische Gefüge Mitteleuropas an einer freien und „deutschen" Politik gehindert wurde. Das war die Widerspiegelung von Bismarcks Urteil über die Lage seit 1850, nachdem 1898 seine Memoiren „Erinnerung und Gedanke" erschienen waren [6]. Daraus erklärt sich auch, daß der Anteil von Sammlungen so gering ist, welche hinter die Schwelle des Revolutionsjahrs 1848 zurückblicken, wo die Solidargemeinschaft des Staatensystems und der beiden Großmächte in Deutschland noch im Umriß zu ahnen war.

Quelleneditionen zur Untermauerung der preußischen Dominanz

2. Das Bild Metternichs und Österreichs Geltung in den Darstellungen vor 1914

Von der kleindeutschen Blickverengung in der Historiographie der Reichsgründungszeit und der Wilhelminischen Epoche konnte das Metternich-Bild nicht unbeeinflußt bleiben, ja überhaupt das Bild, das man sich von den Interessen und der Zielbestimmung der österreichischen Politik während des Wiener Kongresses und in den Jahrzehnten bis 1848 zu machen geneigt war. Leichthin, wenn auch nicht ganz ohne Berechtigung, wurden „Österreich" und „Metternich" in eins gesetzt, wie man es zeitgenössisch mit „Bismarck" und „Preußen" tat und wie es obendrein dem historistischen Denken entsprach. Daraus formte sich, oft genug unausgesprochen, ja unreflektiert, ein griffiges Gegensatzpaar. Wenn aber Metternichs Politik und Österreichs Staatsinteresse mit der bismarckisch-preußischen Elle gemessen wurden, dann mußte das zur Verzerrung des historischen Maßstabs führen. Vorurteile und Ressentiments gegenüber Metternich spielten dabei gar nicht die wichtigste, wenn auch eine anhaltend wirkungsvolle Rolle. Das Entscheidende war, daß die Zeitgenossen der Reichsgründungsepoche die nicht-nationale Struktur der staatlichen Reorganisation Deutschlands auf dem Wiener Kongreß ebensowenig akzeptieren konnten oder wollten wie die damit verbundene innenpolitische Ordnungsidee eines monarchisch-restaurativen und antirevolutionären Systems in allen Staaten Europas. GEORG GOTTFRIED GERVINUS, der als kämpferischer Liberaler des Vormärz auch nach 1848 am individualistisch-freiheitlichen Verfassungsdenken festhielt, zeichnete 1855 im ersten Band seiner „Geschichte des 19. Jahrhunderts seit den Wiener Verträgen" von Metternich das Bild des seichten Höflings: Das war die Kritik des klassischen Liberalen am Protagonisten monarchisch-absolutistischer Restauration. Dagegen sahen die nationalliberalen Historiker der „preußischen Schule" in Metternich zwar durchaus auch den Höfling, zudem den glatten Diplomaten (im Gegensatz zum blutvollen Staatsmann, den sie in Bismarck verehrten), aber doch vor allem den Unterdrücker der nationalen Bewegung, den Fürstendiener als Gegner des Volks, das Nation sein wollte. So konnten sie als Liberale Metternich schmähen und Bismarck bewundern.

Besonders ausgeprägt war die negative Sicht auf Metternich wiederum im Werk TREITSCHKES, über den der Metternich-Biograph der Zwischenkriegszeit, HEINRICH VON SRBIK, urteilte, in ihm sei

Liberale Kritik an Metternich

2. Das Bild Metternichs und Österreichs Geltung 61

dem Staatskanzler „ein furchtbarer Feind" erstanden. „Ein Feind, sage ich, nicht nur ein unpersönlich herber Kritiker. Denn Treitschke schrieb seine deutsche Geschichte mit dem Haß gegen den Toten im Herzen" [77: Metternich, Bd. 1, 20]. TREITSCHKES „grandiose Einseitigkeit" [EBD., 21] habe ihn daran gehindert, erklären zu können, wie es denn Metternich gelungen sei, mehr als drei Jahrzehnte lang Preußen an der Seite Österreichs zu halten, ohne daß sich der preußisch-österreichische Dualismus je in dieser Zeit zu ernsthafter Feindschaft ausgeweitet habe. Ähnlich wie TREITSCHKE sah auch SYBEL in Metternich den kalten Diplomaten, der die Zersplitterung Deutschlands zu erhalten suchte, um die Macht der Habsburger Monarchie im Bund zu stabilisieren. Obwohl Sybel darauf hinwies, daß Metternich als junger Mann den Jubel der Franzosen von 1789 geradewegs in die blutige Diktatur von 1793 hatte übergehen sehen und daß ihm seither die „Vorstellungen von Liberalismus, Radicalismus, Communismus vollständig in einander" flossen, weshalb er als Gegenmittel nichts anderes aufzuwenden wußte als Repression [Bd. 1, 41], vermochte SYBEL das als Ankerpunkt von Metternichs Staatsdenken nicht zu akzeptieren. Die Subjektivität seiner nationalpolitischen Sicht führte ihn zur Ideologiebildung. „Daß jene Eindrücke [von 1789/93] in Metternich eine europäische, überösterreichische Ansicht schaffen konnten, daß er ferner Liberalismus und Radikalismus als Stufenfolgen sehr wohl schied und daß sein System Prävention, nicht Repression im Auge hatte, – das hat Sybel nicht erkannt" [77: H. VON SRBIK, Metternich, Bd. 1, 23].

Metternich und die europäische Ordnung

Als Gegenspieler SYBELS und TREITSCHKES, „die dem Reich durch ihre Werke so viel Stütze zu geben suchten, wie sie Österreich Abbruch taten" [EBD.], trat seit 1896 der Österreicher und Jenenser Professor OTTOKAR LORENZ auf. Er war einer der ersten, der nach sorgfältigem, eher von Skepsis getragenem Studium der „Nachgelassenen Papiere" Metternichs, die zwischen 1880 und 1884 veröffentlicht wurden [13], das Systemdenken Metternichs herauspürte. LORENZ sah umrißhaft bei Metternich die Fixierung auf das Ordnungsprinzip und den europäischen Gesamtzusammenhang; er schärfte seinen Blick dafür durch Gegenüberstellung des österreichischen Staatsmanns mit dem preußischen Patrioten Bismarck [57: Staatsmänner und Geschichtsschreiber, 1–94, 53, 61–80]. Freilich betonte er deutlich, daß Metternich mit seinen Vorstellungen einen Fehlschlag erlitten habe, aber er hielt als wichtiges Argument dagegen, der Staatskanzler sei immerhin vier Jahrzehnte lang imstande

Ottokar Lorenz

gewesen, seinen konservativen Überzeugungen gemäß die europäische Politik zu beeinflussen. LORENZ brachte Verständnis auf für den starren Legitimismus Metternichs, ohne das Dogmatische darin zu beschönigen [ebd., 5–44]. Was er nicht sah, war die innere Verbindung von Metternichs Systemdenken und der Anlage des europäischen Vertragsrechts, vor allem der Verfassung des Deutschen Bundes. So kam es, daß er in einer weitgespannten Skizze der „Reichs- und Kaiseridee seit 1815" – der Einleitung zu seinem Buch über Wilhelm I. – den Deutschen Bund und dessen staatsrechtliche Eigenart gar nicht thematisierte, selbst dann nicht, wenn er von den Ideen der nationalen Bewegung und ihrer politischen Wirkkraft sprach, die er ohnehin gering einschätzte. Österreichs Einbindung in Deutschland und die europäische Dimension der deutschen Staatenordnung lag abseits seines Interesses: Ihn faszinierte das Denken und Handeln der Einzelpersönlichkeit [247: Kaiser Wilhelm I. und die Begründung des Reichs 1866–1871, 39 ff., 556–65].

Heinrich Friedjung   Der herausragende politische Historiker der Habsburger Monarchie für die Zeit zwischen Märzrevolution und Königgrätz war in den Jahrzehnten bis zum Ersten Weltkrieg HEINRICH FRIEDJUNG. Er maß der Frage nach dem Verbindenden und Trennenden zwischen *Metternich und* Metternich und Schwarzenberg besondere Bedeutung zu. In dem al-*Schwarzenberg* ten Staatskanzler sah er nicht allein den konservativen europäischen Außenpolitiker, sondern auch den „Minister des Kaisers Franz in einem Staate, der nicht bloß die Entfesselung des Nationalitätenwirrsals in seinem Innern zu besorgen hatte, sondern auch in seiner Machtstellung in Deutschland und Italien bedroht war, sobald der Drang nach politischer Freiheit und Einheit die Geister mit sich fortriß". Deshalb erschien ihm Metternich keineswegs nur als ein Doktrinär, sondern mehr noch als Praktiker, der den „Luft- und Pesthauch nationaler Zersetzung" von Österreich fernzuhalten bemüht war [173: Österreich von 1848 bis 1860, Bd. 1, 1–16, 1 f.]. FRIEDJUNGS Urteil wurde durch den vormärzlichen Liberalismus geprägt; stark beeinflußt war es jedoch auch durch die intellektuelle Auseinandersetzung mit der Politik von Schwarzenberg, dem Mann der Gegenrevolution als Nachfolger Metternichs. So zeichnete er Metternich als den Politiker der Beharrung, der 1848 von den Kräften der Bewegung und den mit ihnen zum Durchbruch gekommenen Impulsen der Modernisierung, des dynamischen Fortschreitens überrollt wurde. Schwarzenberg hingegen wußte sie, nach FRIEDJUNGS Urteil, zu nutzen und zu steuern. Mit dem Blick auf den Ministerpräsidenten nach 1848 erkannte er auch die Bedeutung der

2. Das Bild Metternichs und Österreichs Geltung

Wirtschafts- und Handelspolitik für die Habsburger Monarchie und deutete *vice versa* auf Metternichs Mangel an Wahrnehmungsfähigkeit in diesen Fragen hin [ebd., 292–367].

Die Bedeutung der Arbeiten FRIEDJUNGS liegt darin, daß er der erste war, der die Zwänge der österreichischen Politik analysierte und dabei die Epoche der Reichsgründung in den Blick nahm statt der Metternichzeit. So erläuterte er die innere Logik von Schwarzenbergs Plan eines 70-Millionen-Reichs und des damit verknüpften Bruck-Plans einer mitteleuropäischen Zollunion als Reaktion auf die nationalstaatlichen Ziele der Paulskirche [ebd., 173–193]. Er richtete so den Blick des Lesers auf die mitteleuropäische Dimension der österreichischen Politik, die eben weit mehr war und weit mehr hatte sein müssen als bloß „großdeutsch". Gegenläufig hierzu arbeitete er die Belastung durch die Nationalitätenfrage mit Augenmerk besonders auf Ungarn und Preußen deutlich heraus. Zu einer Zeit, da im Deutschen Reich die borussozentrische Historiographie nach drei Jahrzehnten geschichtsbildnerischer Tätigkeit die nichtpreußischen und nicht-nationalen Relikte deutscher Tradition im kollektiven Bewußtsein der kleindeutschen Nation weitgehend beiseite geräumt hatte, trat hier ein Historiker an die Öffentlichkeit, der plötzlich an die mitteleuropäische Dimension deutscher Politik nach 1848 erinnerte, wie Schwarzenberg sie im Auge gehabt hatte.

FRIEDJUNGS Absicht bestand jedoch nicht darin, eine mitteleuropäische Antithese zur preußisch-kleindeutschen Sicht der Historiker im Reich zu formulieren. Seine beiden Bände über „Österreich von 1848 bis 1860" erschienen 1908 und 1912, in den Jahren, als die deutsche „Weltpolitik" das Reich zunehmend in die Isolierung führte und das Bündnis mit der Donaumonarchie schicksalhaften Charakter anzunehmen begann. FRIEDJUNG rechtete nicht mit Königgrätz und auch nicht mit den kleindeutschen Historikern, im Gegenteil. Schon 1896 hatte er eine zweibändige Darstellung über den „Kampf um die Vorherrschaft in Deutschland 1859 bis 1866" vorgelegt, als deren besonderes Kennzeichen die sympathiebetonte Beurteilung Bismarcks aus einer prononciert österreichischen Sicht hervorstach. Die These des Werkes, das vom Bestreben nach Objektivität und Distanz bestimmt war und den Eindruck hoher Sachlichkeit vermittelte, erwies sich als unzweideutig politisch. „Nicht lange wirkte der Haß nach, den Bismarck durch den Krieg von 1866 in Oesterreich erregte. Denn er führte gegen dieses Reich nach dem Siege nicht das Messer des Schlächters, sondern des Chirurgen, der die gesunden Teile rettet, indem er die kranken loslöst. Vor der

Belastungen der österreichischen Politik

Die mitteleuropäische Dimension deutscher Politik nach 1848

Positive Beurteilung Bismarcks durch Friedjung

friedlichen Größe der Entwürfe, die er bald darauf im innigen Bunde mit Oesterreich durchführte, wich zuletzt der anfängliche Groll der österreichischen Patrioten wider sein Werk. ... Er, der früher als Erzfeind Oesterreichs galt, ward damit der Begründer des neuen Bündnisses" [Bd. 1, 69].

Österreichs „deutsche Aufgabe"? Dieser These lag die um die Jahrhundertwende unter österreichischen Intellektuellen verbreitete Auffassung zugrunde, daß die Donaumonarchie in Europa eine „deutsche Aufgabe" wahrzunehmen habe – österreichische Reaktion auf 1866 *und* k.u.k.-Variante der Ansicht von Preußens „deutschem Beruf" – und daß ihre politische und kulturelle Eigenart, historisch wie gegenwärtig, nicht etwa durch die Verbindung von tschechischen, polnischen, ungarischen, kroatischen Elementen mit den deutschen geprägt werde, sondern daß es in erster und entscheidender Linie die Einwurzelung in der gemeinsamen Tradition mit Deutschland sei, welche „Österreich" konstituiere, zumindest jedoch Österreichs Bewußtsein von sich selbst. Damit wurde einerseits der Verlust der staatlichen Verbindung mit Deutschland kompensiert, und andererseits zeigte sich darin, wie selbstverständlich sich aus der Sicht der österreichischen Bildungsschicht, die deutschsprachig war, die Verknüpfung mit dem geistig-kulturellen Leben der Deutschen ausnahm. So war es auch „eine nie in Frage gestellte Selbstverständlichkeit", daß die österreichischen Historiker an den deutschen Historikertagen teilnahmen und Mitglieder des deutschen Verbandes waren; während des Kaiserreichs fanden drei Historikertage in Österreich statt – 1896 in Innsbruck, 1904 in Salzburg, 1913 in Wien [F. FELLNER, Die Historiographie zur österreichisch-deutschen Problematik als Spiegel der nationalpolitischen Diskussion, in 58: H. LUTZ/H. RUMPLER (Hrsg.), Österreich, 33–59, 38]. Berücksichtigt man dieses geistige Umfeld, dann gewinnt FRIEDJUNGS Versuch an Plausibilität, die Politik Bismarcks vor 1866 als Chance für Österreich zu interpretieren und unterschwellig zugleich den Appell an die Deutschen zu richten, auch ihrerseits die nach wie vor bestehende kulturelle Verbindung mit Österreich als *Chance in Europa* zu begreifen. Darüber hinaus werden in solcher Argumentation allerdings auch schon die Umrisse eines späteren Geschichtsbildes sichtbar, in dem Bismarcks Reichsgründung eher als Voraussetzung für die Errichtung eines

Politische Funktion des großdeutschen Geschichtsbildes in Österreich großdeutschen Reichs statt als Schlußstrich unter den preußisch-österreichischen Dualismus des 19. Jahrhunderts erscheint. Bis zum Ende des Ersten Weltkriegs blieb das latent, denn auch als Donaumonarchie war Österreich nach 1866 ja ein Vielvölkerstaat, in dem sich ein national geprägtes Bewußtsein von staatlicher Eigenständigkeit nicht entwickeln konnte. Als dieser Staat jedoch in den Verträgen von St. Germain und Trianon 1919/20 aufgelöst worden war und das Deutsche Reich im Versailler Vertrag das Anschlußverbot hatte akzeptieren müssen, nahm jenes Geschichtsbild, vor dem Hintergrund verbreiteter Zweifel an der österreichischen Eigenstaatlichkeit diesseits und jenseits der Alpen, in den 1920er Jahren scharfe Konturen an. So war es alles andere als ein Zufall, daß 1927 auf dem vierten und letzten deutschen Historikertag, der in Österreich, in Graz, abgehalten wurde, sich reichsdeutsche und österreichische Historiker „voll in den Dienst der propagandistischen Forderung nach dem Anschluß" stellten [ebd., 49].

3. Schwerpunkte und Tendenzen der politischen Historiographie in der Zwischenkriegszeit und seit 1945/49

Der Untergang des Kaiserreichs und die Niederlage von 1918 besiegelten nicht die Geschichte des preußisch geprägten deutschen Nationalstaats. Zerbrochen waren allerdings die nationale Selbstgewißheit und das optimistische Vertrauen auf die Stärke und Tragfähigkeit des Reichs im innenpolitisch-gesellschaftlichen und im internationalen Zusammenhang. So setzte in den Jahren der Weimarer Republik eine Rückbesinnung auf die Grundlagen des Reichs und auf die Voraussetzungen ein, unter denen der Nationalstaat geschaffen worden war. Stark beeinflußt von den Eindrücken der Vorkriegszeit und des Krieges selbst, war das außenpolitische Denken der Historiker vornehmlich auf das Problem der Interessendivergenz der Einzelstaaten gerichtet, die Fragen galten der Politik des eigenen Staats in seinen je bilateralen Beziehungen zu den anderen europäischen Mächten. Die Erfahrung des Krieges und die Debatten um die Kriegsschuldfrage lenkten das Hauptinteresse auf die Diplomatiegeschichte. Das charakterisierte die historische Forschung nicht nur in Deutschland. Zwischen den Weltkriegen erreichte das Zeitalter der nationalen Machtstaaten seine am schärfsten konturierte und zugleich als selbstverständlich angesehene Ausprägung. Die Idee eines Gesamtzusammenhangs im Staatensystem, der nicht auf Rivalität der Nationen, sondern auf Kooperation zur Konfliktminderung ausgerichtet war, lag in den 20er und 30er Jahren außerhalb der bio-

Verlust der nationalen Selbstgewißheit

Dominanz der Diplomatiegeschichte

graphischen Erfahrung und deshalb überwiegend auch außerhalb des historisch-politischen Vorstellungsvermögens der Menschen; Vorschläge über die Organisation eines europäischen Bundessystems wie die des französischen Staatsmannes Aristide Briand oder die Ideen der Pan-Europa-Bewegung des Grafen Richard Coudenhove-Kalergi drangen in dieser Atmosphäre nicht durch. So galt auch das Hauptaugenmerk der Historiker zeitbedingt der Entwicklung seit 1871 und der Entstehung des Weltkriegs [vgl. dazu 48: K. HILDEBRAND, Deutsche Außenpolitik 1871-1918], ohne daß sie die Reichsgründungsepoche aus dem Blick verloren. Im Schatten blieben die Restaurationszeit und der Vormärz, weniger jedoch der Ausgangspunkt der Staatenordnung des 19. Jahrhunderts: Die Erfahrung der Friedenskonferenz von Versailles lenkte den Blick zurück auf den Wiener Kongreß.

Versailles 1919 – Wien 1814/15

Im Zusammentreffen der wissenschaftlichen Grundströmung eines faktenbezogenen Positivismus mit erweitertem Zugang zu den Archiven entstanden in den 20er und 30er Jahren neben einzelnen außenpolitischen Spezialstudien, auf die in den folgenden Abschnitten Bezug genommen wird, bedeutende Akteneditionen, von denen einige bis heute grundlegend geblieben sind. Übergreifende Darstellungen, die zeitlich parallel zu den großen Editionsunternehmen erschienen, überlebten sich dagegen bis auf wenige Ausnahmen rasch. Die Quellenausgaben preußischer Provenienz, aus kleindeutschem Geschichtsverständnis konzipiert, waren auf die deutsche Frage sowohl im Rahmen des Deutschen Bundes als auch im Rahmen des Staatensystems ausgerichtet, sie dokumentierten Etappen auf dem Weg Preußens zu seinem Triumph in Deutschland zwischen 1815 und 1871. Ganz unbeeinflußt von der „Krise des Historismus" bestand die ihnen zugrunde liegende Intention darin, den Nachweis einer kontinuierlichen Linie preußischer Machtentfaltung zu erbringen, die die Reichsgründungspolitik aus sich heraus legitimierte. Initiator zweier wichtiger Editionen war HERMANN ONCKEN, Schüler des Neurankeaners MAX LENZ und in vieler Hinsicht typischer Repräsentant der Historikerschaft in der Weimarer Republik: Der Herkunft nach ein Nationalliberaler des Kaiserreichs, seit 1919 konservativer „Vernunftrepublikaner", kleindeutsch geprägt, vertrat ONCKEN die tradierte Überzeugung von der ethischen Qualität der Macht des Staats, vom geschichtsmächtigen Wirken des großen Einzelnen und vom Primat der auswärtigen Politik. 1926 erschien die dreibändige, mit einer 120seitigen Einleitung versehene Aktenpublikation über die „Rheinpolitik Kaiser Napoleons III." [15], die im

Der Primat der Außenpolitik in den Akteneditionen

3. Politische Historiographie i. d. Zwischenkriegszeit und seit 1945/49   67

zeitgeschichtlichen Bezug französischer Annexionswünsche vor 1870, des deutschen Annexionsvollzugs 1871 in Elsaß-Lothringen und der Atmosphäre des Kriegs und des Versailler Vertrags stand. Die Fragestellung war in einer heute verblüffenden wissenschaftlich-analytischen Vordergründigkeit auf die Territorialproblematik gerichtet, auf die „französischen Rheingelüste"; das französische Interesse an der Revision und Neukonstituierung des europäischen Staatensystems als eines Verbunds der Mächte mit dem Mittel eines Kongresses entging jeder Beachtung. 1934, zum hundertsten Jahrestag, wurde ebenfalls in drei Bänden die Vor- und Gründungsgeschichte des Deutschen Zollvereins publiziert, zu der ONCKEN wiederum eine ausführliche Einleitung verfaßt hatte [22]. Seit 1933 gab die Historische Reichskommission die Akten zur Außenpolitik Preußens von der Neuen Ära bis zur Reichsgründung von 1871 heraus [18], die in Parallele zu der seit 1924 erscheinenden „Friedrichsruher Ausgabe" der Schriften Bismarcks [5] die preußischen Beziehungen zu den anderen Großmächten und (ab 1865) auch zu den deutschen Mittelstaaten mit dem Blick auf die Reichsgründung darlegte: Das Ergebnis des politischen Handelns bestimmte die Gruppierung der Akten. Unterschwellig diente das auch zur Vergewisserung der Überlegenheit der preußischen Politik unter Bismarck, denn zeitgleich wurden, geleitet von HEINRICH VON SRBIK, seit 1934 die „Quellen zur deutschen Politik Österreichs 1859–1866" herausgebracht [19], deren Auswahlschwerpunkt in bezeichnender Weise anders gesetzt war: Die österreichische Edition dokumentierte das preußisch-österreichische Verhältnis, die Verbindungen Wiens zu den mittelstaatlichen Höfen und mit den Institutionen des Deutschen Bundes in Frankfurt. Das war eine Präsentation der „deutschen Verhältnisse" Österreichs, welche die „europäischen Verhältnisse" der Habsburger Monarchie ausblendete – einerseits historische Replik auf die nationale Politik Preußens zwischen 1859 und 1866 und andererseits die aus der Geschichte gewonnene Begründung des damals um sich greifenden großdeutschen Denkens, dem SRBIK zur gleichen Zeit auch durch die Veröffentlichung seines vierbändigen Werks „Deutsche Einheit" diente [78]. Das kleindeutsche Pendant zu diesem Werk Srbiks war die 1936 vorgelegte, aus nationalkonservativem Blickwinkel verfaßte Darstellung von ERICH MARCKS über den „Aufstieg des Reiches" [61], deren umfangreicherer zweiter Band ganz dem Wirken Bismarcks gewidmet war.

Im Schatten der bisher genannten Editionen blieb die von ANTON CHROUST 1935 begonnene Veröffentlichung der „Gesandt-

Die mittelstaatliche Perspektive

schaftsberichte aus München 1814–1848", die bis in die Nachkriegszeit fortgesetzt wurde [11]; allein darin zeigte sich, daß die Motivation hier, auch wenn sie durchaus politisch war, den prononciert preußisch-nationalen, obwohl zunehmend großdeutsch und – gegen Versailles gerichtet – revisionistischen Horizont transzendierte, der seit dem Ende der 20er Jahre für die deutsche und österreichische Geschichtswissenschaft charakteristisch wurde. Der Blick auf den Vormärz gab die Aussicht frei auf die vornationale, föderative Ordnung und das Gefüge Deutschlands als Staatenbund sowie auf die engmaschige Vernetzung des europäischen Staatensystems in seiner Gesamtheit vor 1848. Der Edition war es durchaus um den Nachweis der damaligen Fähigkeit Bayerns zu tun, nach 1815 eine der preußischen annähernd vergleichbare Rolle als europäische Macht zu spielen, weshalb der Besetzung des griechischen Throns mit einem Wittelsbacher am Ende der 1820er Jahre besondere Bedeutung beigemessen wurde. Die mittelstaatliche Perspektive herrschte indes vor und ließ erkennen, welches politische Gewicht der Deutsche Bund im europäischen Staatensystem besaß und welche Bedeutung ihm von den Großmächten, deren Geschöpf er ja war, auch beigemessen wurde. Die Belastung der Bundespolitik durch Metternichs „reaktionäre Wende" 1820 und deren Rückwirkungen auf die Bundesinstitutionen wurden hier in Ansätzen ebenso greifbar, wie auch die Zollvereinsgründung als kontraproduktiv für den Ausbau der Bundesinstitutionen erschien.

CHROUSTS Edition stand in ihrer Distanz zur Hauptrichtung der auf den deutschen Machtstaat gerichteten Arbeiten der deutschen Historiker einem bedeutenden Werk nahe, das sich in der Atmosphäre des heraufkommenden Nationalsozialismus seltsam fremd ausnahm: FRANZ SCHNABELS „Deutsche Geschichte im neunzehnten Jahrhundert" war vom Zeitgeist der späten 20er und frühen 30er Jahre weit entfernt [73]. Nachdem der erste Band 1929 erschienen war, folgte der zweite im Jahr der Machtergreifung, er behandelte „Monarchie und Volkssouveränität" und leuchtete das Spannungsfeld zwischen „Ordnung" und „Bewegung" im ersten Drittel des 19. Jahrhunderts aus. Wie in den von CHROUST bearbeiteten Gesandtschaftsberichten machte SCHNABEL die *europäische* Dimension sowohl der nationalen und liberalen Bestrebungen verständlich, die er als „das letzte Ergebnis der in der abendländischen Geschichte seit einem halben Jahrtausend lebendig gewordenen und herausgewachsenen Kräfte" bezeichnete, als auch der restaurativen Zielsetzung der monarchischen Gewalt [ebd., 90, 96 ff.]. Den Gegensatz

Betonung der europäischen Dimension der nationalen und liberalen Bewegung durch Franz Schnabel

zwischen Liberalismus und Legitimismus faßte SCHNABEL als den Gegensatz zweier „Weltprinzipien" auf [ebd., 57], was einerseits der Sicht der Dinge entsprach, die Metternich, Castlereagh und ihre Widersacher beherrscht hatte, und andererseits auch zeitgenössisches Empfinden spiegeln mochte, auf jeden Fall in der Zeit nach dem Zweiten Weltkrieg sensibel wahrgenommen wurde, als der Gegensatz zweier anderer Weltprinzipien dem Legitimismus und dem Ordnungsdenken des Restaurationszeitalters neue Aktualität verschaffte. Seine große Wirkung entfaltete SCHNABELS Werk erst in den 50er Jahren.

Mit der bedingungslosen Kapitulation 1945 hatte sich die Geschichte des Deutschen Reichs vollendet, der von 1871 herrührende Staat war zerschlagen. Die Sinnkrise des „deutschen Geistes" (J. MORAS/H. PAESCHKE) mußte gerade diejenigen Historiker erschüttern, die dem borussozentrischen national- und machtstaatlichen Denken traditionell verpflichtet waren, aber zugleich in Opposition zum Nationalsozialismus und zur NS-Historie gestanden hatten. GERHARD RITTERS „Dämonie der Macht" [6. Aufl. München 1948] deckte die tiefe Erschütterung derer auf, die das realpolitische Prinzip Bismarckscher Machtpolitik gerechtfertigt oder als nachgeborene Historiker analysierend zu rechtfertigen gelernt hatten und beim Blick auf die deutsche Entwicklung die Kategorie des „Dämonischen" zu Hilfe nehmen mußten, weil sie methodisch die Elemente historischer Kausalität zwischen der Herauslösung staatlicher Machtausübung aus ethischen Normierungen und dem totalen Machtmißbrauch bis hin zum Völkermord anders nicht zu fassen vermochten.

1945: Sinnkrise des „deutschen Geistes"

Gerhard Ritter

Die einschneidende Zäsur des Jahres 1945, die Irritation des staatsbürgerlichen Bewußtseins wirkte in die Arbeit der Geschichtswissenschaft und in historische Fragestellungen allmählich, sich langsam ausbreitend hinein. Denkmuster und Werthaltungen der zurückliegenden Jahrzehnte prägten anfänglich noch die Maßstäbe der privaten und wissenschaftlichen Orientierung. Wie nach dem Ersten Weltkrieg die Mentalität der Wilhelminischen Ära noch in die 20er, ja in die 30er Jahre hineinragte, so war nach dem Zweiten Weltkrieg die geistige Tradition des nationalkonservativen Geschichtsdenkens der Weimarer und frühen NS-Zeit in den 50er und 60er Jahren noch deutlich vorherrschend. Daneben entwickelten sich geschichtswissenschaftliche Fragestellungen, die ihre Anregung aus den neuen Impulsen des politischen Geschehens bezogen: aus der christlich-konservativ eingefärbten föderalistischen, „abendlän-

Neue geschichtswissenschaftliche Fragestellungen nach 1945

dischen" Strömung, die am Ende der 50er Jahre mit der beginnenden politisch-materiellen westeuropäischen Integration verschmolz; aus dem Faktum der deutschen Teilung und der damit verbundenen Frage nach der Vereinbarkeit von deutschem Nationalstaat und europäischer Sicherheit; und aus der Blockkonfrontation zwischen den atomaren Weltmächten, die für eine jeweils die andere ausschließende politisch-gesellschaftliche Ordnungsidee standen.

„Gleichgewicht und Hegemonie"

1948 veröffentlichte LUDWIG DEHIO einen Essay über „Gleichgewicht und Hegemonie" [37], in dem er den Versuch unternahm, die Epoche der Weltkriege in den Rahmen der Weltgeschichte einzuordnen. DEHIO kennzeichnete das europäische System als ständiges Ringen der Mächte darum, die Hegemonie der einen oder anderen zu verhindern. Besonderes Augenmerk richtete er auf den Gegensatz zwischen Landmächten und Seemächten, und eine genaue Interpretation des Textes läßt deutlich erkennen, daß DEHIOS Fragestellung aus der Erfahrung des zentralen machtpolitischen Gegensatzes der Weltkriegsjahrzehnte von 1890 bis 1945 gewonnen war: aus dem Kampf um die Hegemonie auf dem Kontinent, die das Deutsche Reich erstrebte und England verhinderte. Der tragische, schon seit der späten Wilhelminischen Ära erbitterte Konflikt hatte zwischen Deutschland und Großbritannien bereits in den 20er Jahren auch in England die Aufmerksamkeit der Historiker auf die Außenpolitik des 19. Jahrhunderts gelenkt. Die Erfahrung des Sieges gegen das nationalsozialistische Deutschland um den Preis des Verlusts der eigenen Weltmachtstellung brachte in den 50er Jahren in England zwei übergreifende Darstellungen hervor, die in ihrer Gegensätzlichkeit charakteristisch sind für die damalige Dominanz des traditionellen historisch-politischen Bewußtseins einerseits und für das langsame Aufkeimen neuer Fragestellungen andererseits. Die alte Denkfigur des machtstaatlichen Handelns als Rivalität repräsentierte eindrucksvoll A. J. P. TAYLOR in seinem 1954 publizierten Band mit dem Titel „The Struggle for Mastery in Europe 1848–1918" [83], der unübersehbar auf die Entstehung und den Verlauf des britisch-deutschen Gegensatzes ausgerichtet war und die deutsche Zielsetzung konsequent in der Überwindung der „balance of power" sah [vgl. 309: P. W. SCHROEDER, System, 9 ff.]. 1958 erschien aus der Feder von WERNER E. MOSSE, eines Sohns deutscher Emigranten, „The European Powers and the German Question 1848–71" [63]; dies war ein Buch, welches die Bismarcksche Lösung der deutschen Frage, den diplomatisch-militärischen Konflikt mit Dänemark, Österreich, Frankreich, im Spannungsfeld der Interessen

Betonung des britisch-deutschen Gegensatzes

3. Politische Historiographie i. d. Zwischenkriegszeit und seit 1945/49

der Flügelmächte Europas, England und Rußland, untersuchte und so die europäische Dimension zurückgewann.

Hier wurden unterschiedliche Sichtweisen und Reaktionen auf die prägenden Konstellationen des Jahrhunderts erkennbar, auf das Zeitalter der autonomen Nationalstaaten einerseits und auf die Epoche eines neuen bipolaren Systems andererseits. Noch deutlicher, durch den Gegensatz zwischen den Generationen fast schon schroff ausgebildet, ist dieser Kontrast in eben jenen Jahren zu beobachten, wenn man Motivation und Fragestellung von GERHARD RITTERS „Staatskunst und Kriegshandwerk", dessen erster Band 1954 erschien [68], in Beziehung setzt zu den Thesen des 1957 publizierten Erstlingsbuchs wiederum eines deutschen Emigrantensohns, der in den USA erwachsen geworden war: HENRY A. KISSINGER, „A World Restored" – seit 1962 auf deutsch mit dem Titel „Großmacht-Diplomatie" vorliegend [97]. RITTER ging es „um ein zentrales Stück unserer historisch-politischen Selbstbesinnung", um das Durchdenken des Verhältnisses von Macht und Kampf im politischen Handeln, um „politischen Machtkampf" und seine „sittliche Rechtfertigung". Ihn trieb die Erfahrung des Mißbrauchs von Macht und Recht durch den NS-Staat, und er wollte die preußisch-deutsche Geschichte analysieren als „eine Ordnung, die als gesunde, das heißt dem wirklichen Leben, den wirklichen sozialen und nationalen Lebensbedürfnissen und Kräfteverhältnissen angemessene Rechtsordnung" zu denken und auf ihre Bruchstellen in dieser Hinsicht durchzumustern war. RITTER suchte die Rehabilitation der preußischen Tradition in der deutschen Geschichte, er suchte den Nachweis, daß Staatsvernunft „zuletzt doch sittliche Vernunft" sei, kurz: daß die Geschichte des preußisch-deutschen Nationalstaats kein bloßer Irrweg gewesen war [ebd., 13–24, 21 ff.].

KISSINGER dagegen fragte nach der *raison* einer historischen Friedensordnung, an die „eine von der atomaren Vernichtung bedrohte Generation sehnsüchtig ... zurückdenkt". Ihn interessierten die Bauprinzipien zwischenstaatlicher Ordnung, die so wirkten, daß „die Notwendigkeit des Friedens als Motor für das Streben nach Frieden angesehen wird". Nicht der Machtkampf der Nationen bestimmte diese Sicht, sondern die Frage nach der strukturellen Voraussetzung für die Chance des Friedens, damit nicht „an die Stelle der Diplomatie entweder der Krieg [tritt] oder das Wettrüsten" [97: Großmacht-Diplomatie, 7–10].

KISSINGERS Buch wies voraus auf die Tendenz der Geschichtswissenschaft, die europäische Staatenordnung des 19. Jahrhunderts

Gerhard Ritters Versuch zur Rehabilitation der preußischen Tradition

Henry Kissingers Frage nach einer internationalen Friedensordnung

nicht mehr in erster Linie unter dem Aspekt einzelstaatlicher Machtentfaltung und bilateraler Beziehungen zu betrachten, sondern verstärkt die Frage nach der Struktur des Mächtesystems und einer darauf bezogenen Politik der einzelnen Kabinette zu stellen. Bis es dahin kam, war die deutsche und mit Deutschland befaßte westliche Historiographie darauf konzentriert, das „Bismarck-Problem" unter den Erfahrungen der jüngsten Vergangenheit neu zu diskutieren. Eine von LOTHAR GALL 1971 vorgelegte Aufsatzsammlung ließ die in den 50er und frühen 60er Jahren divergierenden Positionen zwischen der traditionell nationalstaatlichen Sicht und der weiteren Perspektive des europäischen Bezugsrahmens deutlich hervortreten [229: Das Bismarck-Problem in der Geschichtsschreibung nach 1945]. Hier war es FRANZ SCHNABEL, der besonders akzentuiert Bismarcks Marschrichtung in den 1860er Jahren grundsätzlich kritisierte, weil seiner Ansicht nach die Bändigung der Kräfte des Nationalismus und Radikalismus nur im übernationalen Rahmen einer mitteleuropäischen Ordnung hätte erreicht werden können [Das Problem Bismarck, in: ebd., 97–118]. Beeinflußt einerseits von der deutsch-österreichischen Sicht HEINRICH VON SRBIKS und andererseits von den föderalistischen, supranationalen Tendenzen des westeuropäischen Einheitsstrebens nach dem Zweiten Weltkrieg, erwies sich SCHNABELS Urteil „von Wunschdenken nicht frei" [L. GALL, Einleitung, in: Ebd., 16], aber es war zugleich auch ein Appell, die europäische Dimension bei der Analyse der deutschen Frage stärker zu berücksichtigen.

Das „Bismarck-Problem"

In den 60er Jahren wurde das Fach gefangengenommen von der „Fischer-Kontroverse" über Deutschlands Schuldanteil am Ausbruch des Ersten Weltkriegs [hierzu eingehend 48: K. HILDEBRAND, Deutsche Außenpolitik, 79–92]. Sie lenkte die Konzentration der Fachwissenschaft zwar anhaltend auf die Geschichte des Deutschen Reichs, aber nicht auf die Epoche des Deutschen Bundes, es sei denn, daß Fragen der Reichsgründungszeit zu behandeln waren. Doch im Verlauf der Debatte führten die methodischen Anregungen aus sozialgeschichtlicher Forschung zu neuen Fragestellungen, die die wirtschaftlichen und gesellschaftlichen Entwicklungen seit 1848 betrafen. Von hier gingen Impulse auf die politische Geschichtsschreibung aus, die ihren frühen Niederschlag in dem komprimierten, souveränen Handbuch-Beitrag THEODOR SCHIEDERS „Vom Deutschen Bund zum Deutschen Reich" [70] fanden.

Die Fischer-Kontroverse

Seit dem Ende der 60er Jahre wurde die europäische Dimension der Staatenbeziehungen zunehmend berücksichtigt – Ausdruck

Zunehmende Berücksichtigung der europäischen Dimension

nicht zuletzt der Tatsache, daß die Verfestigung des westlichen Bündnisses Formen multilateraler Integration anschaulich werden ließ. Ein repräsentatives, den europäischen Maßstab konsequent berücksichtigendes Editionsunternehmen ist die von WINFRIED BAUMGART geleitete Veröffentlichung der „Akten zur Geschichte des Krimkriegs", deren erste Reihe mit österreichischen Akten 1979/80 herauskam, gefolgt 1988 von bisher einem Band der Reihe englischer Akten und von den beiden Bänden der preußischen Reihe (1990/91) [2]. Der Rest der englischen und die gesamten französischen Akten sollen in den kommenden Jahren ediert werden, während die Veröffentlichung der russischen nicht sinnvoll erschien, da sie im Rahmen einer sowjetischen Aktenedition ohnehin publiziert werden. Als Zusammenfassung des bis zu den 70er Jahren erreichten Forschungsstandes kann die Überblicksdarstellung von WALTER BUSSMANN gelten, die den 5. Band des von SCHIEDER herausgegebenen „Handbuchs der europäischen Geschichte" von 1981 einleitet [34: Europa von der französischen Revolution zu den nationalstaatlichen Bewegungen des 19. Jahrhunderts]. Aus der Feder zweier jüngerer britischer Diplomatiehistoriker erschien 1980 ein Überblick über die Großmächtepolitik und das Staatensystem [32: F. R. BRIDGE/R. BULLEN, The Great Powers and the European States System 1815–1914], worin Struktur, Handlungsformen, Konzertdiplomatie, Krisenlagen und destabilisierende Konstellationen des europäischen Mächtesystems nuanciert dargestellt werden, allerdings mit der für England charakteristischen Distanz zum Systemdenken, weshalb die in den 60er und 70er Jahren vor allem in den USA von PAUL W. SCHROEDER geleistete und angeregte Forschung insbesondere hinsichtlich des „collapse of the Vienna system 1854–1871" unberücksichtigt blieben [vgl. dazu unten die Abschnitte 3.4 und 5.] und KISSINGERS schon erwähnte Studie als „a somewhat controversial analysis of peacemaking" bezeichnet wurde [ebd., 182]. Mit der „Struktur des europäischen Friedens" und dem Gewicht des Deutschen Bundes in der Ordnung Europas hat sich seit den 70er Jahren WOLF D. GRUNER befaßt, dessen zahlreiche Arbeiten, auch die unveröffentlichten, in seinem Überblicksband über „Die deutsche Frage" [45] aufgeführt werden. In Österreich wurde die Erforschung des Deutschen Bundes in den europäischen Verflechtungen maßgeblich durch die Initiative von HEINRICH LUTZ und HEINRICH RUMPLER vorangetrieben, worüber zwei Bände der „Wiener Beiträge zur Geschichte der Neuzeit" Aufschluß geben [58: H. LUTZ/H. RUMPLER (Hrsg.), Österreich und die deutsche Frage im 19. und 20.

Jahrhundert; 69: H. RUMPLER (Hrsg.), Deutscher Bund und Deutsche Frage 1815–1866].

Die Forschung der Nachkriegszeit fand schließlich um die Mitte der 80er Jahre Niederschlag in zwei großen Gesamtdarstellungen, die für die Epoche des Deutschen Bundes den Zusammenhang der deutschen und der österreichischen Geschichte sowie die europäische Verflechtung der deutschen Entwicklung ins helle Licht stellten: Mit stärkerer Konzentration auf Preußen tat das THOMAS NIPPERDEY in seiner „Deutschen Geschichte 1800–1866" [64], während HEINRICH LUTZ den Dualismus „Zwischen Habsburg und Preußen" [59] ganz gezielt zum roten Faden seiner Darstellung nahm. Damit hatte die Historiographie den Blick von Bismarck auf Metternich zurückgewonnen und den Horizont des Fragens und Antwortens aus seiner kleindeutschen Verengung herausgehoben.

Überwindung der kleindeutschen Blickverengung

3.1 Die europäische Ordnung des Wiener Kongresses und die Allianzpolitik der 1820er Jahre

„Aus der Kritik der Pariser Friedensverträge folgte die vergleichsweise Aufwertung des Wiener Vertragswerkes von 1815 und die Entdeckung der friedenssichernden Komponente des Metternichschen Systems" [H. RUMPLER, Einleitung, in: 69, 10]. Mit dieser Bemerkung ist ein Forschungstrend umrissen, der im Verlauf von sieben Jahrzehnten das Verständnis der Ordnung von 1815 entschieden vertieft hat. Die Leitfragen, die an den Wiener Kongreß gestellt wurden, galten den Bauprinzipien jener Ordnung hinsichtlich ihrer friedenssichernden Funktion sowie den Bedingungen und Interessen, welche die gesamteuropäische Anlage des Vertragswerks nötig und möglich machten.

Heinrich von Srbik

Zur Basis aller künftigen Forschung wurde die zweibändige Metternich-Biographie HEINRICH VON SRBIKS aus dem Jahr 1925 [77]. In diesem noch heute weithin gültigen Werk interpretierte SRBIK die politischen Vorstellungen und das Handeln des österreichischen Staatskanzlers im Sinn eines „Systems", obwohl Metternich selbst nie etwas von einem eigenen System wissen wollte: SRBIKS Interpretation ist wissenschaftliche Abstraktion und Kategorisierung, zusammengefaßt in 30 Punkten [ebd., Bd. 1, 321–414], die für die kritische Auseinandersetzung mit dem politisch-gesellschaftlichen Gleichgewichtspostulat der Restaurationszeit und des Vormärz hilfreich und anregend geblieben sind. SRBIK sah Metternich als einen europäischen Altkonservativen der vorrevolutionären

3. Politische Historiographie i. d. Zwischenkriegszeit und seit 1945/49   75

Zeit, dessen System folglich als Reaktion auf die Revolution zu werten sei [ebd., 332]. Es war ein Verteidigungssystem zur Bewahrung des traditionellen monarchisch-ständischen Völkerrechts gegenüber dem neuen, revolutionär-egalitären Anspruch [ebd., 353], der „mit dem alten [Recht] unvereinbar war und schon darum wahren Frieden ausschloß" [104: K. VON RAUMER/M. BOTZENHART, Deutsche Geschichte, 121]. Prägnantes Charakteristikum bildete das Verständnis vom engen Zusammenhang des innergesellschaftlichen und zwischenstaatlichen Gleichgewichts, beide fest aufeinander bezogen. Daraus erwuchs notwendig ein gemeinsames Interesse der Staaten: „Wenn die Staatsleitungen sich mit dem wahrhaft politischen Gedanken erfüllen, daß es isolierte Staaten nicht gibt, sondern daß alle eine große Gesellschaft, eine Staatenfamilie bilden und daß vor der Revolution ein Föderativsystem von Europa bestand und wieder errichtet worden ist, dann werden sie nicht lediglich die Sonderinteressen, die jeder Staat hat, verfolgen, sondern stets die Interessen des großen Verbandes im Auge behalten" [ebd., 358]. Der Wiederherstellung der Mächtebalance im Jahr 1815 entsprach dann als Aufgabe von diesem Zeitpunkt an, daß die Mächte als „moralische Pentarchie" nun die Wiederherstellung des sozialen Gleichgewichts „in möglichster Ruhe und Ordnung" leisteten [ebd., 359]. Von seiner Gleichgewichtsidee her betrachtete Metternich das Interventionsrecht als selbstverständliche Folge der solidarischen Pflicht der einzelnen Bestandteile des Staatensystems, um die soziale Balance des Ganzen zu bewahren [ebd., 360].

<small>Zusammenhang zwischen innergesellschaftlichem und zwischenstaatlichem Gleichgewicht</small>

Metternich lehnte die Volkssouveränität ab und befürwortete die „reine Monarchie". Er war Gegner der konstitutionellen Monarchie als eines Wechselbalgs der antagonistischen Ordnungen: „Die reine Monarchie ist der adäquate Ausdruck der fürstlichen, die Republik der adäquate Ausdruck der Volkssouveränität" [ebd., 366]. Er war jedoch ebenso ein Feind monarchischer Willkürherrschaft: „Das Recht als Ausfluß der ewigen sittlichen Weltordnung, die göttlichen und natürlichen Gesetze bilden die Schranke, über die der Monarch nicht hinausgehen darf" [ebd., 370]. Die Gegner des „Systems" sah Metternich naturgemäß in den Radikalen und den Liberalen, die nationale Bewegung betrachtete er als Teil der liberal-demokratischen.

Mit dem Blick auf die Verfassungsordnung Deutschlands und Europas betonte SRBIK, daß die „übernationale und überstaatliche Denkweise des Systems" sich niederschlage in der europäischen Bedeutung des föderativen Deutschland, welches „den Mikrokosmos

<small>Deutschland als „Mikrokosmos des europäischen Systems"</small>

des europäischen Systems" bildete [ebd., 390f.]. Metternich mußte demnach ein konsequenter Gegner jedes deutschen (und entsprechend jedes italienischen) Einheitsstrebens sein. Für ihn war die Existenz des Deutschen Bundes essentiell, womit aber gerade kein deutscher Einheitsstaat gemeint war [ebd., 407]. Der Stellung des Deutschen Bundes, die „wesentlich defensiv gedacht" wurde, entsprach nach SRBIK auch die Stellung Österreichs in Europa [ebd., 413 f.]. Deshalb stand Metternichs hochkonservative europäische Ordnungsidee in ganz praktischem Bezug zum Staatsinteresse Österreichs, welches der Staatskanzler gegen die Einflüsse der revolutionären Kräfte abzuschirmen versuchte. Die Verknüpfung des österreichischen Staatsinteresses mit der europäischen Ordnung von 1815 wird aus dieser Perspektive plausibel und zeigt die ursächlich gegebene Fesselung Österreichs an den Status quo. Obwohl SRBIK im Verlauf der weiteren Darstellung bis 1848 auf die Fehler und vielen Fehlschläge Metternichs hinwies, ließ seine insgesamt milde Beleuchtung des „Systems" allerdings das Problem der konservativen Sozial- und Staatsordnung der Habsburger Monarchie, die notgedrungen die Basis der europäischen Politik Metternichs bildete und aus der die vielen politisch-gesellschaftlichen Belastungen der deutschen Geschichte resultierten, nicht scharf genug hervortreten [vgl. 59: H. LUTZ, Zwischen Habsburg und Preußen, 23–28].

Anteil Englands an der Formulierung des europäischen Völkerrechts

1925 erschien, gewissermaßen als Pendant zu Srbiks Werk, die Studie des britischen Historikers CHARLES WEBSTER, „The Foreign Policy of Castlereagh 1815–1822" [113]. WEBSTER hatte bereits 1919 im Auftrag des Foreign Office eine Skizze über den Wiener Kongreß vorgelegt, die der britischen Delegation in Versailles als Handreichung diente [112]. Im Verlauf der daran anknüpfenden Forschungen entwickelte Webster ein kritisches Verständnis für die Konzeption einer europäischen Gesamtordnung, auch wenn er die Grundannahmen des Systemdenkens nicht auf die englische Politik übertragen wissen wollte [113: Foreign Policy, 47–59]. Als Basis für die europäische „Allianz" erkannte er es indessen an, auch wenn er

Vertragsrecht – Naturrecht

den vertragsrechtlichen Aspekt des Zusammenhangs der Großmächte stark heraustrich im Gegensatz zum naturrechtlich-überpositiven, der bei Metternich besonders akzentuiert war. Seine Analyse der Außenpolitik Castlereaghs, die er 1931 durch einen weiteren Band über die Jahre 1812–1815 noch vertiefte [114], zeigte deutlich den entscheidenden Anteil Englands bei der Formulierung des *ius publicum Europaeum* des 19. Jahrhunderts und legte dar, daß das Konzept regelmäßiger Konferenzen der Großmächte, wie sie von

3. Politische Historiographie i. d. Zwischenkriegszeit und seit 1945/49

1818 bis 1822 auch abgehalten wurden, Ergebnis der Politik Castlereaghs war.

SRBIK und WEBSTER hatten die Grundlage geschaffen für eine vertiefte wissenschaftliche Auseinandersetzung mit dem Staatensystem des 19. Jahrhunderts – mit dem Wiener Kongreß, der Neuordnung Deutschlands und Europas, dem Zusammenhang von Hl. Allianz und Pentarchie, vor allem auch mit der Ära der sogenannten Kongresse von Aachen bis Verona. *(Vertiefung der wissenschaftlichen Auseinandersetzung mit dem Staatensystem)*

Aus der Feder von KARL GRIEWANK erschien 1942, in überarbeiteter 2. Auflage 1954 eine ereignisgeschichtliche Gesamtdarstellung des Wiener Kongresses [96: Der Wiener Kongreß], in der zwar die Sicht der preußisch-kleindeutschen historiographischen Tradition hervorstach, die aber gerade deshalb das Beharrende, Starre der Neuordnung kritisch von den Kräften der Bewegung abhob, die „unter der scheinbaren Friedensordnung" weiterwirkten [ebd., 364], wobei er auch auf den Zusammenhang von industrieller Revolution und Entstehung der bürgerlichen Gesellschaft und der davon ausgehenden dynamischen Wirkung hinwies.

Seit den 30er Jahren wurde die Entwicklung des Mächtesystems während der Ära der Kongresse zum Gegenstand intensiverer Forschung. Den Anfang bildeten die Arbeiten des Schweizer Historikers WERNER NÄF. In seiner Berner Antrittsvorlesung von 1925 (publiziert 1935) über „Versuche gesamteuropäischer Organisation" [in 102: Ders., Staat und Staatsgedanke, 9–27] formulierte er die bis heute wenig beachtete und doch für das Verständnis des Staatensystems über Bismarck hinaus grundlegende Feststellung: Es habe sich bei diesen Versuchen nicht darum gehandelt, „den Einzelstaat anzufeinden oder seine Konturen zu verwischen, sondern darum, zwischen den Einzelstaaten gesicherte, dauernde Vertragsbeziehungen zu knüpfen, an Stelle der zwischenstaatlichen Anarchie eine zwischenstaatliche Organisation zu schaffen" [ebd., 9]. NÄF verfolgte die europäische Allianzpolitik und ihre Brechungen durch die 1820er Jahre bis über die Julirevolution hinaus, er sah das Ende des genuin europäischen Staatensystems durch die 1848er-Revolution und den Krimkrieg bewirkt und merkte zur italienischen Einigung und zur Reichsgründung an: „1870 existierten keine zwischenstaatlichen Beziehungen mehr, die Europa als Ganzes zu formen vermocht hätten; isoliert standen die einzelnen Machtfaktoren nebeneinander, das Spiel der Kräfte war frei. Nationalstaatliche Individuen waren die Träger, individuelles Machtstreben der stärkste Trieb des politischen Lebens. Die zwischenstaatliche Anarchie war *(Werner Näf)*

II. Grundprobleme und Tendenzen der Forschung

Vornationale und nationalstaatliche Ordnung keine Antithesen

vollständig" [ebd., 26]. Das Gewicht von NÄFS Skizze liegt darin, daß er hier andeutete, wie wenig die vornationale Ordnung Europas von 1815 und die nationalstaatliche seit 1870 bloße Antithesen darstellten. Er zeigte, daß der Nationalstaat nicht notwendig auch bindungsloser Machtstaat sein mußte, vielmehr ebensogut *als einzelner nationaler Staat* ein *Teilelement* übergreifender Ordnung sein konnte. Die Voraussetzung dafür war, daß die Politik jedes Staats nicht ausschließlich am Macht-, Vorteils- und *individuellen* Sicherheitskalkül ausgerichtet wurde, wie das für Bismarcks Bündnissystem galt und überhaupt für das Handeln der Mächte bis zum Beginn des Weltkriegs; sondern die Politik der Staaten konnte durchaus vom Boden eines übernationalen, auf Europa als Ganzes bezogenen Rechts formuliert werden und doch am je eigenen Interesse orientiert sein.

„Heilige Allianz"

1928 veröffentlichte NÄF eine kurze Studie über die Hl. Allianz [101], in der er den Nachweis führte, daß das ursprünglich idealistische Motiv des Zaren, einen von christlichem Impuls getragenen Friedensbund der Monarchen Europas zum Zwecke der Wohlfahrt der Völker zu begründen, durch Korrekturen Metternichs am Textentwurf des Zaren völlig verändert wurde. Nach Metternichs Redaktion stellte der Vertrag der Hl. Allianz eine politische Legitimation des Herrschaftsanspruchs der absolutistischen Monarchie dar [ebd., 16–19]. Daran anschließend begann eine rege Forschung über die Hl. Allianz, einhergehend mit zunehmender Begriffsverwirrung hinsichtlich dessen, was denn der Zusammenhang von Hl. Allianz und europäischer Allianzpolitik der 1820er Jahre gewesen sei. Zumeist wurde übersehen, daß die Hl. Allianz (Vertrag vom 26. September 1815) nicht mehr war als eine Verpflichtung der Monarchen auf die Idee der „reinen Monarchie" gegen die Tendenzen der Demokratie; sie bildete ein ideelles Band zwischen den absolutistischen und legitimistischen Herrschern Rußlands, Österreichs und Preußens, das die Revolution 1848 überstand und bis 1854 erhalten blieb. Die Unterschrift der anderen europäischen Monarchen unter den Vertrag hatte kaum eine Bedeutung. Das Ideengut der Hl. Allianz war allerdings zwischen 1818 und 1822 in der konkreten Politik der Viererallianz, ab 1818 der Pentarchie, wiederzufinden, doch deren Basis war der Vertrag über die Quadrupelallianz vom 20. November 1815. Dieser Vertrag enthielt die Festlegung, daß sich die Mächte turnusmäßig zu Konferenzen über die aktuellen Fragen der europäischen Politik zusammenfinden sollten, um die „Ruhe und Ordnung" Europas zu sichern, und darauf bezogen fanden die –

3. Politische Historiographie i. d. Zwischenkriegszeit und seit 1945/49

„Kongresse" genannten – Konferenzen von Aachen, Troppau, Laibach und Verona statt. Weil es indes seit 1820 angesichts der Revolutionen in Südeuropa um die Frage der gemeinsamen Intervention ging, fand die *Idee* der Hl. Allianz Eingang in die Verhandlungen der Pentarchie und führte binnen kurzem zur Distanzierung Englands von einer Politik, die mit militärischer Gewalt gegen Völker vorzugehen entschlossen war, deren Forderungen sich auf Verfassung und Parlament richteten.

Die repräsentative Studie über das Problem legitimistischer Intervention in der Politik und auf den Konferenzen der Mächte unter der irreführenden Firmierung als „Hl. Allianz" stammt von MAURICE BOURQUIN [92: Histoire de la Sainte Alliance], der sich damit an die Arbeiten von JACQUES-HENRI PIRENNE [103: La Sainte-Alliance] und HAROLD TEMPERLEY [139: The Foreign Policy of Canning] anlehnte. Der Entwirrung der Begriffe durch scharfsinnige Unterscheidung der *Idee* der Hl. Allianz und der *Politik* der Pentarchie hat HENRY KISSINGER vorgearbeitet [97: Großmacht-Diplomatie], während GUILLAUME DE BERTIER DE SAUVIGNY durch sorgfältige Darbietung eines breiten Quellenmaterials die Wandlungen des Allianzgedankens bei Metternich zwischen 1815 und 1822 zeigen konnte [90: Sainte-Alliance et Alliance dans les conceptions de Metternich]. In einer dreibändigen Studie leistete er überdies einen gewichtigen Beitrag zum Verständnis des Faktors Frankreich als europäischer Großmacht einerseits und als Mutterland der Revolution andererseits in den Jahren der restaurativ-legitimistischen Kongreßpolitik [91: Metternich et la France]. PAUL W. SCHROEDER bezeichnete 1962 die Ordnung des Wiener Kongresses knapp als „Vienna system" und analysierte die Politik Metternichs von Troppau bis Verona [108: Metternich's Diplomacy at Its Zenith 1820–23]. Er arbeitete zum einen das reaktionäre Element in Metternichs Politik deutlich heraus und akzentuierte damit – in Abgrenzung von KISSINGER, NÄF und SRBIK [ebd., 241] – den Kontrast zum Konservativismus Castlereaghs, indem er Metternichs axiomatische Grundannahme hervorhob, daß wirkliche Freiheit nur die fürstliche Souveränität sein könne [ebd., 264]. Zum andern wies er, noch über SRBIK hinausgehend, darauf hin, daß die europäische Politik Metternichs konsequente österreichische Interessenpolitik gewesen sei.

Neben der europäischen Perspektive wurde die deutsche nicht übersehen. GRIEWANK hatte sie in seiner Studie über den Wiener Kongreß [96] breit berücksichtigt, während ENNO E. KRAEHE im zweiten Band seines Werks über „Metternich's German Policy" die

Marginalien:
Idee der Heiligen Allianz und Politik der Pentarchie

„Vienna system"

II. Grundprobleme und Tendenzen der Forschung

Wiener System und
Deutscher Bund

Phase des Wiener Kongresses auf einer ausgewählten Quellenbasis und anhand der bis zu den 70er Jahren erschienenen Literatur darstellt [98]. ULRIKE EICH [94: Rußland und Europa] wandte sich jüngst der russischen Deutschlandpolitik zu und richtete das Augenmerk auf die süddeutschen Mittelstaaten Bayern, Württemberg und Baden. Damit leistete sie aus dem Blickwinkel der Großmächtepolitik einen Beitrag zur Geschichte des „dritten Deutschland", der sich aus innerdeutschem Blickwinkel PETER BURG [187: Die deutsche Trias] gewidmet hat. Nimmt man die Ergebnisse dieser Studien zusammen mit denen von SCHROEDER, so ergibt sich ein Bild vom Deutschland der 1820er Jahre, das sich von der positiven Sicht des europäischen Gesamtzusammenhangs etwa bei SRBIK, NÄF und KISSINGER recht kritisch abhebt: Das „Vienna system" [108: P. W. SCHROEDER, Zenith, 3], die Politik des „standstillism" [ebd., 244] zerstörte die Ausbauchance des Deutschen Bundes und verurteilte den Bund zum Kümmerdasein. Seit 1820/22 bestand politisch-programmatischer Dissens im Mächtesystem darüber, ob „Ruhe und Ordnung", ob der Friede in Europa durch Reform oder Repression gesichert werden könne. Das unterschied das „Wiener System" der Jahre 1815–22 von der „Wiener Ordnung" der Folgezeit bis 1848.

3.2 Die Phase der Julirevolution und des Vormärz

Forschungslücke:
Staatensystem und
Deutscher Bund
1822–1848

Keine Zäsur 1830

Die Entwicklung des europäischen Staatensystems und des Deutschen Bundes in den zweieinhalb Jahrzehnten vom Ende der Kongreßära bis zum Vorabend der 48er-Revolution ist zusammenhängend bisher kaum untersucht worden. Zentrale Bedeutung in diesem Zeitraum kommt der Julirevolution zu, die Metternich als den „Durchbruch eines Dammes" empfand [zit. n. 73: F. SCHNABEL, Deutsche Geschichte, Bd. 2, 57]. Das spiegelt sich in der Historiographie, deren Augenmerk in erster Linie dem scharfen Einschnitt gilt, welcher die Restaurationszeit vom Vormärz trennt. Diese Sicht ermöglicht, ja gebietet es geradezu, die politische Geschichte vor und nach 1830 unter je eigenen Kriterien zu behandeln. In der Tat, 1830 war die Politik des „standstillism" gescheitert, die Kräfte der Bewegung hatten sich nicht unterdrücken lassen. Dieser Sachverhalt war jedoch längst vor 1830 in den Mächtebeziehungen spürbar geworden. Nach dem Fehlschlag des Konzepts einer gesamteuropäischen repressiven Politik klaffte der prinzipielle Gegensatz insbesondere zwischen England, dem Staat der parlamentarischen Verfassung, und den drei autokratischen Monarchien des Ostens deutlich auf

[139: H. W. V. Temperley, The Foreign Policy of Canning 1822–1827]. Dagegen blieben die vertragsrechtlichen Grundlagen unverändert erhalten, von denen her die Kongreßpolitik bis 1822 konzipiert worden war. Darüber hinaus ließ sich auch nach 1830 kein Anzeichen für einen Wandel in der gemeinsamen Zielsetzung aller Mächte feststellen, der Gefahr der revolutionären Erschütterung Europas, der Revolution als Krieg vorzubeugen.

Zur Analyse des widerspruchsvollen Zusammenhangs zwischen Verwandlung und Dauer im Verhältnis der Mächte vom Wiener Kongreß bis zur 48er-Revolution ist deshalb eine terminologische Unterscheidung vorgeschlagen worden, die sowohl der Formveränderung in der Kooperation der Großmächte nach 1820/22 Rechnung trägt als auch der politisch-rechtlichen Kontinuität innerhalb des Staatensystems und den damit verknüpften Zielsetzungen [38: A. Doering-Manteuffel, Vom Wiener Kongreß zur Pariser Konferenz, 41–56]. „Wiener System"– „Wiener Ordnung" Die kurzlebige Phase der turnusmäßigen Konferenzen zu dem Zweck, der Revolution durch koordiniertes gemeinsames Handeln vorzubeugen, läßt sich angesichts der systematischen Umsetzung der Vertragsbestimmungen des Vierbunds (Quadrupelallianz) vom 15. November 1815 als „Wiener System" bezeichnen, das Instrument der Großmächtepolitik in diesem Rahmen waren die als „Kongresse" bezeichneten Konferenzen. Nach 1822 gab es keine turnusmäßigen Konferenzen mehr, und in der Politik der Pentarchie gingen gegenläufige Auffassungen über den besten Weg der Revolutionsverhinderung – mittels Reform oder Repression – eine Verbindung ein, die zwar Reibungen erzeugte, aber die Kooperationsfähigkeit und -willigkeit der Mächte sowie ihre Orientierung am europäischen Vertragsrecht grundsätzlich respektierte. Diese „Wiener Ordnung" des europäischen Staatensystems blieb bis 1848 maßgeblich und zerfiel danach in einem raschen Erosionsprozeß bis zum Ende des Krimkriegs. Ihrer im Vergleich zum „Wiener System" beträchtlichen Flexibilität entsprach als neue, weniger starre Handlungsform der Mächte das „Europäische Konzert", das nur dann in Aktion trat, wenn aktuelle Krisen gemeinsame Abstimmung erforderlich machten.

Die Kontinuität des Bemühens um Stabilität im Staatensystem vom Beginn der 1820er Jahre bis 1848 ist neuerdings von Günther Heydemann anhand eines Vergleichs der britischen Deutschland- und Italienpolitik untersucht worden [127: Repression oder Reform?]. Heydemann arbeitet den Kontrast zwischen der am Postulat konstitutioneller Reform orientierten britischen Außenpolitik und dem repressiven Vorgehen der Habsburger Monarchie scharf heraus und kommt zu dem Schluß, daß die „beabsichtigte Funktionsfähigkeit des 1815 neu geschaffenen europäischen Staatensystems" von Anfang an durch die bestehenden „verfassungshistorischen Aggregatzustände zwischen konstitutionellen und nicht-konstitutionellen Monarchien in starke Beeinträchtigung" gezogen worden sei [ebd., 452f.]. Von der britischen Seite sei infolge der beharrlichen Forderung nach konstitutioneller Reform die Bedeutung des aufkommenden Nationalismus unterschätzt und dadurch, „in der besten Absicht, Frieden und Stabilität in Europa zu wahren", die österreichische Position allmählich ausgehöhlt worden [ebd., 442, 459f.].

Funktionsfähigkeit des Staatensystems und Modernisierungsgefälle

Die belgische Frage

Die Funktionsfähigkeit der „Wiener Ordnung" wurde nach der Julirevolution gerade durch die Behandlung der belgischen Frage manifest. CHARLES WEBSTER hat in seiner 1951 publizierten Studie über die Politik des seit 1830 amtierenden britischen Außenministers Palmerston [142] die mit dem Umsturz in Frankreich und dem Abfall der belgischen Provinzen vom Königreich der Niederlande akut gewordene Vermittlung zwischen den liberal-konstitutionellen und den legitimistischen Prinzipien herausgestrichen. Der britischen Seite ging es darum, eine Intervention der östlichen Monarchien, wie sie Metternich erwog, zu verhindern, weil das die Gefahr eines europäischen Krieges in sich schloß. Auf einer Konferenz des Europäischen Konzerts in London konnte unter den Großmächten sowie zwischen ihnen, den Niederlanden und Belgien Einvernehmen erzielt werden über die Unabhängigkeit und fortwährende Neutralität des konstitutionellen Königreichs Belgien (15. November 1831) [ebd., 104–147]. Die Folge war eine „Krise des Interventionsprinzips der Heiligen Allianz", die von HARALD MÜLLER, einem Historiker aus der früheren DDR, untersucht worden ist [131: Krise; 132: Weg]. Durch Verhandlungen der drei östlichen Monarchen 1833 in Münchengrätz sollte „eine demonstrative Neuformulierung und Bekräftigung des Interventionsprinzips" erreicht und die „Handlungsfreiheit der monarchistisch-aristokratischen Reaktion im Kampf gegen bürgerliche und nationalrevolutionäre Kräfte" wiederhergestellt werden [132: H. MÜLLER, Weg, 53]. Indem Frankreich und England, dagegen gerichtet, die „Quadrupelallianz" von 1834 mit Spanien und Portugal schlossen [s. oben Kap. I. 2, 16], wurde ein prinzipieller Gegensatz im Staatensystem konkretisiert, den HEINZ GOLLWITZER als „ideologische Blockbildung" bezeichnet hat [122]. GOLLWITZER fragte, „wie sich die konservative und die liberale Bewegung innerhalb der Gesellschaft als Fronten quer durch Europa

„Ideologische Blockbildung"

formiert haben", und er suchte den Antagonismus beider Kräfte als ein Amalgam aus der „Richtung der Staatsführung" und der „Tendenz gesinnungs- und interessengebundener Kräfte" aufzuweisen, weshalb die Blockbildung Auswirkung staatlicher Interessen gewesen sei [ebd., 319, 331 f.]. Wie HEYDEMANNs Untersuchung bestätigt, findet sich hier ein frühes Anzeichen für den beginnenden Selbstbehauptungskampf der Habsburger Monarchie. Durch die Julirevolution und die nachfolgenden Beschlüsse des Europäischen Konzerts, die man in Wien nolens volens mittragen mußte, war Österreich in seiner Großmachtstellung geschwächt worden und faktisch in die Defensive geraten.

Schwächung der österreichischen Position nach 1830

Was sich schon seit Troppau und Verona abgezeichnet hatte, trat nach 1830 immer deutlicher hervor: Der politische Einfluß Österreichs erstreckte sich nur auf Mitteleuropa, bestenfalls auf die Staatenwelt im Einflußbereich der östlichen Monarchien. Aber selbst im Deutschen Bund blieb er nicht unwidersprochen. Die Julirevolution beflügelte die liberale und konstitutionelle Bewegung vor allem im Süden und Südwesten Deutschlands. Hier verbanden sich Parteinahme und Unterstützung für die polnischen Flüchtlinge, die 1831 nach der Niederwerfung Polens durch Rußland auf dem Weg nach Westen die Staaten des Deutschen Bundes durchquerten, mit den allgemeinen Forderungen des vormärzlichen Liberalismus. Auf dem Hambacher Fest vom 27. Mai 1832 wurden auch polnische Redner gefeiert. In den süddeutschen Staaten keimten damals „Pläne zu einem Bund des konstitutionellen Deutschland", was auf „eine ideologische Blockbildung innerhalb des Deutschen Bundes" hinausgelaufen wäre [118: P. BURG, Der Wiener Kongreß, 68]. Zur Sicherung der legitimistischen Einheitlichkeit im gesamten Bund war deshalb aus Metternichs Sicht die schroffe Unterdrückung dieser Tendenzen erforderlich, während die liberalen und konstitutionellen Großmächte England und Frankreich die Verfassungs- und Freiheitsforderungen der Bewegung nachdrücklich unterstützten. Die „Sechs Artikel", auf Initiative Metternichs am 28. Juni 1832 erlassene Verschärfungen der Bundesgesetze zur Einschränkung der Presse und vor allem ständischer Freiheiten, zur Knebelung des durch die Julirevolution stimulierten Konstitutionalismus, welche den diplomatischen Protest Englands und Frankreichs nach sich zogen, führten denn auch zu einer grundsätzlichen Auseinandersetzung zwischen Österreich und Preußen einerseits sowie England und Frankreich andererseits über das Garantierecht der Großmächte hinsichtlich der Bundesverfassung, zu einer ideologisch und

Verhinderung von Blockbildung innerhalb des Deutschen Bundes

Garantierecht der Großmächte?

machtpolitisch motivierten Interpretation des europäischen Vertragsrechts von 1814/15. Das war ein Prinzipienstreit über die Gewährung der liberalen Chance an einzelne deutsche Staaten nach deren eigener Entscheidung, den Metternich im Sinne des starren Legitimismus gegen sie entschied. Über die rechtlichen Aspekte hat NIKOLAUS DOMMERMUTH 1928 eine Dissertation verfaßt [294: Das angebliche europäische Garantierecht über den Deutschen Bund], auf die sich auch ERNST RUDOLF HUBER stützt [51: Verfassungsgeschichte, Bd. 2, 161 f.] und in der die These vertreten wird, daß im Vertragswerk von 1814/15 keine Garantie der Bundesakte enthalten sei. Mit dem Blick ausschließlich auf das Vertragsrecht ist dies zutreffend. Doch angesichts der jüngeren Forschungen über den Charakter des europäischen Systems (H. A. KISSINGER, P. W. SCHROEDER), über die „Struktur des europäischen Friedens" (W. D. GRUNER), über „Wiener System" und „Wiener Ordnung" (A. DOERING-MANTEUFFEL) sowie über die konstitutionell-legitimistische Antithese als schlechthin grundlegendes Element des Staatensystems (G. HEYDEMANN) muß das Fehlen einer Analyse der rechtlichen, sozialen und ideologischen Faktoren des Großmächtestreits über die Garantiefrage als störend empfunden werden.

Forschungslücke: Mächtesystem im Vormärz

Auch das letzte Jahrzehnt der Ära Metternich, die Zeit von 1835/36 bis 1847/48 ist hinsichtlich der deutschen Frage und des Staatensystems nicht genügend untersucht worden. Monographien zu Einzelaspekten müssen vorläufig die zusammenhängende Darstellung ersetzen, so vor allem die Arbeit von IRMLINE VEIT-BRAUSE über „die deutsch-französische Krise von 1840" [140] und der Aufsatz von ROBERT D. BILLINGER [They sing the best songs badly: Metternich, Frederick William IV, and the German Confederation during the War Scare of 1840–41, in 69: H. RUMPLER (Hrsg.), Bund, 94–113], die Analyse des englisch-französischen Verhältnisses während der 1840er Jahre von ROGER BULLEN [117: Collapse] oder Studien über den Schweizer Sonderbundskrieg, von denen neben der älteren Arbeit von NÄF [133] diejenigen von KARL ECKINGER [121] und ERWIN BUCHER [116] zu beachten sind. Ein Grund für den Mangel an Arbeiten über das Mächtesystem im Vormärz liegt darin, daß die europäische Dimension der nationalen Revolutionen von 1848 zu wenig Beachtung gefunden hat: Die einzelstaatliche Betrachtungsweise des Vormärz und der Revolution hängen aufs engste zusammen.

3.3 Die Revolutionszeit 1848–1851

Von den Historikern des Kaiserreichs war die 48er-Revolution kaum beachtet worden [vgl. 144: F. BAUMGART, Die verdrängte Revolution]. Die ernsthafte wissenschaftliche Auseinandersetzung begann erst im Verlauf der 20er Jahre vor dem Hintergrund und der Erfahrung mit dem Weimarer Verfassungskompromiß. Im Mittelpunkt des Interesses stand das Ringen der Frankfurter Nationalversammlung um die Reichsverfassung, um die Begründung des liberalen Rechtsstaats als Nationalstaat. Den außenpolitischen Zusammenhängen kam darin eine wichtige, wenn auch nicht beherrschende Bedeutung zu. Der Horizont war bestimmt von der zeitgenössischen Realität des Deutschen Reichs, die Fragen galten dem Anteil der europäischen Mächte am Scheitern der Revolution, weniger hingegen dem problematischen Verhältnis zwischen politischer Selbstbeschränkung und Maßlosigkeit in den Nationalstaatsvorstellungen der Paulskirche und der Reaktion der Mächte darauf. Der revolutionäre Anspruch der Nation auf den einheitlichen Staat wurde beurteilt aus der Perspektive des Europas der autonomen Machtstaaten, wie es seit 1871 bestand und auch nach 1918 fortexistierte, nicht jedoch aus der Perspektive des europäischen Mächtesystems von 1848, in dem viele der handelnden Minister und Monarchen Deutschland als Staat nicht kannten und es als Resultat der Revolution letztlich nicht hinnehmen wollten, sondern an ihrer Gewohnheit orientiert blieben, mit Preußen und Österreich als Großmächten in Deutschland zu rechnen.

[Randnotiz: 1848 als Thema der Weimarer Geschichtswissenschaft]

Während VEIT VALENTIN in seiner 1930/31 veröffentlichten maßgeblichen Darstellung über 1848 [160] das Ausland immer nur dann in den Blick nahm, wenn es – etwa hinsichtlich Polens, Schleswig-Holsteins, Österreichs – den Entscheidungsablauf in der Paulskirche beeinflußte, widmete sich ERICH MARCKS in einem Vortrag 1930 ausschließlich dem europäischen Zusammenhang [151: Mächte]. Er thematisierte darin Fragen und Einsichten, die für die Interpretation lange Zeit maßgeblich blieben. Seine These lautete, daß „die europäische Politik für die eigentliche deutsche Revolution 1848/49 verhältnismäßig bedeutungslos geblieben" sei, „weil eben Deutschland in sich blieb und nicht handelte"; was sich im Falle des Handelns ereignet hätte, sei unbestimmbar [ebd., 85]. MARCKS erkannte in Frankreich und Rußland die Gegner der Paulskirche, weniger in England, welches jedoch „im Grunde stets, vor allem im Norden, gegen die Deutschen" entschieden habe [ebd., 80].

[Randnotiz: Veit Valentin / Erich Marcks]

Er betonte, daß die Mächte gegen die Nationalbewegung und ihre Ansprüche gestanden hätten, „gegen das Parlament und die deutsche Idee" [ebd.], nicht aber gegen Preußen, das sie immerhin dazu brachten, den Malmöer Waffenstillstand zu unterzeichnen. Das Parlament habe sich auswärtigem Zwang unterwerfen müssen und dadurch in seiner moralischen Autorität eine schwere Verwundung erlitten. „Die Machtlosigkeit der großen Versammlung war enthüllt: dieser Eingriff der auswärtigen in die innere Politik war tief" [ebd., 82].

Stereotypen der Interpretation von 1848

MARCKS und VALENTIN konzentrierten ihr Augenmerk auf das Jahr der Paulskirchenversammlung, mithin auf die Haltung der auswärtigen Mächte zur Politik des revolutionären Parlaments. Daraus ergaben sich Interpretationsstereotypen, die später allzu leicht ungeprüft übernommen wurden: Frankreich und Rußland als Gegner der Nationalstaatsvorstellungen der Paulskirche, wobei Rußlands Motive legitimistischer und Frankreichs Motive nationalistischer Natur waren und beide Mächte von dem Kalkül geleitet wurden, zu ihrem eigenen Vorteil einen Machtstaat in der Mitte des Kontinents zu verhindern. Von England wurde das Bild entworfen, daß dieses Land, welches spätestens seit der Rheinkrise von 1840 bewundertes Vorbild der deutschen Liberalen und ersehnter Partner liberaler und nationaler Politik in Deutschland war, der natürliche Bündnispartner kurz vor 1848 gewesen sei, aber im Jahr der Revolution eine Politik des Zuwartens betrieben habe, die sich obendrein in der Schleswig-Holstein-Krise konkret gegen Deutschland und Preußen gerichtet habe. Diese Sicht war vorbereitet durch die Dissertation von HANS PRECHT aus dem Jahre 1925 [155: Englands Stellung, 12–20 und passim]. Es handelte sich dabei allerdings um eine den Realitäten unangemessene Überhöhung publizistischer Vagheiten und um eine Verallgemeinerung von Wunschvorstellungen preußischer und deutscher Liberaler, welche jedoch, als These und Leitfaden der Darstellung, England schließlich als Gegner der deutschen Nationalstaatspläne erscheinen lassen mußte. Die Erfahrung der deutsch-englischen Rivalität seit 1890 beeinflußte unübersehbar den Gedankengang.

Nationale Ressentiments durchzogen auch die Arbeit von ALEXANDER SCHARFF aus dem Jahr 1942 [156: Großmächte], der jedoch das Verdienst zukam, die Betrachtung der deutschen Revolution im europäischen Kontext aus der zeitlichen Blickverengung auf das Jahr der Paulskirche und der (wie das bei PRECHT der Fall war) sachlichen Eingrenzung auf die anschließende preußische Unionspolitik herauszulösen. SCHARFFs Frage galt der Spannung zwischen „deutscher Einheit" und „europäischer Ordnung". Das führte ihn notwendig zu einer Konzeption, in der die Revolution als Anstoß erschien für den Kampf zwischen Rußland, den Westmächten und der deutschen Bewegung „um die deutsche Einheit" [ebd., 77–114]. Daraus ging nach dem Sieg der Gegenrevolution das Ringen zwischen Preußen und Österreich „um die Gestaltung Deutschlands und Mitteleuropas" hervor [ebd., 115–203], welches 1851 beendet wurde durch die resignative Entscheidung der Dresdener Konferenzen für die „Rückkehr zum Deutschen Bund" [ebd., 290]. SCHARFF hatte den angemessenen Rahmen abgesteckt, indem er zeigte, wie die Suche der Paulskirche nach den Grenzen des erstrebten Reichs den konzentrischen Widerstand der europäischen Großmächte erzeugte und in die scharfe Machtrivalität zwischen Preußen und Österreich um die Vorherrschaft in Deutschland hineinführte, welche die „deutsche Frage" der Jahre 1849/50 bis 1866 konstituierte. Allerdings konnte SCHARFF diesen Rahmen nur teilweise ausfüllen, weil er sich zum einen allein auf preußisches und österreichisches Archivgut bezog, weil er zum andern beeinflußt war vom revisionistisch-großdeutschen Denken der 20er Jahre und von der aggressiven Außenpolitik sowie der Lebensraumideologie des Dritten Reichs, und weil er obendrein bemüht war, sich vom „Wahn" der „demokratischen Geschichtsforschung" (gemeint war VALENTIN) abzusetzen, „daß im Frühjahr 1848 auf der Grundlage der Völkerbrüderung mit Polen und den Westmächten die deutsche Einheit erkämpft werden konnte" [ebd., 77]. In der Nachkriegszeit hat SCHARFF jedoch nach vertiefenden Quellenstudien in den französischen und österreichischen Archiven seine Thesen überprüft und den ressentimentbehafteten Grundtenor des Buchs in drei Aufsätzen revidiert [Schleswig-Holsteins Erhebung im Spiegel französischer Akten; Friedrich Wilhelm IV., Deutschland und Europa im Frühjahr 1849; Das Erste Londoner Protokoll; alle in 157: DERS., Schleswig-Holstein, 121–143; 144–188; 189–217]. So wies er mit dem Blick auf die Schleswig-Holstein-Frage und die Überlagerung der Interessen aller Großmächte dort im Norden darauf hin, daß die Maßnahmen sämtlicher Kabinette zuerst der Sicherung des eigenen Staats galten und darauf konzentriert waren, einen revolutionären Krieg zu verhindern, der ganz Europa erfaßte. Das richtete sich unvermeidlich gegen die Paulskirche, die zwar keinen europäischen Staat, aber ein Programm repräsentierte, welches die Großmächte in einen Krieg zu verwickeln drohte.

Spannung zwischen deutscher Einheit und europäischer Ordnung

SCHARFFS Aufsätze, 1950 und 1954 veröffentlicht, standen in keinem direkten Bezug zum einhundertsten Jahrestag der Märzrevolution. Aus der Zentenarliteratur von 1948 ragte vielmehr das Buch von RUDOLF STADELMANN heraus [159: Soziale und politische Geschichte der Revolution von 1848], dessen Kapitel über „Deutschland und die auswärtigen Mächte" [100–115] einerseits die Forschungsergebnisse der älteren Literatur wiedergab, andererseits aber, indem es sich freihielt von den Wertungen der 20er und 30er Jahre, die Richtung der Neubesinnung nach 1945 anzeigte. STADELMANN liebte die kühne These, und seine Skizze enthielt Feststellungen, die keinen Halt besaßen [bes. 105 f., 110], aber er kehrte das in subtiler und wirkungsvoller Form von MARCKS präsentierte Argument um, wonach die letztlich *gegen* die Nationalstaatsidee der Paulskirche gerichtete Politik der Mächte nur deshalb keine Bedeutung gewann, weil „Deutschland in sich blieb". Das hatte die These impliziert, Europa würde wohl die Konstituierung eines Reichs verhindert haben, wenn Deutschland sich 1848 dazu ermannt hätte, weshalb Bismarcks späterer Weg zwingend erschien. STADELMANN hingegen resümierte: „Die außenpolitischen Voraussetzungen für einen maßvollen deutschen Verfassungsstaat waren also nicht ungünstig, und wenn dieser Nationalstaat nicht geboren wurde, so werden wir die Ursachen nicht in feindseligen europäischen Voraussetzungen, sondern im Innern der Revolution selber zu suchen haben" [ebd., 115]. Die Forschungsergebnisse seit den 50er Jahren bestätigten STADELMANNS Satz.

WERNER E. MOSSE arbeitete 1958 in seiner auf französischen, englischen und österreichischen Archivalien aufgebauten Studie deutlich heraus, daß sich die deutsche Nationalbewegung im Frühjahr 1848 keineswegs einer feindlichen Konstellation gegenüberbefand [63: Powers, 13–48]. Besonders die von der Revolution nur äußerlich betroffenen Flügelmächte England und Rußland seien keine prinzipiellen Gegner einer staatlichen Konsolidierung Deutschlands gewesen, wenn auch Rußland mehr auf die preußische Monarchie und England mehr auf die gemäßigten Liberalen in Frankfurt gesetzt hätten; einig seien sich beide in der entschlossenen Gegnerschaft gegen die radikalen demokratischen und republikanischen Kräfte gewesen [ebd., 18]. 1961 vertiefte GÜNTHER GILLESSEN [146: Lord Palmerston und die Einigung Deutschlands] das Urteil von MOSSE: Im Frühjahr 1848 gab es in England in der Tat kurzfristig die Bereitschaft, einen aus der Revolution geschaffenen deutschen Nationalstaat zu akzeptieren, wobei allerdings erwartet wurde, daß

3. Politische Historiographie i. d. Zwischenkriegszeit und seit 1945/49 89

ein solcher gemäßigt liberaler und mit monarchischer Spitze ausgestatteter Staat entschlossen, zügig und ohne Reibungen mit dem Ausland begründet werden könne. Mit der Schleswig-Holstein-Krise und vollends der Verwicklung der Paulskirche dahinein war diese Phase vorbei [ebd., 7–44; vgl. 63: W. E. MOSSE, Powers, 18–21]. Seit den Paulskirchen-Debatten über Schleswig-Holstein und Polen war die Nationalversammlung in Europa isoliert, und infolge der Radikalisierung der Revolution im Herbst 1848 einerseits und des Kompromisses der Mächte in Schleswig-Holstein andererseits fanden auch die gemäßigten Kräfte um Heinrich von Gagern keine Unterstützung mehr im englischen Kabinett [146: G. GILLESSEN, Lord Palmerston, 44–66], geschweige denn in der französischen oder russischen Politik [63: W. E. MOSSE, Powers, 25–35]. Die Bereitschaft der Vereinigten Staaten, die Frankfurter Zentralgewalt diplomatisch anzuerkennen [154: G. MOLTMANN, Blockpolitik, 100–113], hatte nur atmosphärische Bedeutung. Neuerdings ist überdies nachgewiesen worden, daß nach der ganz kurzen Phase im März/April 1848, als in London die allerdings niemals offen erklärte vorsichtige Bereitschaft vorhanden war, einen preußisch-deutschen Einheitsstaat zu billigen und diplomatisch anzuerkennen, während des gesamten Jahrs der Paulskirche kein Signal aus London mehr kam, und daß die erste offizielle Billigung eines kleindeutschen Bundesstaats dem Radowitz-Plan, also der Politik des Staats Preußen galt, nicht aber dem älteren Vorschlag des „engeren Bundes", den die Nationalversammlung propagiert hatte [38: A. DOERING-MANTEUFFEL, Kongreß, 72–87, 109ff.]. So hatte VEIT VALENTIN dies 1937 sehen wollen, weil er sich nicht eingestand, daß die Paulskirche schon seit dem Sommer 1848 in Europa isoliert gewesen war [266: V. VALENTIN, Bismarcks Reichsgründung, 47ff.]. Doch die englische Regierung beobachtete die uneinheitlichen nationalen und staatlichen Vorstellungen innerhalb der Paulskirche besorgt und mit Argwohn hinsichtlich ihrer Rückwirkungen auf Europa. Die deutsche Revolution spielte sich nicht in den Grenzen eines geschlossenen Staats ab, und daher wußte sie auch keine Grenzen zu finden. Das ließ sie ungleich gefährlicher erscheinen als die 48er-Revolution in Frankreich. Die Lage in Deutschland konnte zur Destabilisierung ganz Europas führen. In dieser Auffassung waren sich London und St. Petersburg einig, und deshalb zeigten sie sich entschlossen, statt der prätendierten Macht einer Regierung, die nur ein revolutionäres Parlament, aber keinen Staat hinter sich hatte, die staatliche Gewalt der traditionellen Großmächte in Deutschland zu stärken.

England und die Anerkennung eines kleindeutschen Staates 1848

II. Grundprobleme und Tendenzen der Forschung

Nationale Ziele der Paulskirche

Wie sehr der Argwohn des Auslands gegenüber der Paulskirche berechtigt war und wie erschreckend der scharfe nationalistische Ton mancher Debatten auf auswärtige Beobachter wirken mußte, hat GÜNTER WOLLSTEIN in einer eingehenden Darstellung und Interpretation der „nationalen Ziele in der bürgerlichen Revolution" gezeigt [162: Das ‚Großdeutschland' der Paulskirche; vgl. DERS., Mitteleuropa und Großdeutschland – Visionen der Revolution, in 150: D. LANGEWIESCHE (Hrsg.), Deutsche Revolution, 237–257]. Setzt man dies in Beziehung zu den Forschungsergebnissen von HANS HENNING HAHN, der herausgearbeitet hat, daß im Verlauf des Jahres 1848 zwischen den Großmächten zunehmender Dissens über die Rechtsverbindlichkeit der bisherigen völkerrechtlichen Grundlagen des Staatensystems entstanden war [147: Internationale Beziehungen und europäische Revolution], dann wird die Bedrohung anschaulich, die die europäischen Nachbarn empfinden mußten angesichts der unklaren Lage in Mitteleuropa, welche sie je länger je mehr als Resultat der diffusen Ziele der deutschen Nationalversammlung betrachteten.

Als die Paulskirche an Friedrich Wilhelms IV. Weigerung scheiterte, die Kaiserkrone aus den Händen der revolutionären Volksvertretung zu empfangen, war damit die Revolution in Mitteleuropa jedoch nicht beendet, denn die Frage der staatlichen Gestaltung blieb unbeantwortet. Nach ALEXANDER SCHARFF hatte bereits GÜNTHER GILLESSEN [146: Lord Palmerston] die Folge der Revolution, den preußisch-österreichischen Machtkampf in Deutschland, weiterverfolgt bis zum Ende der Dresdener Konferenzen. In den 70er und 80er Jahren wurde dieser Themenkomplex erneut aufgegriffen. Bis dahin war in der gewohnten Konzentration auf die preußisch-kleindeutsche Entwicklung nur die Berliner Unionspolitik bis zu ihrem Scheitern in Olmütz erforscht worden [beginnend mit 153: F. MEINECKE, Radowitz; aus bayerischem Gesichtswinkel 191: M. DOEBERL, Bayern und das preußische Unionsprojekt], während der innere Zusammenhang mit dem österreichischen Neuordnungskonzept des 70-Millionen-Reichs wenig beachtet wurde. 1972 lenkte dann HELMUT RUMPLER in einer richtungweisenden Studie den Blick auf die „mittelstaatliche Reformpolitik im Zeitalter der Paulskirche" [204: Die deutsche Politik des Freiherrn von Beust] und führte darin den Nachweis, daß die preußische Union mit den Mittelstaaten wesentlich auch daran scheiterte, daß Preußen schon damals und nicht erst unter Bismarck weniger Kooperation suchte, sondern Unterordnung einforderte. Mit Preußen war föderalistische Politik

Politik der Mittelstaaten

3. Politische Historiographie i. d. Zwischenkriegszeit und seit 1945/49

im Sinne der Staaten des „Dritten Deutschland" nicht zu betreiben [ebd., bes. 198–276]. RUMPLER integrierte hier die mittelstaatliche Perspektive in die Analyse der preußisch-österreichischen Rivalität, die ein Jahrzehnt zuvor bereits durch eine These von JOACHIM HOFFMANN hinsichtlich der Olmützer Punktation vertieft und in eine neue Richtung gelenkt worden war. Wie die preußische Öffentlichkeit im November/Dezember 1850 sah auch die preußisch orientierte Geschichtsschreibung diesen Vertrag als „Schmach" Preußens an [knapp und prägnant auch im Blick auf die Folgen noch bei 37: L. DEHIO, Gleichgewicht, 179], als schwächliches Nachgeben einer den Krieg scheuenden Regierung gegenüber offenem österreichischen und heimlichem russischen Druck. HOFFMANN konnte nachweisen, daß es in Olmütz zum friedenserhaltenden Kompromiß kam, weil der österreichische Ministerpräsident Schwarzenberg von seinen Forderungen abging und der preußischen Position entgegenkam, nachdem er im neuen preußischen Ministerpräsidenten Otto von Manteuffel einen konservativen Gegner der national orientierten Linie von Radowitz erkannt hatte [148: J. HOFFMANN, Rußland und die Olmützer Punktation, 68]. Im konservativen, anti-nationalen Gleichklang mit Preußen hoffte Schwarzenberg, die Führung in Mitteleuropa neu für die Habsburger Monarchie gewinnen zu können. Das verband sich mit dem Ziel, statt der bloßen Wiederherstellung des Deutschen Bundes nunmehr den Gesamteintritt der Habsburger Monarchie in einen erweiterten Bund vorzubereiten. Dieser „Kampf um das 70-Millionen-Reich" ist vornehmlich von deutscher Warte aus dargestellt worden, zuletzt in der Studie von HANS JULIUS SCHOEPS über die „Geschichte der Reformen am Deutschen Bund" [158: Von Olmütz nach Dresden], während die europäische Dimension und die einschneidenden Wirkungen des österreichischen Plans erst jüngst in Erinnerung gerufen worden sind [A. DOERING-MANTEUFFEL, Der Ordnungszwang des Staatensystems: Zu den Mitteleuropakonzepten in der österreichisch-preußischen Rivalität 1848–1851, in 30: A. M. BIRKE/G. HEYDEMANN (Hrsg.), Die Herausforderung des Staatensystems, 119–140]. Am Widerstand der Mächte scheiterte der Plan des 70-Millionen-Reichs mindestens ebenso wie an der Obstruktion der deutschen Mittelstaaten und Preußens auf den Dresdener Konferenzen. Als einzig gangbarer Weg erwies sich die Restituierung des Deutschen Bundes, Restituierung einer vornationalen Ordnung zu einer Zeit, als Europa gerade in die Epoche der nationalen Machtstaaten einzutreten begann.

Olmütz als Kompromiß

Mitteleuropa-Konzepte

3.4 Europäisches Mächtesystem, deutsche Frage und „Realpolitik"

1952 veröffentlichte SIEGFRIED A. KAEHLER eine „Säkularbetrachtung" über die „Realpolitik zur Zeit des Krimkrieges", in der er zutreffend feststellte: „Das vorwiegende Interesse an der mißlungenen Revolution des Sturmjahres 1848 wie an der umstürzenden Machtverlagerung, welche Bismarcks Reichsgründung bewirkte, hat die europäische Krise des Krimkrieges dem Gesichtskreis der deutschen Geschichtswissenschaft durch Jahrzehnte fast entschwinden lassen" [178: 130]. In der Tat hatte die Konzentration der Historiker auf das Faktum der Reichsgründung und auf die Person des Reichsgründers bewirkt, daß die Offenheit der deutschen Entwicklung in den 1850er Jahren ignoriert wurde. Man etikettierte das Jahrzehnt insgesamt als „Reaktionszeit". Der einschneidende Wandel im Verhältnis der europäischen Mächte, der ab 1852/53 eintrat und Bismarcks spätere Politik überhaupt erst möglich machte, konnte so kaum wahrgenommen werden. Zwar entstanden in der Zwischenkriegszeit verdienstvolle Einzelstudien sowohl über die preußische Politik als auch über den deutschen Dualismus im Krimkrieg [169: K. BORRIES, Preußen; 171: F. ECKHART, Die deutsche Frage und der Krimkrieg], aber sie enthielten sich der weitergespannten Analyse und Reflexion über den europäischen Zusammenhang. KAEHLER versuchte, diese Lücke im preußisch-deutschen Geschichtsbild auszufüllen. Indem er Verlautbarungen aus der zeitgenössischen liberalen Publizistik der 1850er und 1860er Jahre mit dem politischen Geschehen zwischen 1853 und 1869 in Beziehung setzte, konnte er nicht nur die entscheidende Bedeutung des Krimkriegs für das Mächtesystem herausarbeiten, sondern auch zeigen, daß die Erfahrung von 1848 jetzt in Gestalt kalt kalkulierender Staatsräson des Einzelstaats im Mächtesystem wirksam wurde und den Wandel der Staatenbeziehungen während des Krieges maßgeblich bestimmte. Freilich basierte seine Darstellung auf einer negativen Bewertung der österreichischen Politik unter dem Außenminister Graf Buol-Schauenstein (1852–1859). KAEHLER stützte sich vor allem auf HEINRICH FRIEDJUNG, den Bewunderer Bismarcks unter Österreichs Historikern vor dem Ersten Weltkrieg, der Buols Politik als schwankend und falsch angelegt kritisiert hatte [172: Krimkrieg]. Er folgte FRIEDJUNG in dem Urteil, daß Buol mit der Annäherung an die Westmächte und dem Bündnis vom 2. Dezember 1854 nicht nur „den überkommenen habsburgischen Führungsanspruch" verspielt, sondern auch keinerlei andere Vorteile erzielt habe [178: Realpolitik, 147]. Buols Diplomatie im Krimkrieg wurde am Maßstab der Machtpolitik des autonomen Nationalstaats gemessen und damit verkannt. KAEHLER gab in seinem Aufsatz ein Beispiel dafür, wie schwierig es für einen Historiker der an Bismarck geschulten geschichtswissenschaftlichen Tradition sein konnte, den irritierenden und widerspruchsvollen Handlungsrahmen der Großmächtepolitik im Jahrzehnt des Krimkriegs zu erfassen, solange sein Denken maßgeblich der Kategorie realpolitischen Handelns im Rahmen autonomer Machtstaaten verhaftet blieb. So vermochte er zwar die „richtige" Politik des piemontesischen Ministers Cavour präzise wahrzunehmen, der diesen Prinzipien bereits konsequent folgen konnte, weil sein Land bisher keine eigenständige Großmacht und deshalb nicht ins europäische Solidaritätsgefüge der „Wiener Ordnung" einbezogen gewesen war. Aber das leitende Motiv der Außenpolitik Buols, den europäischen Gesamtzusammenhang durch die Westorientierung Österreichs neu zu organisieren, um ihn damit als Existenzgrundlage der Habsburger Monarchie auch für die Zukunft zu bewahren, wurde überhaupt nicht erkannt. Es blieb dem Verständnis verschlossen, daß eine Politik, die dem europäischen Systemdenken verpflichtet und der Idee des autonomen Nationalstaats entgegengesetzt war, ihrerseits sehr wohl Ausfluß rational kalkulierender Staatsräson sein konnte.

Wiener Ordnung, Europäisches Systemdenken und rational kalkulierende Staatsräson

Die Wandlungen des europäischen Mächtesystems am Beginn des realpolitischen Zeitalters sind deshalb nicht zufällig durch neue Analysen besonders der österreichischen Politik im Krimkrieg deutlicher herausgearbeitet worden. BERNHARD UNCKEL [184: Österreich], WINFRIED BAUMGART [166: Friede] und PAUL W. SCHROEDER [182: Austria] haben seit dem Ende der 60er Jahre nachweisen können, daß die österreichische Politik im Krimkrieg darauf gerichtet war, den europäischen Frieden zu erhalten, weil Wien von der Ausweitung des Krieges in erster Linie „Revolution", also Freisetzung der nationalen Kräfte im Einflußbereich der Habsburger Monarchie, zu fürchten hatte. Das Westbündnis vom 2. Dezember 1854 wurde nicht deshalb geschlossen (wie noch KAEHLER meinte), weil Österreich den Krieg gegen Rußland gewollt habe, sondern weil Buol dadurch die ausufernden Kriegsziele der westlichen Mächte zu mäßigen hoffte. SCHROEDER zeigte durch seine minutiöse Analyse des britisch-österreichischen Verhältnisses, in wie starkem Maß Österreich auf den Konferenzen des Europäischen Konzerts in Wien 1854/55 an einer Deeskalation der Krise und an der Bewahrung der Funktionsfähigkeit des Konzerts interessiert war. BAUMGART arbeitete in seiner umsichtigen Darstellung der Pariser Frie-

Österreichische Realpolitik

Österreichs Interessen an der Bewahrung des Europäischen Konzerts

denskonferenz und ihres Umfelds deutlich die Auflockerung der Mächtebeziehungen zu Lasten des österreichischen Staatsinteresses heraus: Die Habsburger Monarchie blieb zuletzt als einziger Staat auf jener Bühne zurück, wo das europäische Systemdenken der vorrevolutionären Zeit in praktische Politik umgesetzt worden war.

Englands Negation des europäischen Systemdenkens

Die Negation alles dessen ging von England aus, dem modernsten Staat in Europa, der in den Jahren des Krimkriegs auch die führende Rolle übernahm bei der Einübung der Großmächte in die Methoden der autonom konzipierten Machtpolitik, sekundiert vom bonapartistischen Frankreich. Dieser Prozeß ist neuerdings mit dem Blick auf die preußisch-österreichische Rivalität und die deutsche Frage näher untersucht worden [38: A. DOERING-MANTEUFFEL, Kongreß], denn Englands Rückzug aus den Bindungen an die europäische Gesamtordnung im Verlauf der 1850er Jahre mußte dort besonders deutlich empfunden werden, wo diese Bindungen noch immer die Grundlage der staatlichen Organisation bildeten: in den Staaten des Deutschen Bundes unter Einschluß der deutschen Großmächte. Als Folge des preußisch-österreichischen Machtkampfs waren die Vorstellungen über den besten Weg deutscher Politik in Berlin und bei den Mittelstaaten unterschiedlich, jedoch hinsichtlich des letzten Ziels identisch: Kein deutscher Staat wollte in den Krieg hineingezogen werden. Da Buols Politik der allmählichen Annäherung an die westlichen Verbündeten im Deutschen Bund das Mißtrauen schürte, Wien werde in den Krieg gegen Rußland eintreten, scharten sich die Mittelstaaten um Preußen, und die gemeinsame Abwehr gegen Buols Versuch einer „Germanisierung" der orientalischen Frage [171: F. ECKHART, Deutsche Frage, 156–173] ging Hand in Hand mit dem Bestreben der Mittelstaaten, eine Reform des Deutschen Bundes zu initiieren [193: W. P. FUCHS, Die deutschen Mittelstaaten und die Bundesreform, 54–85].

Vermeidung von Krieg als Ziel der deutschen Staaten

Orientierung der Mittelstaaten auf Preußen

Forschungsdefizit: Bestrebungen zur Bundesreform

Hier stoßen wir auf eines der gravierendsten Forschungsdefizite im Zeitraum zwischen 1848 und 1866: Die vielfältigen und äußerst heterogenen Motive für diese Bestrebungen zur Bundesreform liegen noch weitgehend im dunkeln. Allerdings ist mit der Arbeit von ANDREAS KAERNBACH über „Bismarcks Konzepte zur Reform des Deutschen Bundes" [179] ein Anfang gemacht worden; darüber hinaus sind die deutschlandpolitische und europäische Dimension und Tragfähigkeit der Reformvorstellungen unerforscht. Das gilt trotz der noch heute informativen Arbeit von FUCHS, trotz eines knappen Überblicks von ENNO E. KRAEHE [180: Austria and the Problem of Reform in the German Confederation] sowie einzelner landesgeschichtlicher Arbeiten [etwa 199: S. MEIBOOM, Studien zur deutschen Politik Bayerns 1851–1859] und ungeachtet der wichtigen wirtschafts- und handelspolitischen Aspekte [vgl. dazu unten Abschn. 4]. Gewiß ist es nicht leicht, sich vorzustellen, wie diese dem Machtstaatsprinzip direkt entgegengesetzte verfassungspolitische Konstruktion so weit hätte modernisiert werden können, daß sie sowohl die Ausgestaltung des nationalen Wirtschaftsraums und der einzelstaatlichen Verfassungen ermöglicht als auch im Zeitalter der „Realpolitik" (die nur als Begriff eine deutsche Erfindung, ansonsten ein allgemein europäisches Phänomen war) ein für die Nation akzeptables „starkes" Staatswesen dargestellt hätte. Andererseits ist die Tatsache bewußt zu halten, daß sich die Zeitgenossen der 1850er und noch der 1860er Jahre eine Lösung der deutschen Frage durch die Begründung eines Einheitsstaats nicht vorstellen konnten, nachdem der Anlauf von 1848 gescheitert war. Der Gedanke an ein Modell, wie es Bismarck dann verwirklichte, lag vollends jenseits des Horizonts. Die Phase der Bestrebungen zur Bundesreform muß aus dem Blickwinkel der Mittelstaaten, der beiden deutschen Großmächte und auch des Auslands untersucht werden, um überhaupt Ansätze zu einer Antwort auf die Frage zu finden, welche Ideen die Menschen damals von „Deutschland" hatten und wie weit im beginnenden Zeitalter der Realpolitik der Gedanke an den Machtstaat Deutschland selbstverständlich war [vgl. die Ansätze bei: M. DERNDARSKY, Österreich und der Deutsche Bund, in 58: H. LUTZ/H. RUMPLER (Hrsg.), Österreich, 111–116; DERS., Habsburg zwischen Preußen und Deutschland, in 69: H. RUMPLER (Hrsg.), Deutscher Bund, 309–313; P. W. SCHROEDER, Europe and the German Confederation in the 1860's, in: EBD., 281–291]. Das Ergebnis wäre dann in bezug zu setzen zu der uns vertrauten Sicht der Entwicklung zwischen 1855/56 und 1866, wie sie THEODOR SCHIEDER skizziert hat: „Man kann nicht genug betonen, welch entscheidende Bedeutung [dem Krimkrieg] als vorbereitendem Ereignis für das Jahr 1866 ... zukommt. Im Krimkrieg ist die alte trialistische Ordnung der Heiligen Allianz zerbrochen. Die ‚diplomatische Revolution', die die österreichische Politik einleitete ..., zerstörte die innere Gemeinsamkeit Rußlands und Österreichs und löste das Zusammenwirken der Ostmächte überhaupt auf" [261: Das Jahr 1866, 274f.]. Das ist machtpolitisch und von der Großen Politik her gedacht, und es ist keineswegs unvereinbar mit Argumenten, die indes beim Blick auf die Außenpolitik oft übergangen werden und insofern keinen Platz in der historischen Wirklichkeit zu haben scheinen. FRANZ SCHNA-

Entwicklungsmöglichkeiten des Deutschen Bundes?

BEL hat sie so formuliert: „Bundesgenossen und Kräfte, an die angeknüpft werden konnte, fehlten einem Staatsmann, der den geschlossenen Nationalstaat ablehnte, gewiß nicht ... Vor allem aber konnte der Deutsche Bund weiter entwickelt werden; nach den Erfahrungen von 1848 und 1849 war man in den Regierungen hierzu bereit, auch in der preußischen vor Bismarcks Eingreifen. Und die Frage, ob das Lebensrecht der Nation auf diesem Wege nicht auch befriedigt werden konnte, war durchaus noch offen" [Das Problem Bismarck, in 229: L. GALL (Hrsg.), Bismarck-Problem, 111 f.]. Wenn die 1850er Jahre als wichtiges Forschungsfeld erkannt und nicht mehr – wie von der preußisch-deutschen Historie – gewissermaßen als Un-Zeit zwischen dem erfolglosen Versuch von 1848, das einige Reich zu schaffen, und dem erfolgreichen Bismarcks übergangen werden, dann steht zu vermuten, daß auf die Fragen, die in solchen Thesen anklingen, weiterführende Antworten gefunden werden, mit deren Hilfe dann auch klärendes Licht auf die verschiedenen Positionen zu „1866" fällt.

3.5 Teilung der Nation? Das Ende des deutschen Dualismus 1866

Das Urteil der Geschichtswissenschaft über „1866" ist unterschiedlich, aber nicht eigentlich kontrovers. Allen Historikern ist die eminente Bedeutung dieses Datums innerhalb der gesamten deutschen, auch der europäischen Geschichte bewußt. Nach der Erfahrung der beiden Weltkriege dominiert nachdenkliches Abwägen. Mit 1866 mag es zusammenhängen, daß in Deutschland ein dauerhaft in sich ruhendes Nationalbewußtsein nicht entstehen konnte, wie es etwa in Italien durchaus zu finden ist, sondern daß Schwankungen zwischen Phasen extremer Übersteigerung, giftiger Kleinmütigkeit und regelrechter Nationsvergessenheit eher kennzeichnend waren. In jeder Darstellung und jedem Urteil über den Krieg und das Ende des Deutschen Bundes schwingt dies mit.

1866 und die Kategorie des Tragischen

Immer wieder ist die Entwicklung im „Schicksalsjahr 1866" [267: A. WANDRUSZKA] als tragisch bezeichnet worden, sei es von ERICH MARCKS [61: Aufstieg, Bd. 1, XVI], THEODOR SCHIEDER [261: Das Jahr 1866, 261] oder THOMAS NIPPERDEY [64: Deutsche Geschichte, 791]. Allerdings hat NIPPERDEY es nicht bei der bloßen Feststellung bewenden lassen, sondern sich näher mit der Kategorie des Tragischen auseinandergesetzt: „Österreich schied aus Deutschland aus ... Das war das Ende einer fast tausendjährigen Geschichte. Das war die erste moderne Teilung der Nation. Freilich

Thomas Nipperdey: „Teilung der Nation"

3. Politische Historiographie i. d. Zwischenkriegszeit und seit 1945/49

und paradox genug, es war zugleich die Etablierung einer deutschen Nation – durch die Absage an das übernationale Österreich und das Konzept, Deutschland als Teil eines übernationalen mitteleuropäischen Staatswesens politisch existieren zu lassen. Es ist ein Kernpunkt der Tragik der deutschen Geschichte, daß sich die Deutschen als politische Nation nur durch Teilung haben konstituieren können" [ebd.]. NIPPERDEY füllte den Begriff weiterhin durch einen präzisen Hinweis auf die geschichtliche Situation in der zweiten Hälfte des 19. Jahrhunderts, den er im Verlauf der Schilderung des Frankfurter Fürstentages von 1863 gab – jenes letzten Versuchs zur Reform des Deutschen Bundes, der infolge preußischer Verweigerung gar nicht mehr wirklich unternommen werden konnte: „Man mag, das Schicksal der deutschen und mitteleuropäischen Nationalismen vor Augen, das Scheitern jener großdeutsch-föderalistischen Pläne bedauern. Die nationale und die demokratisch begründete Einheit, die die liberal-nationale Bewegung wollte, konnte sie nicht bringen. Eine Alternative waren sie nur, wenn man auf den Nationalstaat verzichtete oder historisch gesagt: wenn man den Nationalstaat für eine historisch überspringbare Form der politischen Existenz hält" [ebd., 709].

Anders setzte HEINRICH LUTZ den Akzent in seiner Darstellung des preußisch-österreichischen Konflikts [59: Zwischen Habsburg und Preußen], da er weniger das tragische Dilemma, statt dessen mehr die planvolle Gestaltung der Wirklichkeit ins Auge faßte. Er verwies auf den Artikel IV des Prager Friedens vom 23. August 1866, welcher das Ende des Deutschen Bundes besiegelte. „Daß dieses Ende auch die endgültige politische Spaltung des deutschen Volkes bedeutete, kam in dem trockenen Vertragstext nicht zum Ausdruck", wo schlicht von der „neuen Gestaltung Deutschlands" ohne Beteiligung Österreichs gesprochen wurde. LUTZ kommentierte das mit dem Hinweis auf „die semantische Eindeutigkeit, die hier erstmals offiziell dem Begriff ‚Deutschland' zukommt. In den vorausgegangenen Jahrzehnten hatte es eine viel weitere Bedeutungsweise von ‚Deutschland' gegeben, die staatsrechtlich am Umfang des Deutschen Bundes orientiert gewesen war und damit selbstverständlich die zugehörigen Teile der Habsburgermonarchie einschloß. Im Zuge des neu hervortretenden preußisch-österreichischen Dualismus war dann besonders seit den vierziger Jahren und ganz deutlich in den kleindeutschen Entwürfen von 1848/49 ein engerer Begriff von Deutschland und deutscher Nation verwendet worden, der Österreich mehr oder weniger deutlich von Deutschland abschloß.

Heinrich Lutz

Neuartige semantische Eindeutigkeit des Begriffs „Deutschland"

Diese Entwicklung fand nun im Vertragstext von 1866 zum ersten Mal ihre offizielle Sanktion auch von österreichischer Seite. Deutschland als ein Begriff, der die deutsche Staatenwelt einschließlich der bundeszugehörigen Teile Österreichs meinte, war aufgegeben. Deutschland war semantisch und staatsrechtlich zu einer Sache außerhalb Österreichs geworden" [ebd., 470f.]. Eine solche Sicht ist jedoch mit WALTER BUSSMANN durch den Hinweis zu ergänzen, „daß der Deutsche Bund unter österreichischer Führung einem großen Teil der Menschen, die sich politisch und literarisch zu Worte meldeten, kein politisches Heimatgefühl vermittelt hatte" [Bismarck, Preußen und Deutschland, in 220: R. DIETRICH (Hrsg.), Europa und der Norddeutsche Bund, 35–56, 45 f.]. BUSSMANN warnte implizit davor, die Situation des Deutschen Bundes allzu statisch zu sehen, wenn er die Frage stellte, „ob Österreichs rechtlich begründeter Anspruch auf politische Führung durch die zeitgemäßen Bedingungen in Deutschland und durch die Lebensfähigkeit des Kaiserstaates noch gerechtfertigt war". Ferner wies er darauf hin, daß es falsch sei, die Auflösung des Staatensystems den Entscheidungen Bismarcks zuzuschreiben, da die Solidarität des Systems seit dem Krimkrieg längst zersetzt gewesen sei. „Bismarck hat diesen Prozeß nicht etwa eingeleitet, aber er hat ... aus der Beobachtung dieses Prozesses seine Konsequenzen gezogen" [ebd., 54 f.].

Diese Positionen dreier Historiker der Nachkriegszeit, die in den Nuancen zwar differieren, aber für die heute vorherrschenden politik- und geistesgeschichtlichen Auffassungen zusammengenommen durchaus repräsentativ sind, zeigen obendrein an, wie weit die Geschichtswissenschaft jene Ideologisierung von Machtpolitik überwunden hat, die die Vorstellungen bis 1945 beherrschte und in sich eine direkte Folge von 1866 war [223: K.-G. FABER, Realpolitik als Ideologie].

THEODOR SCHIEDER warf 1966 in einem Beitrag aus Anlaß des 100. Jahrestages von Königgrätz die Frage auf, „welche politischen Entscheidungsmöglichkeiten das Krisenjahr 1866 überhaupt enthielt, um welche Alternativen es in ihm ging" [261: Das Jahr 1866, 265]. SCHIEDER war es nicht um die Rivalität der beiden deutschen Großmächte zu tun, denn er beurteilte die Entscheidungen von 1866 als „Sieg des politisch-staatlich bestimmten Nationalprinzips, wie es das Jahrhundert geformt hat, über das volksnationale großdeutsche Prinzip ebenso wie über die universale Reichsidee, die im Deutschen Bund fortgelebt hatte" [ebd., 281]. Er hielt die kleindeutsche Lösung für konsequent und durchaus im Einklang befindlich mit

3. Politische Historiographie i. d. Zwischenkriegszeit und seit 1945/49

den politischen, wirtschaftlichen und gesellschaftlichen Strömungen der Zeit, aber „es gab auch im System des gewaltsam gelösten Dualismus noch eine Fülle von offenen Entscheidungsmöglichkeiten" [ebd., 266]. Das betraf die „norddeutschen Annexionen", den „Griff Preußens nach Thronen und Ländern seiner Nachbarn" – Hannover, Kurhessen, Nassau und Frankfurt –, wodurch einerseits das monarchisch-konservative Bewußtsein schwer erschüttert worden sei, was aber andererseits auch einer Tendenz der preußischen Geschichte entsprochen habe, „den eigenen Staatsbildungsprozeß mit dem gesamtdeutschen zu verbinden" [ebd., 267]. SCHIEDER unterstrich, „daß die preußischen Annexionen für den Weg zum deutschen Nationalstaat unnötig, ja in mancher Hinsicht ein Hemmnis" geworden seien und daß ein weniger gewaltsames Vorgehen der moralischen Absicherung von Preußens Führungsstellung im Reich nur hätte dienen können [ebd., 267f.]. Spätere Forschungen [204: H. RUMPLER, Beust] haben gezeigt, daß das rücksichtslose Vorgehen Preußens 1866 nicht ausschließlich mit Bismarck in Verbindung gebracht werden kann, sondern sich ansatzweise schon in der preußischen Unionspolitik von 1849/50 unter Radowitz zeigte und insofern eher als Ausdruck preußischer Aversion gegen föderalistisches Denken und föderative Politik zu werten ist. SCHIEDER wies denn auch darauf hin, „daß in den betroffenen Ländern die Erinnerung an diesen gewaltsamen Umsturz [niemals] ganz in Vergessenheit geriet" [ebd., 268]. Es lag in der Konsequenz der Entwicklung, daß nach dem Zusammenbruch des nationalsozialistischen Reichs und der Auflösung des Staates Preußen durch Beschluß des Alliierten Kontrollrats 1947 die von Preußen annektierten Staaten Hannover, Hessen, Schleswig und Holstein in veränderten Formen wiedererstanden sind [vgl. ebd., 280].

<small>Kritik an den preußischen Annexionen</small>

Daß das Eindringen des preußischen Unitarismus in die föderalistische Tradition Deutschlands auch nur nördlich des Mains Spätfolgen zeitigte, die sich für die innere Stabilität des Reichs als dauerhaft nachteilig erwiesen, zeigte 1970, SCHIEDERS These weiterführend, FRIEDRICH P. KAHLENBERG in einem Beitrag über „Das Epochenjahr 1866 in der deutschen Geschichte" [in 81: M. STÜRMER (Hrsg.), Das kaiserliche Deutschland, 51–74]. Die Annexionen seien keineswegs zuerst ein „Akt der nationalen Politik" Preußens gewesen, wie es die borussisch orientierte Historiographie zu sehen gewillt war, sondern sie entsprachen „in erster Linie preußischem Machtstaatsinteresse". Wenn sie von liberalen Publizisten der Zeit gerechtfertigt wurden, so immer in der ausdrücklich formulierten

<small>Das Eindringen des preußischen Unitarismus in die föderalistische Tradition Deutschlands</small>

Erwartung, „daß in deren Konsequenz Preußen sich selbst auflösen solle, um mit dem nationalen Staat identisch zu werden" [ebd., 62 f.]. KAHLENBERG skizzierte die Politik der preußischen Bürokratie 1866/67, die in den annektierten Gebieten auf rigorose Angleichung und Borussofizierung ausgerichtet gewesen sei, statt, wie es von Bismarck öffentlich erklärt worden war, die Eigentümlichkeiten zu wahren und alle Gleichmacherei zu vermeiden. „In vielen Einzelzügen wiederholten sich die Erfahrungen, die die Rheinlande bei der Übernahme durch Preußen im Jahre 1815 zu machen hatten" [ebd., 64]. So trat an die Stelle des Staatenbundes, in dem jeder einzelne Staat souverän gewesen, der von der „Vielfalt der Einzelstaaten" in der „Kontinuität deutscher Geschichte" geprägt gewesen war, bis 1871 ein Bundesstaat, in dem ein einzelnes Bundesglied, Preußen, eine hegemoniale Stellung einnahm. „Das Spannungsverhältnis zwischen dem kleindeutschen Nationalstaat und Großpreußen blieb für die Zukunft fortdauerndes Problem, es erfuhr 1866 keine Lösung, sondern lediglich eine Verlagerung. Alle Reichsreformpläne der Weimarer Zeit sollten später an der Ungefügigkeit des geschichtlichen Machtfaktors Preußen scheitern. In der Beschränkung der Bürokratie auf die preußische Tradition und Staatsidee und in der Fixierung auf den Monarchen lag zugleich eine Gefahr für die dauerhafte Lebensfähigkeit der Reichsidee. Der junge Nationalstaat litt an der unklaren Entscheidung über die künftige Stellung Preußens, das einmal eine nationale Aufgabe bewußt übernahm, zum andern aber unfähig bleiben sollte, sich von den Beschränkungen des eigenen Staatsbewußtseins, der eigenen Traditionsverhaftung dauernd zu lösen" [ebd., 68].

3.6 Europa und die Reichsgründung

Die Auseinandersetzung der Geschichtswissenschaft mit der Reichsgründung hat sich in den letzten Jahren von der recht engen Betrachtungsweise entfernt, die vornehmlich auf den französisch-preußischen Krieg von 1870 gerichtet war, und sich stärker der Konstellation der Mächte im europäischen Gesamtzusammenhang zugewandt. Dadurch gerieten die Vielfalt der oftmals gegenläufigen Interessen wie auch der größere zeitliche Zusammenhang des Reichsgründungsjahrzehnts seit 1860 stärker ins Blickfeld. In Anbetracht der überbordenden Fülle an Literatur zum Problemkreis „Reichsgründung" wird im vorliegenden Abschnitt – aufruhend auf der unverändert gültigen Studie von ANDREAS HILLGRUBER über

3. Politische Historiographie i. d. Zwischenkriegszeit und seit 1945/49

„Bismarcks Außenpolitik" [235] – ausschließlich auf neueste Veröffentlichungen Bezug genommen, und es werden in erster Linie solche Arbeiten aufgeführt, deren bibliographische Verweise eine nützliche und zielklare Hilfe zum tieferen Eindringen in das Thema bieten.

„Ich sehe kein Europa mehr", habe Graf Beust, der österreichische Reichskanzler und vormalige Ministerpräsident Sachsens, 1871 geäußert [zit. n. J.-B. DUROSELLE, Die europäischen Staaten und die Reichsgründung, in 260: TH. SCHIEDER/E. DEUERLEIN (Hrsg.), Reichsgründung, 420], und er hatte damit schon deshalb recht, weil 1870/71 die letzten jener seit 1848/49 immer wieder unternommenen Versuche erfolglos blieben, einen europäischen Kongreß einzuberufen und die Konflikte im Disput zwischen den Mächten beizulegen. Das war in jenem Jahr nicht nur die ja immer wieder geäußerte Lieblingsidee Napoleons III. [296: W. E. ECHARD, Napoleon III. and the Concert of Europe], sondern auch der Wunsch des Zaren gewesen, aber die Kongreßpläne scheiterten „vor allem an Bismarck" [D. BEYRAU, Rußland zur Zeit der Reichsgründung, in 241: E. KOLB (Hrsg.), Europa und die Reichsgründung, 63–107, 85]. Schon seit 1864 war Bismarck jedem Vorschlag eines Kongresses ausgewichen, und im Zuge der Reichsgründung konnte er bemerken: „Wer von Europa spricht, hat Unrecht" [zit. n. DUROSELLE, a.a.O.]. In der Tat: 1871 existierte „Europa" nur noch in der Form einer bloßen Addition seiner einzelnen Bauteile. Das neue Europa der nationalen Machtstaaten bildete die denkbar schroffste Form der Abkehr von jedem multilateralen System- oder Ordnungskonzept, und gerade in dieser Schroffheit war es ganz wesentlich auch das Resultat preußisch-deutscher Politik.

Die europäischen Interdependenzen in der Reichsgründungszeit und die europäische Reaktion auf die deutsche Entwicklung werden in zwei Sammelbänden greifbar, die EBERHARD KOLB 1980 und 1987 publiziert hat und die zusammengenommen den gegenwärtigen Forschungsstand repräsentieren [241: Europa und die Reichsgründung; 242: Europa vor dem Krieg von 1870]. Darin hat HELMUT RUMPLER die Bedeutung des Mächtezusammenhangs für Österreich noch einmal besonders hervorgehoben [Österreich-Ungarn und die deutsche Reichsgründung, in 241: Reichsgründung, 139–167]. Er betonte zunächst, daß die Idee des Deutschen Bundes durch die österreichische Deutschlandpolitik Metternichs, Schwarzenbergs und Rechbergs ruiniert worden und eine Wiederherstellung des Bundes als Ziel der Wiener Außenpolitik daher 1870/71,

„Ich sehe kein Europa mehr"

Scheitern der Kongreßpläne

Das neue Europa der nationalen Machtstaaten

Reaktion der Mächte auf die deutsche Entwicklung

Österreichs Ziele

„abgesehen von Bismarcks diplomatischen Geschicklichkeitsspielen", eine innenpolitische Unmöglichkeit gewesen sei. Um so mehr habe Österreich den europäischen Konsens und ein Gleichgewicht der Kräfte herstellen wollen, welches Machtentscheidungen einzelner Staaten ausschloß. Die österreichische Regierung zielte auf einen gewissen Verbund mit Deutschland, der zwar eine kleindeutsche Reichsgründung nicht prinzipiell ausschloß, aber doch mit einem „zentralistischen Einheitsstaat unter Preußens Führung" unvereinbar war, sofern dieser die politisch vollwertige Existenz der deutschen Teilstaaten liquidierte und Österreich-Ungarn radikal von Deutschland trennte [ebd., 145 ff.]. Der Frage nach den bündnispolitischen Optionen Wiens zwischen 1866 und 1870 widmete sich HEINRICH LUTZ in einem seine detaillierte Studie über „Österreich-Ungarn und die Gründung des Deutschen Reiches" [249] zusammenfassenden Beitrag [Außenpolitische Tendenzen der Habsburger Monarchie, in 242: Krieg, 1–16]. LUTZ wies darauf hin, daß die Doppelstellung der Habsburger Monarchie zwischen der deutschen und der europäischen Geschichte für die Analyse ihrer Politik eine ebensolche Schwierigkeit darstellte wie das Ineinanderwirken innerer und äußerer Konstellationen. So strebte Österreich zunächst die Sicherung seiner mitteleuropäischen Position mit Hilfe eines wirksamen Allianzsystems an, was sich darauf richtete, „in Süddeutschland und darüber hinaus" Einfluß zu gewinnen; erst als sich zeigte, daß Preußen hier zu keiner Zusammenarbeit bereit war, „suchte Wien den Weg nach Deutschland über Frankreich" [ebd., 5]. Doch das französische Bündnis kam nicht zustande. Die Nationalitäten- und Verfassungskämpfe innerhalb des dualistischen Systems lähmten die Regierung in Wien, und es erwies sich, daß ein Zusammengehen mit Frankreich gegen die innenpolitisch dominierenden Deutschliberalen nicht möglich war [ebd., 8–13].

Frankreich, Preußen und die Reichsgründung

Der französischen Seite wandte sich ELISABETH FEHRENBACH zu [Preußen-Deutschland als Faktor der französischen Außenpolitik in der Reichsgründungszeit, in 241: Reichsgründung, 109–137]. Sie wies darauf hin, daß der Krieg von 1870/71 „das Ergebnis einer Prestigepolitik" war und nicht geführt wurde, um die deutsche Reichsgründung zu verhindern, einfach deshalb, weil sich die Menschen in den späten 1860er Jahren nicht vorstellen konnten, daß die industrielle Expansion und Bevölkerungsexplosion des kleindeutschen Nationalstaats innerhalb von drei Jahrzehnten das bis 1870 so stolze und mächtige Frankreich ganz in den Schatten drängen würden [ebd., 110]. Insofern richtete sich der Krieg „gegen eine Militärmacht, die die ‚französische Präponderanz in der Welt'" nicht länger anzuerkennen bereit war – gegen Preußen als Führungsmacht des Norddeutschen Bundes. Es habe in Frankreich im Frühjahr 1870 keine klar erkennbaren Anzeichen dafür gegeben, daß die Vollendung der deutschen Einheit als Kriegsfrage angesehen wurde. Daraus ergibt sich die These, es sei fraglich, „ob die Franzosen zu den Waffen gegriffen hätten, wenn die deutsche Einigung das Ergebnis einer liberalen Politik gewesen wäre" [ebd., 126, 133, 137; kritisch hierzu 308: P. W. SCHROEDER, The Lost Intermediaries, 12 f.]. Dies ergänzend hat sich WILFRIED RADEWAHN, Autor einer Arbeit über „Die Pariser Presse und die deutsche Frage" [255], mit der französischen Außenpolitik vor 1870 auseinandergesetzt [Europäische Fragen und Konfliktzonen im Kalkül der französischen Außenpolitik, in 242: Krieg, 33–63]. Er zeigte, daß die Politik Napoleons III. aus französischem Eigeninteresse auf Europa orientiert war, womit *implicite* die nachgerade antithetische Konzeption der beiden „Realpolitiker" Bismarck und Napoleon III. sichtbar wird. Der Kaiser habe immer wieder versucht, Frankreichs öffentliche Meinung „für ein modernes, den Nationalstaatsgedanken begünstigendes europäisches Ordnungssystem zu gewinnen" und noch 1867 seine Europapolitik vor zahlreichen Kritikern mit der Erklärung gerechtfertigt, „die staatlichen Veränderungen in Italien und Deutschland ‚préparent la réalisation de ce vaste programme de l'Union des Etats de l'Europe dans une seule conféderation'" [ebd., 35]. RADEWAHN konnte zeigen, daß auch nach 1870 ein enger verflochtenes System der *nationalen* Staaten denkbar war, jedoch unter der für Bismarck wie schon Jahre zuvor für Palmerston schwerlich akzeptablen Voraussetzung, daß Frankreich innerhalb eines solchen europäischen Systems die Führungsrolle zufiel. Darin lag das Dilemma des europäischen Ordnungsdenkens im beginnenden Zeitalter der nationalen Machtstaaten [ebd., 40]. Ebenso wies RADEWAHN jedoch darauf hin, daß „hinter der ideologisch-propagandistischen Begründung der (französischen) Außenpolitik ... sich die berechnende Realität nationaler Großmachtpolitik (verbarg)" [ebd., 61 f.].

Alternative Vorstellungen über das europäische Staatensystem bei Napoleon III. und Bismarck

Die englische Politik in der Reichsgründungszeit ist gründlich von KLAUS HILDEBRAND erforscht worden, der bereits 1970 einen kritischen Überblick über die ältere Literatur zum deutsch-englischen Verhältnis vorlegte [Von der Reichseinigung zur ‚Krieg in Sicht'-Krise. Preußen-Deutschland als Faktor der britischen Außenpolitik 1866–1875, in 81: M. STÜRMER (Hrsg.), Das kaiserliche Deutschland, 205–234]. Dies war die erste in einer Reihe von Arbei-

Englands Zurückhaltung gegenüber Kontinentaleuropa

ten HILDEBRANDS, mit denen er bis dahin vorherrschende Interpretationsstereotype korrigiert und das heute gültige Bild von Englands deutscher Politik im Rahmen der globalen Interessen der Weltmacht seit den 1860er Jahren dargelegt hat. Es ging ihm darum, die Analyse des britisch-deutschen Verhältnisses zwischen 1860 und 1880 unbeeinflußt vom „vorbelastenden Wissen" um den verhängnisvollen Verlauf der Beziehungen in den späteren Jahrzehnten zu leisten, und er arbeitete zunächst – wie es HEINRICH LUTZ für Österreich getan hat – das Ineinanderwirken von innerer und äußerer, auf das Empire bezogener Politik als Kennzeichen für die englische Haltung zu den europäischen Fragen deutlich heraus: „Großbritanniens kontinentaleuropäische Zurückhaltung, die ihrerseits Preußens kriegerisches Vorgehen erst zu ermöglichen mithalf und die sich daraus ergebenden Konsequenzen als mit den Bedürfnissen britischer Weltpolitik vereinbar ansah, wird ... allein im Rahmen einer Interpretation verständlich, die die mannigfachen britischen Verpflichtungen in ihrer Interdependenz von Reform- und Empirepolitik zu begreifen versucht [Großbritannien und die deutsche Reichsgründung, in 241: Reichsgründung, 9–68, 11, 25]. Ebenso deutlich wies er auf das ideologische Element in der englischen Politik hin, die in den 1850er und 1860er Jahren das Frankreich Napoleons III. mit Etiketten wie Machtrausch und Immoralität belegt hatte und im Verlauf der 1870er ein gewisses Mißtrauen und eine Aversion gegenüber dem Reich spüren ließ. Darin habe sich nicht mehr niedergeschlagen als die übliche Reserviertheit, die England „jeder potentiellen kontinentalen Vormacht" entgegenbrachte, denn mit der Reichsgründung habe sich „nüchtern betrachtet" nur der kontinentale Machtschwerpunkt von Frankreich stärker nach Deutschland verschoben. Bismarcks Politik bis 1871 war für England „letztlich nicht gefährlich" gewesen, und nach der Reichsgründung blieb entscheidend für die englische Haltung zum jungen deutschen Nationalstaat, „daß Bismarck die ‚Saturiertheit' des Deutschen Reiches beteuerte, auf Seemacht verzichtete, Kolonialerwerb ablehnte und niemals ernsthaft mit dem in der englischen Öffentlichkeit spukenden Gerücht einer Invasion der britischen Insel umging" [ebd., 41, 43]. HILDEBRAND berücksichtigte besonders die Frage nach der Vereinbarkeit der deutschen Politik in den 1860er Jahren mit der europäischen und internationalen Politik und kam, die britische Perspektive einnehmend, zu dem Schluß: „Rebus sic stantibus" konnte eine Lösung der verwickelten Probleme in Mitteleuropa während der 1860er Jahre „nur im Bismarckschen Sinne" gefunden werden.

3. Politische Historiographie i. d. Zwischenkriegszeit und seit 1945/49

„Wenn überhaupt, dann vermochte sich ein geeintes Deutschland nur in territorial begrenzter Gestalt und in monarchisch-konstitutioneller Verfaßtheit in die globale ‚Pax Britannica' einzufügen, indem es damit den für seine Entstehung und Existenz so maßgeblichen Notwendigkeiten englischer Staatsräson entsprach, die sich im Begriff der ‚British Interests' zusammenzogen" [ebd., 60; vgl. 47: DERS., ‚British Interests' und ‚Pax Britannica']. HILDEBRANDs Thesen unterstreichend hat PETER ALTER hervorgehoben, daß „die britische Reaktion auf die Entwicklung in Mitteleuropa seit 1864 ... mehr oder weniger vorhersehbar" war [Weltmacht auf Distanz. Britische Außenpolitik 1860–1870, in 242: Krieg, 77–91, 87].

Die russische Politik, die von DIETRICH BEYRAU monographisch [213: Russische Orientpolitik] und in zwei Beiträgen [Der deutsche Komplex: Rußland zur Zeit der Reichsgründung, in 241: Reichsgründung, 63–107; Russische Interessenzonen und europäisches Gleichgewicht 1860–1870, in 242: Krieg, 65–76] sowie von EBERHARD KOLB [Rußland und die Gründung des Norddeutschen Bundes, in 220: R. DIETRICH (Hrsg.), Europa und der Norddeutsche Bund, 183–219] untersucht worden ist, wies neben unübersehbaren Unterschieden auch signifikante Ähnlichkeiten mit der englischen auf, die sich „aus der weltumspannenden Rivalität mit dem britischen Empire" ergaben: „So läßt das konkrete Verhalten der russischen Politiker im Jahrzehnt zwischen 1860 und 1870 keinen Zweifel daran, daß Deutschland und der deutschen Frage eher eine abgeleitete Bedeutung zukam" [D. BEYRAU, Interessenzonen, a.a.O., 73]. KOLB betonte, daß der Status quo des Deutschen Bundes den russischen Interessen am besten entsprochen habe und St. Petersburg deshalb 1866 die preußische Position nicht stärkte, sondern eher zu behindern bestrebt war [Gründung, a.a.O., 211]. Aus der starken Distanz zu Frankreich, die eine Folge von Napoleons Ansprüchen auf Einfluß in der Balkanregion war, erklärte sich dann die Bereitschaft, die Entwicklung in Deutschland hinzunehmen; sie wurde jedoch durch Rußland in keiner Weise gefördert [D. BEYRAU, Interessen, 70f., 75].

Die Hinnahme der deutschen Einigung durch Rußland

Nächst der spanischen Thronkandidatur der Hohenzollern [240: E. KOLB, Kriegsausbruch, 19–70; 212: J. BECKER, Problem] bildet die Frage der Annexion Elsaß-Lothringens einen der zentralen Problemkreise des Krieges von 1870/71. Darüber hatte es in der zweiten Hälfte der sechziger Jahre eine Kontroverse gegeben, nachdem WALTER LIPGENS 1964 die These formuliert hatte, daß Bismarck die Annexionsforderung publizistisch lanciert habe, um „die

Das Problem Elsaß-Lothringen

Verhandlungsinitiative der süddeutschen Staaten hervorzulocken im Dienste seines einzigen großen Kriegszieles, der kleindeutschen Reichsbildung" [245: Bismarck, 80]. LIPGENS' Argumentation war bei genauer Prüfung der Quellen nicht aufrechtzuerhalten [vgl. 228: L. GALL, Frage; 246: W. LIPGENS, Erwiderung; 239: E. KOLB, Aufkommen]. Neuerdings hat sich EBERHARD KOLB in seiner Studie über Bismarcks Politik während des Krieges und das Problem der Friedensanbahnung diesem Komplex noch einmal zugewandt [243: Weg, 113–193]. Gegen LIPGENS' damalige Behauptung wies er deutlich darauf hin, daß um 1870 das Selbstbestimmungsrecht der Grenzbevölkerung „keineswegs ein ‚unabdingbarer Bestandteil des zeitgenössischen Staats- und Völkerrechts'" gewesen sei [ebd., 170]. Überhaupt ging es KOLB darum, den Handlungsrahmen und Wertehorizont der Menschen in jener Zeit zu rekonstruieren, als ja auch der Krieg noch keineswegs geächtet war, sondern als Mittel der Politik durchaus noch selbstverständlich hingenommen wurde. Obwohl in der europäischen öffentlichen Meinung die Auffassung weit verbreitet war, daß die Annexion „katastrophale Auswirkungen" auf das deutsch-französische Verhältnis haben und Unsicherheit in die europäische Mächtekonstellation hineintragen werde, habe man doch „in Paris und Petersburg, in London, Wien und Florenz" damit gerechnet, „daß die unerwarteten französischen Niederlagen territoriale Forderungen Deutschlands auslösen würden" [ebd., 179 f.]. Auch muß die Interdependenz der französischen Forderung nach dem linken Rheinufer im Fall eines französischen Sieges mit der deutschen Annexionsforderung ebenso gesehen werden wie die gegen Frankreich gerichtete, durch den Schulunterricht maßgeblich geförderte Einstimmung der Öffentlichkeit im preußisch dominierten Deutschland [H. FENSKE, Eine westliche Grenzfrage? Das Rheinland, Elsaß und Lothringen in der deutschen öffentlichen Meinung 1815–1866, in 181: R. POIDEVIN/H.-O. SIEBURG (Hrsg.), Aspects, 137–160]. Allerdings war auch die Erinnerung daran, daß es früher einmal die Denkfigur einer legitimen Friedensordnung gegeben und sich als praktikabel erwiesen hatte, noch durchaus lebendig: Dauerhafter Friede könne nur und müsse deshalb das Resultat des Interessenausgleichs zwischen Siegern und Besiegten sein. In diesem Sinne äußerte sich Zar Alexander, der konsequenterweise seinen Wunsch nach einer „paix solide et durable" mit dem Hinweis verknüpfte, „der Friede könne nur dann haltbar und dauerhaft sein, wenn er mit Hilfe Europas zustande gebracht werde" [243: E. KOLB, Weg, 182]. Der Wertehorizont der Menschen jener Zeit war

3. Politische Historiographie i. d. Zwischenkriegszeit und seit 1945/49 107

offenkundig nicht nur vom Interesse des je eigenen nationalen Machtstaats bestimmt, sondern auch noch vom Bewußtsein einer selbstverständlichen Interdependenz der Staatenwelt insgesamt. Insofern war es das *individuelle* Kennzeichen des Machtzynikers Bismarck, daß er diese Interdependenz ausschließlich taktisch, nicht jedoch prinzipiell zu respektieren bereit war. Und naturgemäß wirkte Bismarcks Handeln, je erfolgreicher es sich ausnahm, auf das Denken der Zeitgenossen ein. In der europäischen öffentlichen Meinung außerhalb Deutschlands erregte die Annexionsforderung Abscheu. Waren das bereits nationale Ressentiments, oder gab es ein verbreitetes Gespür dafür, daß das Recht des Siegers auf Landerwerb in einen Rahmen eingepaßt sein mußte, der von der Staatengemeinschaft als „legitim" empfunden werden konnte? Nach KOLB wäre „eine umfangreiche Spezialuntersuchung" nötig, um die öffentliche Meinung in Europa zu analysieren – ein Desiderat der Forschung. KOLB beschränkte sich auf den Hinweis, daß die anfänglich prodeutsche Stimmung „in den Wochen nach Sedan" umschlug, und er bezeichnete es als „eindeutig, daß die deutsche Annexionsforderung bei diesem Stimmungsumschwung einen maßgebenden Faktor dargestellt hat" [ebd., 185 f.]. Er ergänzte das mit dem Hinweis, das Objekt, worum es bei der Fortdauer des Krieges wirklich gegangen sei, sei nicht in erster Linie die Durchsetzung einer Gebietsabtretung gewesen, „sondern die Erzwingung des französischen Eingeständnisses, besiegt zu sein und der Gegenseite deshalb nicht die Bedingungen des Friedens diktieren zu können" [ebd., 189]. Da sich KOLBS Fragestellung jedoch weniger auf den Charakter der Mächtebeziehungen richtete, sondern den Chancen und Widerständen der Kriegsbeendigung galt, lag ihm mehr daran herauszuarbeiten, daß Bismarcks spätere Friedenspolitik Resultat der Erfahrung von 1870 war: „In einem nationalen Krieg zwischen den europäischen Großmächten war es selbst bei militärisch eindeutigem Verlauf nahezu unmöglich geworden, auch den Frieden zu gewinnen" [ebd., 364]. Bereits im Prozeß der Reichsgründung hatte Bismarck den Fluch der einzelstaatlichen Machtpolitik erfahren. „Er stand am Ende in vieler Hinsicht vor einer Situation, die für ihn und in seinem Sinne unlösbar war. Zuletzt war er, wie wohl fast jeder in großem Stil Handelnde, tatsächlich nur noch ein Zauberlehrling" [41: L. GALL, Bismarck, 455].

Orientierung an der Interdependenz der Staatenwelt

Forschungslücke: Öffentliche Meinung in Europa 1870/71

4. Die wirtschaftliche Dimension der deutschen Frage

Die Entstehung und Geschichte des Zollvereins einerseits und die Verzahnung der Reichsgründung mit der ökonomischen und sozialen Entwicklung Deutschlands andererseits bilden die beiden Pole, zwischen denen die wirtschaftliche Dimension der deutschen Frage von der Forschung vornehmlich ausgemessen worden ist. Sofort nach 1871 hatte die nationalliberale Historiographie damit begonnen, „den Lorbeerkranz der borussischen Geschichtslegende" um den Deutschen Zollverein zu flechten [269: H. BERDING, Entstehung, 226], wie diese Sätze TREITSCHKES deutlich erkennen lassen: „Dann kam jene folgenschwere Neujahrsnacht des Jahres 1834, die auch den Massen das Nahen einer besseren Zeit verkündete. Auf allen Landstraßen Mitteldeutschlands harrten die Frachtwagen hochbeladen in langen Zügen vor den Mauthäusern, umringt von fröhlich lärmenden Volkshaufen. Mit dem letzten Glockenschlage des alten Jahres hoben sich die Schlagbäume; die Rosse zogen an, unter Jubelruf und Peitschenknall ging es vorwärts durch das befreite Land. Ein neues Glied, fest und unscheinbar, war eingefügt in die lange Kette der Zeiten, die den Markgrafenstaat der Hohenzollern hinaufgeführt hat zur kaiserlichen Krone. Das Adlerauge des großen Königs blickte aus den Wolken, und aus weiter Ferne erklang schon der Schlachtendonner von Königgrätz" [84: Bd. 4, 379]. Noch 1963 sah sich WOLFGANG ZORN gehalten, darauf hinzuweisen, daß die Reichsgründung „natürlich stets in der Verbindung mit dem kleindeutschen Zollverein von 1833 gesehen", aber nur „sehr zögernd" einer „eingehenderen wirtschafts- und sozialgeschichtlichen Betrachtung unterworfen" worden sei. ZORN erklärte es für erforderlich, näher zu erforschen, welches der „wahre Ort" der Reichsgründung „in der langfristigen Geschichte der deutschen Wirtschaft und Gesellschaft" war [Wirtschafts- und sozialgeschichtliche Zusammenhänge der deutschen Reichsgründungszeit (1850–1879), in 168: H. BÖHME (Hrsg.), Probleme, 296–316, 296 f.].

Zur Geschichte des Zollvereins war nach älteren Vorarbeiten 1934 die von HERMANN ONCKEN initiierte Quellenedition zur „Vorgeschichte und Begründung des Deutschen Zollvereins 1815–1834" erschienen [22], in der das nationalliberale, auf Preußens Führung in Deutschland hin entworfene Geschichtsbild die Komposition bestimmte. Zwei englischsprachige Arbeiten veränderten diesen Blick-

„Borussische Geschichtslegende" um den Zollverein

4. Die wirtschaftliche Dimension der deutschen Frage

winkel, indem sie die Entstehung des Vereins stärker von den Interessengegensätzen der Einzelstaaten her interpretierten: WILLIAM O. HENDERSON behandelte in seinem 1939 (in 2. Aufl. 1959) erschienenen Buch die Gesamtzeit von 1815 bis 1888, dem Beitrittsjahr der Hansestädte Hamburg und Bremen [281: The Zollverein], während A. H. PRICE seine 1949 veröffentlichte Darstellung auf die Vorgeschichte begrenzte [285: Evolution]. Insbesondere HENDERSON arbeitete deutlich die wirtschafts- und handelspolitischen Interessen der einzelnen Staaten heraus, zumal für die Jahre unmittelbar nach der Gründung des Zollvereins [a.a.O., 103–149]. Die Arbeiten des eine Generation jüngeren Wirtschaftshistorikers WOLFRAM FISCHER vom Beginn der 60er Jahre [Der Deutsche Zollverein. Fallstudie einer Zollunion; Der Deutsche Zollverein, die Europäische Wirtschaftsgemeinschaft und die Freihandelszone, in 274: DERS., Wirtschaft und Gesellschaft, 110–128; 129–138] machten dagegen überzeugend klar, „daß nicht primär wirtschaftspolitische Motive zum Schutz der einheimischen Industrie bzw. des Gewerbes, sondern vielmehr ‚die Bedürfnisse der Staatskasse und des Handels' den Anstoß" gaben, aus dem der Zollverein hervorging. Solange es noch keine Einkommenssteuer gab, bildeten Zölle neben Grund- und Verbrauchssteuern die Haupteinnahmequelle der Staaten, weshalb Zollpolitik im frühen 19. Jahrhundert im wesentlichen Finanzpolitik gewesen sei und der Zollverein betrachtet werden müsse „‚nicht als glorreicher Beginn einer glorreichen Geschichte, sondern als ein System von Behelfen, das aufgebaut wurde, um dringenden Bedürfnissen nachzukommen'" [BERDING, a.a.O., 228].

Diese Ansätze hat in den 70er Jahren HANS-WERNER HAHN aufgegriffen und in einer substantiellen Arbeit [278: Wirtschaftliche Integration im 19. Jahrhundert] anhand empirischer Forschung über Eintritt und Eingliederung der hessischen Staaten in den Zollverein überprüft, nuanciert und weitergeführt. Er arbeitete heraus, daß der Zollverein „aus den verschiedensten ökonomischen, fiskalischen und politischen Beweggründen und Antrieben zustande" kam, aber „noch nicht eindeutig" in die Richtung einer von Preußen dominierten Einigung Deutschlands wies. Vielmehr hätten gerade die enorm ansteigenden fiskalischen Gewinne, „jenes zentrale Element einer antikonstitutionellen Politik", die Partikularstaaten erst einmal gefestigt gegen die in ihnen allen angelegte Bedrohung durch die liberale Opposition. Bis 1848 habe die noch gut funktionierende „Trennung von ökonomischer Integration im Zollverein und der politischen Integration im Deutschen Bund" einen wirksamen

Interessengegensätze der Einzelstaaten

Zollverein als „System von Behelfen"

Ökonomische Integration – Politische Integration

Schutz gegen alle Versuche Preußens geboten, im Zollverein ein Herrschaftsmonopol aufzurichten. Allerdings gerieten die Einzelstaaten schon vor 1848 von sich aus in eine wachsende Abhängigkeit von Preußen, „weil die riesigen Summen der Zollvereinsrevenuen ... schon bald durch nichts mehr zu ersetzen waren [ebd., 307–310]. Die von HAHN deutlich akzentuierte Trennung von wirtschaftlicher Integration im Zollverein und politischer im Deutschen Bund [ebd., 225–255] basierte auf der politischen Vormachtstellung Österreichs als Gegengewicht zur ökonomischen Position Preußens. Diese innerdeutsche Schwebelage ließ sich nach 1848/49 nicht wiederherstellen, die Prädominanz Preußens weitete sich aus. Das trieb die „traditional-partikularstaatlichen Eliten" an die Seite Österreichs und erweckte bei Handel und Gewerbe den Eindruck, „daß berechtigte ökonomische Interessen den dynastischen und partikularstaatlichen Zielsetzungen geopfert werden sollten" [ebd., 311 f.]. In den 1850er Jahren schälte sich die Gleichartigkeit der Wirtschaftsinteressen Preußens und weiter Teile des deutschen Bürgertums unübersehbar als politischer Faktor heraus, was HAHN mit Recht als „wesentliche Erfolgsgarantie der Bismarckschen Einigungspolitik" bezeichnete. Indem er betonte, daß einerseits ein großer Teil des hessischen Bürgertums schon vor den ausschlaggebenden militärischen Erfolgen „der vermeintlichen Attraktivität des preußischen Obrigkeitsstaates" erlegen sei und andererseits die alten Eliten der hessischen Staaten 1866 an die Seite Österreichs getreten seien, konnte er plausibel begründen, daß „jede Interpretation zu weit" gehe, die ein Bild entwerfe, wonach der Zollverein den kleindeutschen Einheitsstaat durch einen selbstläufig weitergehenden ökonomischen Integrationsprozeß „auch ohne die Ereignisse des Jahres 1866" nach sich gezogen hätte. Gleichwohl könne man eine nationalstaatsbildende Rolle der vorausgegangenen wirtschaftlichen Integration nicht bestreiten, müsse aber die politischen und sozialen Kosten stärker ins Blickfeld rücken: „Der Zollverein trug vor allem durch den von ihm geförderten Kompromiß zwischen preußischem Obrigkeitsstaat und weiten Teilen des deutschen Bürgertums zu einer politischen Ordnung bei, in der die Partizipationsrechte begrenzt blieben und viele traditionale Machtstrukturen auf lange Zeit konserviert wurden" [ebd., 313 f.].

HAHN hatte seine Thesen, die er 1984 in einer knappen Gesamtdarstellung zum 150. Jubiläum des Zollvereins zusammenfaßte [279: Geschichte], aus Forschungen mit einem Schwergewicht in der Zeit vor 1850 gewonnen. Das war eine wichtige Ergänzung der bis dahin

4. Die wirtschaftliche Dimension der deutschen Frage 111

vorliegenden Literatur, die die wirtschaftliche Dimension der deutschen Frage vornehmlich in der Epoche zwischen Revolution und Reichsgründung und mehr noch nur in der Bismarckzeit untersucht hatte. So widmete sich in den 30er Jahren EUGEN FRANZ der wirtschaftlichen Rivalität zwischen Preußen und Österreich von 1856 bis 1867 [275: Entscheidungskampf; dort auch Verweise auf ältere Literatur]. Er konzentrierte seine Darstellung auf das Handeln der Regierungen, weshalb der Einfluß der sozial- und wirtschaftsgeschichtlich bedeutsamen Konstellationen außerhalb des Gesichtskreises blieb. 1966 veröffentlichte dann HELMUT BÖHME seinen großangelegten Versuch einer Analyse des Verhältnisses „von Wirtschaft und Staat während der Reichsgründungszeit 1848–1881" [270: Deutschlands Weg zur Großmacht], in der er die machtpolitische Dynamik der Handelspolitik aufzuweisen bestrebt war, die Preußen im Kampf mit der Habsburger Monarchie „zum stärksten und radikalsten Vertreter der Freihandelspolitik" habe werden lassen [DERS., Politik und Ökonomie in der Reichsgründungs- und späten Bismarckzeit, in 81: M. STÜRMER (Hrsg.), Das kaiserliche Deutschland, 34]. Hinsichtlich Fragestellung und Methode scharf kritisiert [277: L. GALL, Staat und Wirtschaft; 288: H.-U. WEHLER, Sozialökonomie und Geschichtswissenschaft], formulierte diese Arbeit die für die wirtschaftspolitische Seite der deutschen Frage in den 1850er und 1860er Jahren zutreffende These, daß der kleindeutsche Nationalstaat „nicht zuletzt" aus Preußens Abwehr der mitteleuropäisch konzipierten Großraumwirtschaftsordnung Österreichs entstanden sei [vgl. dagegen WEHLER, a.a.O., 349 ff. und passim, der BÖHMES These dahin verzeichnet, „Preußen sei in der Defensive gestanden"]. In der Tat verwandte Preußen seit 1849 seine schon in den 1840er Jahren nicht mehr zu übersehende wirtschaftliche Stärke und seine politisch-ökonomische Macht innerhalb des Zollvereins [278: H.-W. HAHN, Integration, 256–276] erstmals dazu, um seine Interessen *gegen* den Dominanzanspruch Österreichs im Sinne des Schwarzenberg-Bruck-Plans zu behaupten und durchzusetzen. Die Zwänge und Notwendigkeiten der Donaumonarchie, sich gegen die tendenziell freihändlerische Politik Preußens zu schützen, hat hinsichtlich der keineswegs einheitlichen innenpolitischen Situation in Österreich HARM-HINRICH BRANDT im Rahmen seiner umfassenden Analyse von Staatsfinanzen und Politik unter dem Neoabsolutismus dargelegt [273: Der österreichische Neoabsolutismus, 412–438, vgl. bes. auch 246–280, 1009 f.].

Somit entsteht ein facettenreiches Bild, wonach Preußens

Machtpolitische Dynamik der Handelspolitik

112 II. Grundprobleme und Tendenzen der Forschung

Selbstbehauptung und seine zunehmend egoistische Machtpolitik auf den beiden Ebenen des Deutschen Bundes und des Zollvereins durch die – von der Revolution angestoßene – österreichische Mitteleuropapolitik stimuliert wurde, daß aber weder die Existenz des Zollvereins als solche noch seine spezifischen strukturellen Entwicklungen seit 1850 notwendig auf die Reichsgründung hinausliefen; vielmehr bedurfte es des Eingreifens von Machtpolitik und Militär. Dies ist zu ergänzen durch die Feststellung von WOLFGANG ZORN, daß die preußische Politik, die „in der Auseinandersetzung zwischen merkantilistischen und freihändlerischen Grundsätzen ... durch den Handelsvertrag mit Frankreich von 1862 eindeutig auf die Linie des Freihandels" einschwenkte, „die politische Reichseinigung in der Blütezeit des Wirtschaftsliberalismus" erreichte und nicht etwa „im Zeichen eines ‚Reichsmerkantilismus' ... Man kann sogar die Frage stellen, ob der Merkantilismus nicht erst jetzt in Deutschland seine volle Ausbildung erfuhr" [Wirtschaft und Gesellschaft in Deutschland in der Zeit der Reichsgründung, in 260: TH. SCHIEDER/E. DEUERLEIN (Hrsg.), Reichsgründung, 197–225, 208, 215 f.].

Reichseinigung, Wirtschaftsliberalismus und „Reichsmerkantilismus"

5. Deutschland in der Staatenordnung Europas

Obwohl die Friedenskonferenzen von 1814/15 und namentlich der Wiener Kongreß eine „rechtsschöpferische Tätigkeit" entfalteten, „die auf völkerrechtlichem Gebiet geradezu eine gesetzgebende wurde" [305: R. RIE, Der Wiener Kongreß und das Völkerrecht, 7], gibt es bis heute keine zusammenhängende geschichtswissenschaftliche Analyse der Bedeutung des *ius publicum Europaeum* für die deutsche (und europäische) Geschichte zwischen 1815 und der Reichsgründung. Allerdings ist die hohe Relevanz sowohl der Rechtsgrundlagen des Staatensystems als auch des Europäischen Konzerts für die Großmächtepolitik immer wieder gesehen und vor allem im westlichen Ausland in Konzentration auf einzelne Zeitabschnitte oder spezifisch eingegrenzte Frageansätze untersucht worden.

Rechtsgrundlage des Staatensystems und des Europäischen Konzerts

Die Erfahrung des letzten Jahrzehnts vor dem Ersten Weltkrieg, daß das Staatensystem der nationalen Machtstaaten ohne ein völkerrechtlich verbindliches Unterfutter an gesamteuropäischen (und nicht nur bi- oder trilateralen) Verträgen nicht mehr zu beherrschen war, schlug sich 1913/14 in der Studie von WALTER ALISON

5. Deutschland in der Staatenordnung Europas

PHILLIPS über die europäische Allianzpolitik von 1813 bis 1823 nieder [304: The Confederation of Europe]. Dieses Buch stand einerseits den Arbeiten von CHARLES WEBSTER und HAROLD TEMPERLEY nahe, die Englands Anteil an der Errichtung und Ausgestaltung der europäischen Ordnung nach 1815 analysierten [112–114: vgl. oben II.3.1; 139: vgl. II.3.2], und es wies andererseits durch seinen systematischen Zugriff bereits in eine Richtung, die dann vermehrt erst nach dem Zweiten Weltkrieg eingeschlagen wurde. So untersuchte 1957 ROBERT RIE die Auswirkung der Ordnungsvorstellungen des Wiener Kongresses im öffentlichen und privaten Recht und handelte über das „Gleichgewicht als völkerrechtliches Prinzip", welches sich mit der Frage der Legitimität der Staatenordnung Europas verband [305: R. RIE, a.a.O., 97–122], während sich HENRY A. KISSINGER [97: Großmacht-Diplomatie; vgl. oben II.3 und II.3.1] mit den Merkmalen und Elementen einer stabilen internationalen Ordnung auseinandersetzte und daraus den Umriß eines nahezu idealen „Systems" der Staatenbeziehungen entwickelte, das zwar notwendigerweise Idee bleiben mußte, aber als solche weit über 1822 hinaus das Ordnungsdenken der Staatsmänner beeinflußte. KISSINGER arbeitete die ursächliche Verknüpfung der deutschen und europäischen Problematik, die essentielle Notwendigkeit der Kompatibilität von deutscher und europäischer Ordnung scharf heraus, was von W. A. PHILLIPS kaum beachtet, dagegen 1935 von ROBERT C. BINKLEY deutlich akzentuiert worden war [293: Realism and Nationalism]. BINKLEY hatte unterstrichen, daß Deutscher Bund und „Europäisches Konzert" (womit insgesamt das Staatensystem in der Wiener Ordnung gemeint war) in engstem Bezug zueinander standen und daß die europäische Ordnung bis 1852/56 frei gewesen sei von dem „tragischen Vorurteil", wonach die Unabhängigkeit der Staaten und die Aufrechterhaltung der internationalen Ordnung Gegensätze bildeten [ebd., 163].

Die zeitgenössische Theoriebildung in England und Deutschland über die zwischenstaatlichen Beziehungen im 19. Jahrhundert analysierte 1970 CARSTEN HOLBRAAD [299: The Concert of Europe], der damit zugleich eine Übersicht gab über die staatsrechtliche und publizistische Literatur diesseits und jenseits des Kanals zwischen 1815 und 1914 zur europäischen Pentarchie und zur Solidaritätspolitik. Den Forschungsstand über das „Europäische Konzert" faßte 1974 WINFRIED BAUMGART anschaulich zusammen, wobei auch er wie BINKLEY und HOLBRAAD dem älteren, nicht näher differenzierenden Sprachgebrauch verpflichtet war und mit „Konzert" sowohl

marginalia:
„Gleichgewicht als völkerrechtliches Prinzip"

Notwendigkeit der Kompatibilität von deutscher und europäischer Ordnung

das *Instrument* der Großmächtepolitik – die Kongreß- und Konferenzdiplomatie – meinte als auch dessen rechtliche und politische *Grundlage* – die Wiener Ordnung [292: Konzert, 1–19]. BAUMGART nannte die Jahrzehnte vom Wiener Kongreß bis zur Pariser Konferenz (1815–1856) die „klassische Zeit" des Europäischen Konzerts, der eine „Zerfallszeit" gefolgt sei (die er bis 1914 reichen sah) [ebd., 18]. Den inneren Gegensätzen im Staatensystem während der „Zerfallszeit" – allerdings eingegrenzt auf die 1850er und 1860er Jahre – widmete sich WILLIAM E. ECHARD 1983 in einer Studie über „Napoleon III. and the Concert of Europe" [296]. Er arbeitete heraus, wie die Staaten- und Verfassungsordnung Europas nach 1848 durch die Tendenz zur Nationalstaatsbildung in Mittel- und Südeuropa als europäisches System zerfiel, indem es nicht gelang, den durch die Revolutionszeit seiner Legitimation beraubten vornationalen Gesamtzusammenhang des vormärzlichen Europa nach 1848/50 in einer aktualisierten, dem Nationalstaatsprinzip verpflichteten Gestalt wiederherzustellen. Die Reorganisation Europas als vertragsrechtliches System von Nationalstaaten gedachte Napoleon III. durch einen Kongreß mit allen Staaten Europas zu verwirklichen, wie weiland Castlereagh und Metternich in Wien, nur daß diesmal Frankreich die führende Rolle spielen sollte.

Die Bedeutung der Kongreßvorstellungen ist nicht so sehr darin zu sehen, daß hier Frankreich womöglich nach einer hegemonialen Position strebte; innerhalb eines jeden netzwerkartigen europäischen „Systems", das hatte die Vergangenheit genügend erwiesen, konnte es die alleinige Hegemonie einer einzelnen Macht nicht geben, ja kaum eine bloß informelle Führungsrolle. Das Gewicht lag vielmehr darin, daß Napoleon III. eine nationalstaatliche Ordnung in Europa als ein vertragsrechtliches Verbundsystem und insofern als Friedensordnung anstrebte. Mit Blick auf die Lage am Beginn der Ära Napoleons III. hatte BINKLEY festgestellt: „Balance of power in 1852 did not mean (as it meant in 1914) a balanced alignment of hostile states against each other; it meant rather that no state could obtain aggrandizement without the consent of the others" [293: Realism and Nationalism, 162]. Ebenso hatte ja auch schon WERNER NÄF betont [vgl. oben II.3.1], daß im 19. Jahrhundert die anfängliche Existenz einer gesamteuropäischen Vertragsrechtsgrundlage und dann deren sukzessive Beseitigung von konstitutiver Bedeutung für „Ordnung" bzw. „Anarchie" in den Staatenbeziehungen waren, daß mithin auch der Nationalstaat Bestandteil einer Gesamtordnung sein konnte und nicht bindungsloser Machtstaat

5. Deutschland in der Staatenordnung Europas

sein mußte [Versuche gesamteuropäischer Organisation, in 102: DERS., Staat und Staatsgedanke, 9–27].

ECHARD wies nach, daß Napoleon III. nicht in erster Linie jener „Realpolitiker" war, als den ihn die Historiographie zu zeichnen gewohnt ist [Restbestände davon noch bei 235: A. HILLGRUBER, Bismarcks Außenpolitik, 9–111 passim], um Bismarcks Handeln als Bestandteil gemeineuropäischer Normalität zu rechtfertigen. In diesen Zusammenhang gehört auch das Tabu, Bismarcks „fundamentale Unfähigkeit zu partnerschaftlichem Verhalten" [H.-G. Zmarzlik, Bismarck-Bild der Deutschen, Freiburg 1967, 27] als einen Sachverhalt von historisch-politischem Gewicht zu sehen und in seinen Wirkungen zu analysieren. So erklärt sich auch aus dieser Perspektive, warum zwischen 1870 und 1945 ein Geschichtsbild entstand, welches die Ordnung des Staatensystems im Zeitalter der Nationalstaaten nur als die des *autonomen* Machtstaats darstellen konnte. Es ist ein Desiderat der Forschung, daß die Kongreßidee der Jahre 1848–1871 noch nicht systematisch im gesamteuropäischen Bezug insbesondere auf ihre Widerstände hin untersucht worden ist. Daraus würden sich womöglich auch neue Hinweise ergeben für ein stärker abwägendes Verständnis sowohl der deutschen Frage im Rahmen der europäischen Staatenordnung nach 1848 als auch eines so gewichtigen Einzelproblems wie der Bundesreform in den 1860er Jahren [vgl. oben II.3.4].

<small>Desiderat: Untersuchung der Kongreßidee 1848–1871</small>

Die Frage der vertragsrechtlichen Ordnung Europas und des Europäischen Konzerts ist in den letzten Jahren besonders von amerikanischer Seite aufgegriffen worden. 1975/76 wandte sich RICHARD B. ELROD dem „Europäischen Konzert" (im Sinne der traditionellen Begrifflichkeit) zu und arbeitete heraus, daß dieses, wie er sagte, vielversprechende System zwischenstaatlicher Beziehungen von der Gleichgewichtspolitik des 18. Jahrhunderts ebenso grundsätzlich verschieden gewesen sei wie von den totalen Kriegen des 20. Jahrhunderts [297: The Concert of Europe, 160 f.]. Das Europäische Konzert habe sowohl eine neue Methode der Diplomatie dargestellt als auch ein neues Normengefüge zwischen den Großmächten (damit war die Wiener Ordnung gemeint) darüber, welche Zielsetzungen und Vorgehensweisen in der internationalen Politik angebracht und statthaft seien [ebd., 163]. ELROD gab eine klare Charakteristik der europäischen Mächtebeziehungen in der Wiener Ordnung, bezeichnete die Anerkennung einer gewissen gemeinsamen Verantwortung für die Erhaltung der Ordnung als die eigentliche Besonderheit, wies auf den Zerfallsprozeß zwischen dem Krimkrieg

<small>Normative Funktion des Europäischen Konzerts</small>

und 1870 hin und betonte deutlich, daß die Zerstörung des Konzerts absichtlich und obendrein leichtsinnig bewerkstelligt worden sei [ebd., 173]. Damit bezog er sich auf die Interpretationen von PAUL W. SCHROEDER [ebd., 161 Anm. 5; 174 Anm. 42].

SCHROEDER hatte sich seit den 60er Jahren kontinuierlich zuerst mit der Diplomatie Metternichs [108], dann mit dem Kampf zwischen England und Österreich um Stabilisierung oder Zerstörung des Staatensystems während der Krimkriegszeit [182], überhaupt mit den Mächtebeziehungen vom 18. bis zum 20. Jahrhundert und insonderheit mit der europäischen Funktion der Habsburger Monarchie befaßt [vgl. zuletzt: Die Habsburger Monarchie und das europäische System im 19. Jhdt., in 30: A. M. BIRKE/G. HEYDEMANN (Hrsg.), Herausforderung, 178–182]. Sein Nachdenken über Eigenschaften und Wandel der Struktur des Mächtesystems im 19. Jahrhundert brachte ihn zwangsläufig auch in Berührung mit dem Problemkreis „deutsche Frage und europäische Ordnung". Als Zusammenfassung seiner Überlegungen veröffentliche SCHROEDER 1986 einen Aufsatz über den Strukturwandel des Staatensystems [309: The 19th-Century International System]. Darin thematisierte er die Auswirkungen der Revolutionszeit von 1848/51 auf die europäische Politik und nannte als einen der wesentlichen Faktoren für die Stabilität der Ordnung des 19. Jahrhunderts die gelungene Verknüpfung des legitimen Anspruchs der kleineren Staaten auf gesicherte

Unabhängigkeit der Kleinstaaten – Einflußsphären der Großmächte

Unabhängigkeit mit dem ebenso legitimen Drang der Großmächte nach Einflußsphären jenseits ihrer Grenzen. SCHROEDER hatte damit ein grundlegendes Element der europäischen Vertragskonstruktion von 1814/15 und zugleich dasjenige Strukturelement des Deutschen Bundes benannt, durch das die Bundesakte mit der Schlußakte des Wiener Kongresses – also die deutsche Verfassung mit dem europäischen Vertragsrecht – verkoppelt war: die europäisch sanktionierte Souveränität der Einzelstaaten bei Einbindung aller ins gesamteuropäische Überwachungsreglement der Großmächte [ebd., 1–11, 12, 19–22]. SCHROEDER zeigte, daß vom europäischen System her gesehen die Hauptbedeutung des Deutschen Bundes nicht darin gelegen habe, daß er als Defensivkonstruktion gegen Frankreich und Ruß-

Deutscher Bund als passiver Ordnungsfaktor

land konzipiert war, sondern in seiner Funktion als passiver Ordnungsfaktor. Denn als solcher machte er nicht nur die preußisch-österreichische Rivalität handhabbar und glich Gegensätze zwischen katholischen und evangelischen Regionen und Mächten aus, sondern er wirkte auch als Puffer zwischen Frankreich, Österreich und Preußen. Die Zerstörung der Pufferfunktion durch die Einglie-

5. Deutschland in der Staatenordnung Europas

derung der Mittelstaaten in den nationalen Einheitsstaat zwischen 1866 und 1871 sah SCHROEDER als einen der wichtigsten Gründe dafür an, warum nach der Reichsgründung in der deutsch-französischen Machtrivalität die Gegensätze ungebremst aufeinanderprallen mußten [vgl. auch seinen Aufsatz: Europe and the German Confederation in the 1860's, in 69: H. RUMPLER (Hrsg.), Deutscher Bund und deutsche Frage, 281–291]. Diesen Gedanken hatte er bereits zwei Jahre zuvor in einer auf Deutschland beschränkten und insgesamt doch wohl überpointierten Interpretation vorgetragen [308: The Lost Intermediaries], worin *implicite* die Frage nach dem Föderalismus als erforderlichem oder verzichtbarem Strukturelement der deutschen und europäischen Verfaßtheit zum Thema gemacht war.

Die gegensätzlichen Auffassungen darüber – in den 1860er Jahren schroff artikuliert in den oppositionellen Schriften von Konstantin Frantz gegen die *raison* von Bismarcks Politik [vgl. 311: E. Stamm, Konstantin Frantz] – durchziehen die Literatur zur deutschen Frage als roter Faden bis in die Gegenwart. 1984 griff THOMAS NIPPERDEY das Thema auf und arbeitete die historischen Charakteristika des Föderalismus in der Phase des Deutschen Bundes sowie den Bedeutungswandel des Begriffs nach 1866 in Richtung auf eine großdeutsch-proösterreichische Orientierung heraus [303: Föderalismus, 15]. Auch wiederholte er in diesem Zusammenhang seine These [vgl. oben II.3.5], das 19. Jahrhundert sei „nun einmal das Jahrhundert der Nationen" gewesen, dessen Tendenz gegen multinationale Gebilde gelaufen sei. NIPPERDEYS Argumentation war anfechtbar, denn er übersprang schlicht die Frage nach der föderalistischen Ordnung innerhalb Deutschlands während der Reichsgründungszeit. Genau diesen Aspekt des Föderalismus thematisierte HELMUT RUMPLER [306: Föderalismus]. Es wies auf die Restbestände preußisch-kleindeutscher Ideologie im Geschichtsdenken hin, wenn er sagte, daß hinter der Bejahung des deutschen Nationalstaats als einzig möglichem und sinnvollem Resultat der Entwicklung im 19. Jahrhundert „die weitergesteckte politisch-ideologische Konzeption des nationalen Machtstaats als oberste Norm der innerstaatlichen und internationalen Organisation" stand [ebd., 217f.]. RUMPLER arbeitete scharf heraus, daß „die Liquidierung des Föderalismus in Deutschland" durch 1866/71 Folgen haben mußte für die Möglichkeit, den europäischen Frieden zu erhalten: „Die Reichsgründung war nun einmal ein ganz wesentlicher Faktor der sich seit 1871 herausbildenden Konfliktlage des europäischen Mächtesystems" [ebd., 225].

Marginalia:
- Zerstörung der Pufferfunktion des Deutschen Bundes
- Föderalismus als Strukturelement der deutschen und europäischen Verfaßtheit
- Reichsgründung als Konfliktfaktor im Mächtesystem

Diese These gewinnt ihre Plausibilität vor allem dadurch, daß sie aus der Rückschau formuliert worden ist, in Kennntis der deutschen und europäischen Entwicklung bis 1945. Den Zeitgenossen von 1866/71 indes galt die Erfahrung der selbst erlebten Vergangenheit als Maßstab für ihre Zukunftsentwürfe. Und die zurückliegenden Jahrzehnte schienen doch die Untauglichkeit des Deutschen Bundes hinlänglich erwiesen zu haben! Doch war es deshalb notwendig, auch die Bauprinzipien des Staatensystems und den Gedanken des europäischen Gesamtzusammenhangs abwertend zu beurteilen, nur weil der Deutsche Bund darin verankert gewesen war? Die Entwicklung des Reichs war in der Zukunft aufgehoben. Aber diese Zukunft erwies sich als nicht so strahlend und hell, wie sie die Enthusiasten von 1848 erträumt hatten und wie sie die vielen Bewunderer Bismarcks noch 1871 erhofften. Vielleicht gehörte sogar der Reichsgründer selbst zu den ersten, die schon in den 1880er Jahren erkannten, daß Deutschland im Kreis der autonomen Machtstaaten keinen Halt finden konnte und deshalb zu einer Gefahr für das Gleichgewicht in Europa zu werden drohte.

6. Deutscher Bund und europäisches Staatensystem in der Forschung seit 1993. Nachtrag zur 3. Auflage

Neue Beurteilung des europäischen Staatensystems

Seit den mittleren 1990er Jahren hat sich der Blick auf die Geschichte des europäischen Staatensystems im 19. Jahrhundert tiefgreifend verändert. Die Epoche der Nationalstaatlichkeit und „Territorialität" erscheint heute als eine begrenzte Periode von den 1860er bis in die 1970er/1980er Jahre, aber nicht länger als Norm neuzeitlicher Geschichte [330: C. S. MAIER, Transformations of Territoriality; 329: DERS., Consigning the Twentieth Century to History]. Historiker der borussischen Schule wie Johann Gustav Droysen oder Heinrich von Treitschke hatten die normative Kraft des nationalstaatlichen Paradigmas in der deutschen Historiographie begründet, wonach alle Entwicklung schon seit dem 18. Jahrhundert auf die borussisch-kleindeutsche Reichsgründung zuzulaufen schien. Große Antithesen gegen den nationalhistorischen Trend, der seit 1860/1870 in allen Ländern Europas bestimmend war, blieben stets die Ausnahme, auch wenn es gerade Meisterwerke zu Themen der Frühen Neuzeit oder des 19. Jahrhunderts waren, die dauerhaft Geltung behielten –

FERNAND BRAUDELS Geschichte des Mittelmeerraums aus dem Jahr 1949 etwa oder ERIC HOBSBAWMS Trilogie über das lange 19. Jahrhundert (1962–1987). Seit dem Ende des 20. Jahrhunderts erodierte die normative Kraft des nationalstaatlichen Paradigmas in den westlichen, zumal den europäischen Gesellschaften. Wie C. A. BAYLY und JÜRGEN OSTERHAMMEL zuletzt deutlich gemacht haben, orientiert sich die Geschichtswissenschaft mehr und mehr an kulturwissenschaftlichen Modellen, die eine transnationale Perspektive anbieten. Sie verhindern, dass die Grenzen des Territoriums auch zu Grenzen der Erkenntnis werden [316: C. A. BAYLY, The Birth of the Modern World; 332: J. OSTERHAMMEL, Die Verwandlung der Welt].

Die Geschichtsschreibung über das europäische Staatensystem wird aber nicht nur vom Basisprozess der Globalisierung und Digitalisierung beeinflusst, der Räume öffnet, Grenzen transzendiert und den Wahrnehmungshorizont weitet. Vielmehr bewirkte das Ende des Ost-West-Konflikts, dass sich der Blick auf Europa veränderte. Der Wandel von der Europäischen Gemeinschaft (EG, seit 1965) zur Europäischen Union (EU, seit 1992) öffnete nicht nur das westeuropäische Bündnis nach Ostmitteleuropa, sondern beeinflusste auch die Wahrnehmung dessen, was „Europa" bedeutet, sowohl geopolitisch als auch historisch. Die europäische Geschichte schob sich als transnationale Kategorie vor die zahlreichen Nationalgeschichten. Es ist schwerlich ein Zufall, dass der Deutsche Bund seit den 1990er Jahren eine historiographische Konjunktur erfährt, die ihm zuvor in hundert Jahren normativer Geltung des Nationalstaats-Paradigma verwehrt geblieben war.

Die nachstehende Skizze beschreibt die Forschungsentwicklung seit 1993 so, dass zunächst übergreifende Werke vorgestellt (1) und danach die Publikationen zum Deutschen Bund im Staatensystem (2) sowie, damit verknüpft, der Wandel des Metternich-Bildes (3) diskutiert werden. Das sind die Felder, auf denen sich Urteil und Wertung markant verschoben haben. Der folgende Abschnitt über die Geschichte der Staatenbeziehungen repräsentiert den Fortgang der Forschung auch in der traditionellen Bahn. Das muss keinen Widerspruch zur transnationalen Öffnung des geschichtswissenschaftlichen Blickwinkels darstellen, weil sie als Analyse zwischenstaatlicher Beziehungen der internationalen Perspektive grundsätzlich nicht entraten kann, sofern sie sich nicht auf die bloße Diplomatiegeschichte beschränkt. Diese aber wird durch kulturgeschichtliche Studien zu den Staatenbeziehungen in ganz neuer, tiefenschärfer Perspektive anschaulich gemacht.

6.1 Gesamtdarstellungen und thematische Sammelbände

Nationales Interesse gegen europäisches Interesse

Der von den Realpolitikern des 19. Jahrhunderts – allen voran Palmerston, Napoleon III., Bismarck – akzentuierte Gegensatz zwischen nationalem und europäischem Interesse wuchs nach der Revolution 1848/49 allmählich, seit 1862/64 verstärkt in die Staatenbeziehungen hinein. „Europa" galt jetzt als eine veraltete Idee, als überholt. Es erschien weder den machtpolitischen noch den wirtschaftlichen Belangen jener Länder angemessen, die im Zuge der Industrialisierung und Ausweitung ihrer Handelsbeziehungen in eine dynamisch beschleunigte Entwicklung eingetreten waren. Es verwundert nicht, dass Großbritannien den führenden Part spielte. Dort hatte die Industrialisierung am frühesten eingesetzt. Des Weiteren bildete die handelspolitische Expansion nach Übersee, die durch Napoleons Kontinentalsperre noch forciert worden war, eine Determinante des britischen Warenaustauschs und Finanzmarkts. Technische, wirtschaftliche und händlerische Kraftentfaltung verbanden sich mit der Idee der Nation. Der nationale Staat galt als der angemessene Rahmen, um die Interessen des Landes zur Geltung zu bringen.

Nationalstaat als Norm der Selbstbestimmung

Das galt als fortschrittlich. Es lag im Trend liberaler Weltanschauung. Der Nationalstaat als Rahmen der sich selbst bestimmenden Nation begann zur Norm für das zeitgemäße Staatensystem in Europa zu werden. Er löste die bisherige Norm ab, die durch das *ius publicum europaeum* definiert und an die Mächtegeographie unter den Bedingungen monarchischer Herrschaft gebunden war. Europa um die Mitte des 19. Jahrhunderts bildete jedoch einen Raum ohne wirtschaftliche, administrative und verkehrstechnische Infrastrukturen, wie sie in der Industrialisierung vonnöten waren. Im Rahmen des Nationalstaats, nicht aber im europäischen Rahmen konnten die erforderlichen Infrastrukturen einigermaßen zügig geschaffen werden. So entstanden sie als konkurrierende Systeme. Zwar dienten Kohlezechen, Hüttenwerke, Eisenbahnen und Werften überall demselben Zweck und funktionierten nach denselben Prinzipien, aber sie wiesen je eigene technische Merkmale auf, durch die sie sich von den Konkurrenten in den anderen Ländern unterschieden. Die großen Weltausstellungen in London 1851 und Paris 1855 demonstrierten den Anspruch des jeweiligen Landes auf Einzigartigkeit in prallem Selbstbewusstsein. Die deutschen Gewerbeausstellungen unterschieden sich bis in die Zeit nach der Reichsgründung auffallend davon [325: TH. GROSSBÖLTING, „Im Reich der Arbeit"].

In Deutschland fehlten bis über die Jahrhundertmitte hinaus jene Infrastrukturen, die es in den Anfängen der Industrialisierung ermöglicht hätten, den vorhandenen staatlichen Rahmen des Deutschen Bundes zum nationalen Raum auszugestalten. Preußen hatte mit dem Zollverein 1834 einen Vorstoß in diese Richtung unternommen und 1851/54 auch den Zugang zur Nordsee gewonnen, als es den Steuerverein des Königreichs Hannover angliederte. Preußens handelspolitische Aktivität war in der Mitte des 19. Jahrhunderts aktuell gegen Österreichs politische Vormachtstellung im Deutschen Bund gerichtet. Berlin orientierte sich an der Dynamik des Handels- und Industriestaats Großbritannien [341: J. R. DAVIS, Britain and the German Zollverein]. Doch Deutschlands politische Ordnung entsprach dieser Dynamik nicht, die ökonomische Expansion, nationale Repräsentation und – ideologisch – den „Fortschritt" miteinander verband. In der Habsburger Monarchie fehlten wirtschaftliche Kraft und politischer Wille dazu vollends. Obendrein hätte Österreich als Vielvölkerstaat in Mittel- und Südosteuropa eine gewissermaßen national-habsburgische Macht- und Infrastrukturpolitik betreiben müssen, um den Zwängen der Zeit zu genügen und den Anforderungen als Präsidialmacht des Deutschen Bundes gerecht zu werden. Der Widerspruch zwischen Nationsidee und Vielvölkerstaat einerseits, die strukturelle Schwäche des rohstoffarmen, verkehrstechnisch schwer erschließbaren Landes andererseits machten es dem Wiener Hof unmöglich, jene Parität mit Großbritannien als Großmacht weiterhin zu beanspruchen, die 1814/15 den Frieden und die Stabilität im europäischen Staatensystem ermöglicht hatte. Nach 1848 fiel Österreich auch hinter Frankreich zurück und am Ende des Krimkriegs 1856 hinter Preußen und den Deutschen Zollverein. Russland vollzog diese Entwicklungen kaum mit, blieb jedoch infolge der schieren Größe des Landes als Machtfaktor im Staatensystem präsent.

Neuere Gesamtdarstellungen bieten einen breiten Überblick über die deutsche oder europäische Entwicklung, oder sie widmen sich dezidiert der Mächtepolitik des Jahrhunderts. WOLFRAM SIEMANN akzentuiert die strukturgeschichtlichen Entwicklungslinien von 1806 bis 1871 und beschreibt Bevölkerung, Landwirtschaft, Industrie und die entstehende „bürgerliche Gesellschaft", bevor er „das Werden der Nation" in den Mittelpunkt stellt und den Kontrast zwischen der europäischen Ordnung des Wiener Kongresses und dem „nationalen Aufbruch" behandelt. Deutlich wird die Tradition der vornationalen Strukturen sichtbar, die der Deutsche Bund noch vom Alten Reich erbte und den Wiener Hof 1815 als nichtnationales Machtzentrum in

Partikularinteressen verhindern die Integration der Einzelstaaten im Deutschen Bund

die Vorrangstellung vor den rein deutschen Bundesgliedern brachte. SIEMANN zeigt, „wie das nationale Prinzip in das Völkerrecht drängte" [337: Vom Staatenbund zum Nationalstaat, 321]. Hier taucht die für die Geschichtswissenschaft seit den 1990er Jahren wichtige Frage auf, ob „Europa" und das „nationale Prinzip" Gegensätze bildeten, anders gesagt: ob das historische Recht allein dem nationalstaatlichen Paradigma gehörte, wie es die Historiker seit 1860 nicht müde wurden zu behaupten. In der zeittypischen ideologischen Gewissheit konstruierten sie eine Ausschließlichkeit, deren Geltungsanspruch inzwischen stark relativiert wird. Gleichwohl ist unbestreitbar, dass die Epoche der Nationalstaaten in Europa als historisch nicht vermeidbare, nicht „überspringbare" [64: TH. NIPPERDEY, Deutsche Geschichte 1800–1866, 709] Periode der Neuzeit zu betrachten ist. Heute gilt die Aufmerksamkeit den Zwischenräumen, Übergangszonen und Verbindungsstücken politisch-rechtlicher, wirtschaftlicher und kultureller Art. Aus dieser Sicht erscheint es naheliegend, die Nationalstaaten und den europäischen Gesamtzusammenhang als zwei Seiten derselben Medaille wahrzunehmen.

Die europäische Geschichte in der ersten Hälfte des 19. Jahrhunderts war eine Epoche außenpolitischer Ruhelage. Aber sie war auch „eine Zeit zwischen den Revolutionen", woraus eigentümliche Spannungen entstanden. HARTWIG BRANDT skizziert sowohl die sozialökonomischen Bedingungen der Übergangszeit vor dem Durchbruch der Industriellen Revolution in Mitteleuropa als auch die Verfassungswirklichkeit, in der er zwei säkulare Tendenzen der Politik aufeinanderstoßen sieht: die Konzentration politischer Macht bei Regierung und Verwaltung, beim „Staat", und die Demokratisierung politischer Macht [319: Europa 1815–1850, 7, 135–143]. Den Umbruch in der Revolution 1848/49 versteht MANFRED BOTZENHART als ausgreifenden Versuch der beteiligten Trägerschichten, die im Vormärz angelegten Ziele einer modernen Ordnung von Staat und Gesellschaft im nationalen Rahmen europaweit zu verwirklichen. War in Deutschland das Ziel der freiheitliche Nationalstaat, so war es in Frankreich die soziale Republik. Das Scheitern des revolutionären Anlaufs legitimierte einen neuen Modus der Staatenpolitik, die sich der neuen Möglichkeiten des wirtschaftlichen und industriellen Aufschwungs bediente [318: 1848/49].

Jetzt kam die Stunde der Realpolitiker, die dem Machtinteresse des eigenen Staats den Vorrang gaben vor europäischem Interesse. Das vornationale europäische Völkerrecht aus der Zeit des Wiener Kongresses begann bedeutungslos zu werden. Abseits der Staatenpolitik analysiert JÖRG FISCH die ökonomischen und sozialen Bedingungen in den Ländern Europas, aus denen politische Handlungsmuster und die Sachzwänge des „nationalen Interesses" erwuchsen [322: Europa zwischen Wachstum und Gleichheit]. Mit Blick auf Deutschland spricht HARM-HINRICH BRANDT von der „Entscheidung über die Nation" und betrachtet den Krieg von 1866 als „preußischen Sezessionskrieg". Das borussisch-kleindeutsche Reich wurde aus dem mitteleuropäischen Bezugsrahmen des Deutschen Bundes herausgeschnitten. Das machte einerseits die Rückbindung des Deutschen Reichs an die jahrhundertealte Tradition Zentraleuropas unmöglich, war aber andererseits auch nicht zu vermeiden. Denn im Innern wurde Bismarck stark vom „nationalen Programm des kleindeutschen Liberalismus" beeinflusst und außenpolitisch drohte jede großdeutsche, von Österreich verantwortete Lösung der deutschen Frage den Krieg mit den Großmächten Frankreich und Russland nach sich zu ziehen [320: Deutsche Geschichte 1850–1870, 161–171].

„Preußischer Sezessionskrieg" 1866

Die europäische Staatenpolitik im engeren Sinne behandelt PAUL W. SCHROEDER in seinem magistralen Werk, das vom Ende des Siebenjährigen Krieges 1763 bis 1848 reicht und die Summe jahrzehntelanger Forschung zieht. Das Augenmerk ist darauf gerichtet, ob die Frage des Mächtegleichgewichts, der *balance of power*, angemessen sei, um die Eigenart des Staatensystems zu erkennen. SCHROEDER neigt zu einer anderen Antwort und arbeitet heraus, in wie hohem Maß das Wiener System der Jahre 1815–1822 und die nachfolgende Wiener Ordnung bis 1848 völkerrechtlich systematisch konzipierte, politisch wirkungsvolle Regelungen des *Friedens* in Europa hervorgebracht hatten, die am Ende die europäischen Mächte daran hinderten, präventiv gegen die kommende Revolution vorzugehen. Die Wiener Ordnung habe nicht zuletzt durch ihre friedenspolitische Eigenart die europäischen Revolutionen möglich gemacht [335: The Transformation of European Politics]. Deutlich andere Akzente setzt WINFRIED BAUMGARTS Darstellung der internationalen Beziehungen zwischen 1830 und 1878. Sie beschreibt als Strukturbedingungen des politischen Prozesses Bevölkerungswachstum, Industrialisierung und Nationalismus und verfolgt dann deren Wirkung auf die Staatenpolitik. 1830 bildet den Ausgangspunkt, weil mit der Julirevolution und der Gründung des Staats Belgien Metternichs System der Dominanz monarchischer Macht über gesellschaftliche Emanzipationsbestrebungen zusammenbrach. Den Berliner Kongress 1878 wertet BAUMGART als letzte große Manifestation des Europäischen Konzerts, das von da an rasch zerfallen sei. [315: Europäisches Konzert und

Wiener Ordnung und Europäisches Konzert

nationale Bewegung]. So war die Zeitspanne von 1830 bis 1878 zugleich jene Phase, in der das Europäische Konzert die Staatenbeziehungen Europas prägte und der Solidaritätsgedanke den Vorrang behauptete vor der späteren nationalegoistischen Machtpolitik. Deren Durchbruch nehmen andere Historiker allerdings bereits im Jahrzehnt nach dem Krimkrieg, zwischen 1856 und 1866, wahr [P. W. SCHROEDER, The Vienna System and its Stability, in: 327: P. KRÜGER (Hrsg.), Das europäische Staatensystem im Wandel, 121; 336: DERS., International politics; 360: A. DOERING-MANTEUFFEL, Großbritannien und die Transformation des europäischen Staatensystems]. Das für das Staatensystem des 19. Jahrhunderts so bedeutungsvolle Problembündel aus Völkerrecht zur Konfliktvermeidung, Konzertdiplomatie und Gleichgewichtsdenken hier, Wirtschaftswachstum, Industrialisierung, politischem Emanzipationsstreben und Nationalismus dort thematisieren zwei Sammelbände auf je unterschiedliche Weise und vertiefen mit ihren Beiträgen die monographischen Darstellungen [327: P. KRÜGER (Hrsg.), Das europäische Staatensystem im Wandel; 317: T. C. W. BLANNING (Hrsg.), Europe 1789–1914).

6.2 Der Deutsche Bund im europäischen Staatensystem

Die Ansätze der borussischen Schule haben sich überlebt

Die Historiker der borussischen Schule hatten bald nach der Reichsgründung den Ton gesetzt, als sie den Deutschen Bund eine „unzeitgemäße, blockierende, reaktionäre und zum Scheitern verurteilte Ordnung" nannten [349: J. MÜLLER, Der Deutsche Bund, 52]. Dieses Bild hat keine Geltung mehr. Unbestritten bleibt allerdings, dass die politische und verfassungsrechtliche Ordnung als Staatenbund den Ansprüchen der nationalen und liberalen Bewegung auf politische Partizipation und staatliche Einheit ebenso wenig entsprach wie den wirtschafts- und handelspolitischen Erfordernissen Mitteleuropas in der beginnenden Industrialisierung. Die Sicht auf den Deutschen Bund veränderte sich, seit die Suche nach einer europäischen Friedensordnung am Ende des 20. Jahrhunderts von der Einsicht geleitet war, dass Nationalstaatlichkeit und europäische Integration sich nicht ausschließen, sondern vorteilhaft ergänzen können. Nach dem Zweiten Weltkrieg war in Europa das politische Prinzip autonomer Nationalstaatlichkeit moralisch diskreditiert und machtpolitisch fragwürdig geworden. Die westeuropäische Einigung bot während des Ost-West-Konflikts eine Antwort, die sich als tragfähig erwies. 1992 erfolgte die EU-Erweiterung nach Ostmitteleuropa vor dem

Hintergrund der insgesamt positiven Erfahrungen der Westeuropäer. Daraus entstand die aktuelle Herausforderung, zwischen nationalen und integrationspolitischen Interessen zu vermitteln und „Europa" in der Weltpolitik zur Geltung zu bringen. Das hat die Wahrnehmung des Deutschen Bundes in der Geschichtswissenschaft spürbar beeinflusst.

Besonderes Gewicht kommt der in den 1990er Jahren begonnenen und bislang mit vier Bänden vorliegenden Quellenedition zu [314: Quellen zur Geschichte des Deutschen Bundes]. Deren Ziel besteht in der Ergänzung und Erweiterung der historischen Perspektive, um den Bund als Subjekt und Akteur in der deutschen Politik wie im Staatensystem sichtbar zu machen, „als eine zentrale Instanz mithin, die nicht bloß instrumentellen Charakter für die einzelstaatliche Interessenpolitik besaß, sondern aus sich selbst heraus politisch agierte", wie es L. GALL als Herausgeber im programmatischen Vorwort ausdrückt [314: Quellen. Abt I. Bd. 1, VII f.]. Die bisher vorliegenden Bände gelten zentralen Phasen der Bundesgeschichte. Das sind zum einen die Gründungszeit zwischen dem Sieg der Verbündeten über Napoleon und dem Wiener Kongress 1813–1815, zum zweiten die Jahre der Julirevolution und nachfolgenden Unterdrückung der liberalen Kräfte 1830–1834, zum dritten das historiographisch immer noch unterbelichtete, wenngleich für das Kommende entscheidend wichtige Jahrzehnt nach der 1848er-Revolution. Hier wird zunächst die Dresdener Konferenz 1850/51 dokumentiert, an deren Ende die Wiederherstellung des Deutschen Bundes stand, sodann die Jahre 1851–1858, Zeit des Neoabsolutismus in Österreich, der „Reaktion" in Preußen, der beginnenden Überlegungen zur Reform des Bundes in den Staaten des Dritten Deutschland und schließlich die konzeptionelle Transformation des Staatensystems durch den Krimkrieg.

Maßgebliche neue Edition: Quellen zur Geschichte des Deutschen Bundes

In der Forschung wird vor diesem Hintergrund der Deutsche Bund als „staatliche Ordnung der Nation" bezeichnet [337: W. SIEMANN, Vom Staatenbund zum Nationalstaat, 320]. Die ältere Auffassung, dass sich nationalstaatliche und europäische Ordnung ausschlossen, wird mit dem Interpretament „föderative Nation" [328: D. LANGEWIESCHE/G. SCHMIDT (Hrsg.), Föderative Nation] und der Diskussion über den „föderativen Nationalismus" überwunden [insbes. 324: A. GREEN, Fatherlands]. „Die Gründung des Nationalstaates als ‚Sinn' der deutschen Nationalgeschichte vorgezeichnet zu sehen und sie nur auf dieses Ergebnis hin zu befragen hieße, den föderativen Grundzug der deutschen Geschichte nationalstaatlich zu

Europa, Deutscher Bund und die These der „Föderativen Nation" verzerren" [344: D. LANGEWIESCHE, Föderativer Nationalismus, 55]. Das Konzept „föderative Nation" erschließt die Geschichte des Deutschen Bundes in produktiver Weise [348: J. MÜLLER, Deutscher Bund und deutsche Nation]. Nicht nur die Rivalität zwischen Preußen und Österreich um die Vorherrschaft in Deutschland wird sichtbar. Vielmehr zeigt sich auch, wie der am Ende nur mittels Krieg überwindbare österreichisch-preußische Machtkonflikt dahin wirkte, das politische Potential der Mittelstaaten zu marginalisieren und die föderalistische Tradition des Alten Reichs zu diskreditieren, die ungeachtet aller territorialen Veränderungen in den Ländern des Dritten Deutschland lebendig blieb [vgl. hierzu 334: H. RUMPLER, Österreichische Geschichte; 324: A. GREEN, Fatherlands].

Konzentration der neueren Forschung auf die Zeit nach 1848

Mit guten Gründen konzentriert sich die neuere Forschung auf den Zeitabschnitt nach der Revolution von 1848. Der Kampf um die Neuordnung Mitteleuropas war nach dem Scheitern des Paulskirchenparlaments zunächst von preußischer Seite mit dem Radowitz-Plan und der Erfurter Union halbherzig verfolgt worden [347: G. MAI (Hrsg.), Die Erfurter Union]. Dagegen stand der Schwarzenberg-Plan eines „Siebzig-Millionen-Reichs" in Zentraleuropa, der den Gesamteintritt der Habsburger Monarchie in den Deutschen Bund ins Gespräch brachte und eher am russischen und britischen Widerstand als an preußischer Obstruktion scheiterte [346: S. LIPPERT, Felix Fürst zu Schwarzenberg]. Mindestens ebenso bedeutungsvoll wie die aus der Revolution geborenen und auf sie reagierenden Pläne der preußischen und österreichischen Seite waren indes die mittelstaatlichen Erwägungen zur Reform des Deutschen Bundes, die im sächsischen Minister Friedrich Ferdinand Frhr. von Beust einen entschiedenen Fürsprecher hatten [343: J. FLÖTER, Beust und die Reform des Deutschen Bundes]. Nach der Dresdener Konferenz kam dem Krimkrieg entscheidende Bedeutung zu, auch deutschlandpolitisch. Dieser Machtkampf galt der künftigen Hierarchie im europäischen Staatensystem. Der Krimkrieg erledigte das Solidaritätsprinzip unter den Großmächten, das die Wiener Ordnung geprägt hatte. Daher wurde in den Jahren 1853/54 bis 1856 auch die europäische Verfassung des Jahres 1815 ausgehebelt, innerhalb derer die Verfassung des Deutschen Bundes einen zentralen Bestandteil bildete. Krimkrieg und Pariser Friede von 1856 beeinträchtigten die europäische Dimension im Verfassungsfundament der „föderativen Nation" erheblich. Das wirkte sich intensivierend auf die Reformbemühungen der Mittelstaaten seit der Bamberger Konferenz 1854 aus [342: J. R. DAVIS, The Bamberg Conference]. Wie weit die Reformfähigkeit des

Deutschen Bundes gereicht hätte, ist jedoch nicht zu klären. Eine Verfassungsreform im föderativen Sinn, die eine Revolution vermeiden und das monarchische Prinzip nicht antasten wollte, hatte in den Jahrzehnten der zunehmend nationalegoistischen Machtpolitik und dann der preußischen „Revolution von oben" seit 1862/64 nur geringe Chancen [179: A. KAERNBACH, Bismarcks Konzepte zur Reform des Deutschen Bundes; 351: N. WEHNER, Die deutschen Mittelstaaten auf dem Frankfurter Fürstentag]. Das intensive Interesse der Forschung an den Möglichkeiten zur Reform des föderalen Prinzips im beginnenden Zeitalter der Nationalstaaten deutet allerdings darauf hin, dass das gängige Geschichtsbild einer zwangsläufigen, gar unumgänglich notwendigen Beseitigung des Deutschen Bundes der Nuancierung bedarf.

Der föderative Nationalismus wies erhebliches Potential zur Ausgestaltung einer europäischen Friedensordnung auf. Die Voraussetzung dafür war allerdings, dass die Nationalbewegung in Deutschland selbst und die Großmächte ein lebendiges Interesse daran hatten, die Mitte Europas als passiven Ordnungsfaktor im europäischen Staatensystem in dem Sinne zu erhalten, in dem 1815 der Deutsche Bund in die Friedensordnung nach der Französischen Revolution und den napoleonischen Kriegen hineingegründet worden war. Bis zuletzt brachte die Sicherheitspolitik des Bundes diese Qualität zum Ausdruck [350: H. SEIER, Der Deutsche Bund als militärisches Sicherheitssystem; ereignisgeschichtlich beschreibend 339: J. ANGELOW, Von Wien nach Königgrätz;]. Gleichwohl, nach vier Jahrzehnten des Friedens in Europa und angesichts der berstenden Kraftentfaltung europäischer Regionen in der beginnenden Industrialisierung spielten Werte wie Frieden, Sicherheit und Ordnung eine weitaus geringere Rolle als Macht, Vorherrschaft und die Ideologie des Fortschritts – sei es in materieller oder ideeller Hinsicht [332: J. OSTERHAMMEL, Die Verwandlung der Welt, 565–596]. Betrachtet man nun den Nationalstaat als eine historisch nicht „überspringbare" Form der politischen Existenz, gilt es darauf zu achten, mit welchem Grad der Ausschließlichkeit die subtilen Gestaltungsmöglichkeiten überformt wurden, die der „föderativen Nation" innewohnten. Gleichermaßen gilt es zu klären, ob der Rausch des Fortschritts in Wirtschaft, Wissenschaft, Technik und Kultur, der das späte 19. und frühe 20. Jahrhundert prägte, allein an die Ordnungsform des Nationalstaats gebunden war, wie er den Zeitgenossen zur Norm wurde. Die Erfahrung zweier Weltkriege, die mit dieser Norm aufs engste verkoppelt waren, sowie die Teilung Europas nach 1945

Europäische Friedensordnung durch föderativen Nationalismus und deren friedliche Überwindung lenken den Blick der Historiker verstärkt jenen Konstellationen und Personen zu, die der Wertetrias Frieden, Sicherheit und Ordnung ein höheres Gewicht beimaßen als dem politischen Interesse einer Nation, die nach der Staatsgründung überhaupt erst ihren geschichtlichen Sinn konstruieren musste [345: D. LANGEWIESCHE, Was heißt ‚Erfindung der Nation'?].

6.3 Wandel des Metternich-Bildes

„Föderative Nation" und „Territorialität" als Leitbegriffe der historischen Interpretation

Die Debatte über „föderative Nation" beeinflusst auch die Sicht auf die beherrschende Persönlichkeit in der europäischen Neuordnung nach Napoleon, den österreichischen Staatskanzler Clemens Fürst von Metternich. „Föderative Nation" [328: D. LANGEWIESCHE/G. SCHMIDT (Hrsg), Föderative Nation] und „Territorialität" [330: C. S. MAIER, Transformations of Territoriality] sind die produktiven Leitbegriffe in einem Diskussionszusammenhang über historische Prozesse seit dem 18. Jahrhundert. Mit der „föderativen Nation" gerät das 19. Jahrhundert aus der Perspektive der Frühen Neuzeit in den Blick, während „Territorialität" die neuzeitliche und zeitgeschichtliche Dimension vom späten 19. ins 20. Jahrhundert anspricht. Die

Jürgen Osterhammels Thesen zu Transnationalität vom 18. bis ins 20. Jahrhundert

historische Urteilsbildung über Transnationalität und Globalisierung vom 18. bis ins 20. Jahrhundert [332: J. OSTERHAMMEL, Die Verwandlung der Welt] nimmt diese Aspekte auf und ermöglicht nuancierte Aussagen auch über das Zeitalter der Nationalstaaten in Europa und das Problem der nationalen Selbstbestimmung. Wir begegnen im 19. Jahrhundert einem Muster politischer Forderungen und Handlungsprinzipien, dessen destruktive Kraft zumeist ignoriert, die konstruktive Bedeutung hingegen idealisiert wurde. Wo der Anspruch einer Nationalität auf ein separates Territorium zielte, ging es nicht nur darum, etwas Neues zu errichten und die Einheit von Staatsraum und Staatsvolk herzustellen. Vielmehr lief diesem Prozess die Unterminierung und Zerstörung des bis dahin bestehenden politischen Rahmens voraus. Der Metternich-Biograph WOLFRAM SIEMANN drückt es mit Blick auf die belgische Revolution so aus: „Es entstand die paradoxe Situation, dass das nationale Prinzip einen künftigen Nationalstaat definierte, indem es den bestehenden Staat von innen her unterminierte." Eben dies habe Metternich für ein „Kernübel" seiner Zeit gehalten [356: Metternich, 103].

Wolfram Siemanns neue Beurteilung Metternichs

Das Bild des österreichischen Staatskanzlers sei von den Historikern in der Epoche der Nationalstaatlichkeit verzerrt gezeichnet worden. Das ist die unumstrittene These zu SIEMANNS biographi-

6. Forschung seit 1993

schem Ansatz. So hätten die einen, die Kritiker aus der borussischen Schule seit HEINRICH VON TREITSCHKE [84: Deutsche Geschichte] Metternich als fintenreichen Gegner der nationalen Einigungsbestrebungen im deutschen Volk hingestellt, wobei „Volk" und „Nation" für diese Autoren nichts anderes war als die Staatsbürger in den Grenzen des Deutschen Reichs von 1871. Dagegen hätten die anderen, die großdeutsch dachten und aus österreichischer Perspektive schrieben, zwar der politischen Leistung des Staatsmanns Metternich angemessenen Respekt gezollt, seine transnationale europäische Grundüberzeugung indessen vor dem Hintergrund des zeitgenössischen deutschvölkischen Rassismus nicht würdigen können. Das galt insbesondere für den Metternich-Biographen HEINRICH VON SRBIK [77: Metternich], der sein bis heute bedeutendes Werk im völkisch durchsäuerten Zeitklima Österreichs nach dem Ersten Weltkrieg schrieb [vgl. dazu oben, 60–65].

Wie WOLFRAM SIEMANN plädiert auch der britische Spezialist für die Geschichte der Habsburger Monarchie ALAN SKED dafür, Metternich keinesfalls mit den Wertmaßstäben der nachfolgenden Generationen zu messen, sondern die Distanz des Historikers zu nutzen, um danach zu fragen, woher Metternich kam und welche Wertvorstellungen ihn leiteten [357: A. SKED, Metternich and Austria]. Während SKED mit den bibliothekarisch verfügbaren Materialien gearbeitet hat, stützt SIEMANN seine Argumentation auf Archivforschung in dem jetzt vollständig zugänglichen Nachlass, der in Prag verwahrt wird. So gelingt es, den Wertehorizont des Staatskanzlers konsequent aus den Selbstzeugnissen zu rekonstruieren. Bezogen auf die Politik im europäischen Staatensystem und im Deutschen Bund bestätigt SIEMANNS Argumentation die Tragfähigkeit des „föderativen Nationalismus" als Forschungsansatz, wenn es heißt, dass der Deutsche Bund und das Habsburgerreich auch nach 1815 immer noch von der Tradition des Heiligen Römischen Reichs deutscher Nation umklammert waren, von dem „alten, 1806 scheinbar untergegangenen, in seinen Strukturprinzipien aber fortwirkenden transnationalen Gebilde" [356: W. SIEMANN, Metternich, 21; vgl. 353: W. BURGDORF; Weltbild; 354: H.-C. KRAUS, Das Ende des alten Deutschland].

Nachlass Metternichs zeigt die europäische Grundüberzeugung

Dementsprechend war die Gestaltung des auf dem Wiener Kongress geschaffenen Deutschen Bundes mit der Verfasstheit der Habsburger Monarchie „wesensmäßig verknüpft", denn vor dem Hintergrund der politisch-rechtlichen europäischen Normen des Alten Reichs mussten sich die Strukturprinzipien des Deutschen Bundes mit der Habsburger Monarchie vereinbaren lassen, wenn

Verknüpfung der Strukturprinzipien von Deutschem Bund und Habsburger Monarchie

Österreich nicht „von innen her gesprengt werden" sollte [356: W. SIEMANN, Metternich, 67]. Diese Konstellation der wechselseitigen Abhängigkeit in der deutschen und österreichischen Verfassungsordnung habe in der Revolution von 1848/49 eine maßgebende Rolle gespielt und zum Scheitern der Paulskirche beigetragen. Die Forderung der nationalen und liberalen Bewegung seit der Julirevolution, während des Revolutionsjahrs 1848/49 und dann in den Jahren bis 1866 lief stets auf das Gleiche hinaus. Es ging um die Negation des transnationalen Strukturprinzips, das aus dem Alten Reich überkommen war und von Österreich repräsentiert wurde.

Was die liberalen Kräfte mit der Forderung nach nationaler Selbstbestimmung der Deutschen verlangten, wurzelte in der preußischen Geschichte seit dem 18. Jahrhundert und wies keine oder bestenfalls eine abschätzige Rückbindung an das Alte Reich auf. In dieser Tradition stand auch Bismarck, der deshalb mit den Liberalen als seinen politisch-ideologischen Gegnern in den 1860er Jahren ein Zweckbündnis schließen konnte, als er den Krieg gegen Österreich vom Zaun brach. Preußens Sieg entsprach sowohl dem Machtinteresse der Berliner Regierung als auch den Zielen der liberalen und nationalen Bewegung in Deutschland. Der Preis war hoch. Denn die Nation, die jetzt auf dem Territorium Preußens und der nicht-österreichischen Teile des Deutschen Bundes geschaffen wurde, war geschichtslos und musste sich ihre Tradition erst erfinden. Dazu gehörte jene borussische Geschichtsschreibung, die alle Entwicklung auf die Reichseinigung von 1871 zulaufen sah und den 1815 bei der Gründung des Deutschen Bundes maßgeblichen Handlungsrahmen aus dem Horizont des Alten Reichs nur noch verächtlich machte.

Fehlende Tradition einer deutschen Nation

Damit wurde nicht nur ein Urteil über Metternich gesprochen, das seinem Herkommen, seinen Absichten, Handlungen und Zukunftsvorstellungen überhaupt nicht entsprach. Vielmehr galten nun der homogene Territorialstaat und die formale Staatsbürgerschaft als definierendes Merkmal von „deutsch", bevor nach 1880 der rassistische Ausbruchsversuch der Deutschvölkischen wieder in die österreichische, mittel-osteuropäische und südosteuropäische Richtung drängte. Die historische Traditionslinie hingegen, die „ältere, andersartige Formen der Ordnung von Herrschaft und deutscher Selbstwahrnehmung" [356: W. SIEMANN, Metterrnich, 17] kannte, wird erst heute wieder freigelegt, nachdem die Nationalstaatlichkeit den Status der allein verbindlichen Norm politischer Ordnung eingebüßt hat. Der Wandel des Metternich-Bildes und das Interpretament der

Was ist „deutsch"?

"föderativen Nation" zeigen hierfür wichtige Erkenntnisperspektiven auf.

6.4 Geschichte der Staatenbeziehungen und des Europäischen Konzerts

Auch in der neueren Forschung nimmt die Politik Großbritanniens im Staatensystem die wichtigste Rolle ein. Die Besonderheit seiner Institutionen, vornehmlich des Parlaments nach der Wahlrechtsreform von 1832 und dem Wandel der Parteien 1846, gaben der Außenpolitik Londons ihr unverwechselbares Profil. Studien zur französischen [365: R. MARCOWITZ, Kongreßdiplomatie; 366: DERS., Großmacht auf Bewährung] und russischen [371: W. PYTA, Idee und Wirklichkeit der „Heiligen Allianz"; 372: DERS., Konzert der Mächte und kollektives Sicherheitssystem] befinden sich nicht nur deutlich in der Minderheit. Vielmehr konzentrieren sie sich auch auf die Zeit des europäischen Staatensystems in der Wiener Ordnung bis 1848, als die Parität der Mächte im Europäischen Konzert [374: M. SCHULZ, Normen und Praxis] noch einen zentralen Faktor der Außenpolitik bildete. Großbritannien begann jedoch schon früh, einen eigenen Weg einzuschlagen.

Seit George Canning, der 1822 Außen- und 1827 Premierminister wurde, verstand sich England als Anwalt liberaler Prinzipien in den europäischen Staatenbeziehungen. Lord Palmerston, der die Außenpolitik mit einigen Unterbrechungen von der Julirevolution bis zur Wiederherstellung des Deutschen Bundes, von 1830 bis 1851, prägte und danach von 1859 bis 1865 Premierminister war, wurde seit den 1830er Jahren nicht müde, sein Land als „champion of liberty" zu bezeichnen. Den Krimkrieg führte England im Bündnis mit Frankreich gegen die autokratische Großmacht Russland, auch wenn es im Kern um Machtinteressen ging, um die Einflusszonen im Mittleren Osten angesichts der Schwäche des Osmanischen Reichs. Presse, Parlament und öffentliche Meinung begleiteten den militärischen Konflikt mit einer Propaganda, die das Selbstverständnis des Landes als Vorkämpfer für politische Freiheit und liberale Institutionen immer aufs neue beschwor.

1814/15 hatte der konservative Außenminister Lord Castlereagh die britische Politik auf dem Wiener Kongress in enger Abstimmung mit Metternich geleitet, und auf die vertrauensvolle Zusammenarbeit zwischen England und Österreich gingen die turnusmäßigen Außenministerkonferenzen des Wiener Systems (1818–1822) zurück, die in der Wiener Ordnung seit 1822 dann keine Fortsetzung mehr fanden [97: H. A. KISSINGER, Großmacht-Diplomatie; 38: A. DOERING-MANTEUFFEL, Vom Wiener Kongreß]. Großbritannien und Österreich standen Pate bei der Neuordnung des europäischen Staatensystems 1815, zu dessen Kernstücken die Verankerung der deutschen Bundesverfassung im gesamteuropäischen Vertragswerk gehörte. Russland, Preußen und Frankreich waren eingebunden in die Verhandlungen und das Vertragswerk, aber ihr konzeptioneller Anteil daran war insofern geringer, als er sich auf die Wahrung des eigenstaatlichen Interesses beschränkte und dem europäischen Interesse weniger Gewicht beimaß. Metternich, von 1815 bis 1820 im Zentrum des Geschehens handelnd, nutzte die „Heilige Allianz" der drei östlichen Monarchien Österreich, Russland und Preußen dazu, um dem österreichisch-britischen Einvernehmen ein österreichisch-russisches an die Seite zu stellen. So erschien Österreich nach dem Wiener Kongress als die Zentralmacht nicht nur Europas, sondern auch des europäischen Staatensystems. Vor diesem Hintergrund lassen sich der Einflussverlust und das schwindende Gewicht der Habsburger Monarchie in den fünf Jahrzehnten bis zur Zerstörung des Deutschen Bundes deutlich ermessen. Die Macht von bleibendem Einfluss war England, auch wenn es sich nicht als Zentralmacht Europas verstand, denn der Kontinent war nur eine der Weltregionen, in denen Großbritannien engagiert war.

Zum Verständnis der britischen Mitteleuropapolitik, aber auch zur Veranschaulichung der Kultur diplomatischer Beziehungen im frühen und mittleren 19. Jahrhundert trägt die Edition der Gesandtschaftsberichte bei, die das Deutsche Historische Institut in London in Verbindung mit der Royal Historical Society herausgibt [313: British Envoys to Germany]. Bisher liegen drei Bände vor, die die Zeit von 1816 bis 1850 abdecken. Sie dokumentieren in bestechender Weise den Wandel im Verhältnis zwischen dem zunehmend liberalen, nationalstaatlich disponierten England und dem an der alteuropäischen Tradition festhaltenden Österreich Metternichs. Vor allem aber wird der britische Blick auf die Dreiteilung der Macht im Deutschen Bund zwischen Österreich, Preußen und den Mittelstaaten sichtbar. Die englischen Hoffnungen ruhten spätestens seit der Gründung des Zollvereins auf Preußen [hierzu auch 341: J. R. DAVIS, Britain and the German Zollverein], aber sie blieben unerfüllt. Dagegen drangen die eindringlichen Mahnungen des Botschafters in Wien, Sir Fredrick Lamb, beim Londoner Außenministerium je länger, je weniger durch, man müsse die Eigenart der österreichischen und deutschen Verfassungskonstruktion in Europa nebst ihren historischen Wurzeln respektieren und die daraus resultierenden Zwangslagen der Wiener Politik ernst nehmen.

Die aus den Gesandtschaftsberichten erkennbare Eigenart des britischen Vorgehens wird durch die jetzt in Buchform vorliegende Studie von GÜNTHER HEYDEMANN analysiert, die dem Vergleich der britischen Deutschland- und Italienpolitik zwischen 1815 und 1848 gewidmet ist [363: Konstitution gegen Revolution; siehe auch: 127]. Deren Kennzeichen bestand darin, die gesellschaftlichen und institutionellen Gegebenheiten im englischen politischen System als Maßstab zu betrachten, an dem sich die Europäer in Deutschland und Italien zu ihrem eigenen Besten orientieren sollten. Als „champion of liberty" agierte London außenpolitisch ganz auf sich selbst bezogen und versuchte, die europäischen Mächte möglichst geschmeidig in die jeweilige Konfiguration der eigenen Interessen einzubauen. Deshalb gab es auch keine nennenswerten Unterschiede zwischen der britischen Italien- und Deutschlandpolitik, und deswegen trug Großbritannien „gerade durch seine richtungweisende, fortschrittliche Reformpolitik zur allmählichen Aushöhlung der österreichischen Position und damit langfristig zur Auflösung der 1815 neubegründeten europäischen Staatenordnung" bei [ebd., 357].

Die britische Wahrnehmung der nationalen Bestrebungen und des Ringens um politische Reformen in den Staaten des Deutschen Bundes zwischen 1830 und 1863 [369: F. L. MÜLLER, Britain and the German Question] kann indessen nicht allein mit politischen Interessen und politisch-ideologischen Idiosynkrasien gegenüber den nichtliberalen Kabinetten Europas erklärt werden. Die latente britische Gegnerschaft zu Österreich und dessen Rolle in Deutschland war seit den 1830er Jahren immer auch mit dem wachen Interesse verbunden, Zugang zum mitteleuropäisch-deutschen Markt zu haben. Daraus resultierten die Hoffnungen, die Londons preußische Politik bis zum Vorabend der Revolution von 1848 charakterisierte [ebd., 32–41]. Vor allem aber ist offenkundig, dass die historische Analyse von Außenpolitik gerade im britischen Fall nicht auf die politische Ökonomie verzichten kann.

<small>Latente britische Gegnerschaft zu Österreich</small>

Nach der Revolution und dem Krimkrieg löste sich Londons Europapolitik aus den Bindungen des europäischen Staatensystems, die von 1815 herrührten. Doch auch der Pariser Friede 1856 widerrief die Prinzipien der Mächtesolidarität und Konzertdiplomatie nicht, wenngleich er auch nichts dazu leistete, sie wieder zu befestigen oder neu zu justieren. Das musste sich auf die britisch-österreichi-

<small>Krimkrieg, Pariser Friede und italienischer Krieg</small>

schen Beziehungen auswirken, zumal sich Österreich 1854 auf die Seite der Westmächte gestellt hatte, während Preußen im Gewande politischer Neutralität das Zarenreich wirtschaftlich unterstützte. Der Wandel politischer Interessen und Orientierungsmuster während des Krimkriegs gehörte insofern zu den Vorbedingungen des Kriegs von 1859, den Sardinien-Piemont mit der Rückendeckung Frankreichs gegen Österreich heraufbeschwor und der zur Abtrennung der norditalienischen Gebiete der Monarchie mit dem späteren Ergebnis der italienischen Einigung führte. Auch nach dem Ende der Ära Metternich 1848 und der Amtszeit seines mittelbaren Nachfolgers Schwarzenberg (1848–1852) blieb die 1815 eingeschlagene Linie der österreichischen Europa- und Deutschlandpolitik erkennbar. KATHARINA WEIGAND arbeitet heraus, dass sich der österreichische Außenminister von 1852 bis 1859, Graf Buol-Schauenstein, als Repräsentant sowohl der außenpolitischen Tradition als auch der österreichischen Staatsräson erwies. Infolge der Rechtsregelungen des Wiener Kongresses blieb diese Tradition für die Politik der Habsburger Monarchie ungeachtet der Amtsträger so lange verbindlich, wie die vertragsrechtliche Klammer zwischen der Verfasstheit Österreichs und des Deutschen Bundes im *ius publicum europaeum* Bestand hatte. Die Klammer wurde im Krimkrieg aufgesprengt, was sich Buol-Schauenstein nicht eingestehen wollte und ihn zur Fehlperzeption der Mächteinteressen im Vorfeld des italienischen Krieges verleitete [375: K. WEIGAND, Österreich, die Westmächte und das europäischen Staatensystem nach dem Krimkrieg].

Deutscher Krieg

Im Vergleich mit Buol-Schauenstein wird Bismarcks preußische Machtpolitik um so klarer erkennbar. Sie zielte darauf, den europarechtlichen Konnex zwischen österreichischer und deutscher Verfassung zu beseitigen. Zu diesem Zweck entfesselte Bismarck 1866 den Krieg gegen Österreich, worauf er seit seinen Erfahrungen während des Krimkriegs hingearbeitet hatte [340: W. BAUMGART, Bismarck und der Deutsche Krieg 1866].

Zerfall des Europäischen Konzerts infolge des Krimkriegs

Die Auffassung, „daß die Existenz der auf dem Wiener Kongreß eingerichteten Ordnung nach langen Jahren inneren Verfalls und äußerer Erschütterung durch den Krimkrieg weitgehend aufgehoben wurde," bestimmt auch die Darstellung von KLAUS HILDEBRAND über die preußische Politik Großbritanniens zwischen 1865 und 1870 [364: No intervention, 85]. Die historische Forschung tendiert inzwischen mehrheitlich zu der Auffassung, dass sich im Krimkrieg der Strukturbruch im europäischen Staatensystem vollzog, der die vier Jahrzehnte der Wiener Ordnung – wie schwach diese schon seit

1848/51 auch immer gewesen war – von den nachfolgenden Jahrzehnten der nationalegoistischen Machtpolitik unterschied. Jetzt ging es um punktuelle Bündnisse aus je aktuellem Interesse, aber nicht mehr um die Einbindung in einen völkerrechtlichen europäischen Zusammenhang. Damit verlor auch das Europäische Konzert [374: M. SCHULZ, Normen und Praxis] seinen Sinn, das zwar als Artefakt bestehen blieb und eine Funktionsfähigkeit simulierte, die es nicht mehr gab. Zwischen dem Ende des Krimkriegs und 1870 breitete sich das Prinzip der nationalen Macht- und Interessenpolitik aus, das WERNER NÄF schon 1925/35 als „zwischenstaatliche Anarchie" bezeichnet hatte [102: Staat und Staatsgedanke, 26; vgl. oben, 77 f.]. Nach dem Krimkrieg wurde nicht ohne Grund die Reformfähigkeit des Deutschen Bundes in immer neuen Anläufen erprobt und zugleich als unrealistisch erkannt: „Der Deutsche Bund zeigte sich (...) seiner ureigenen Aufgabe der europäischen Friedensbewahrung nicht länger gewachsen," weshalb die englische Politik auf die preußische Karte setzte [364: K. HILDEBRAND, No intervention, 115]. Die Erfahrung der Reichsgründungspolitik lehrte kritische Beobachter in London allerdings, dass man hier ein politisches System stützte, welches den liberalen und demokratischen Ideen der Zeit am schärfsten entgegengesetzt war. Denn Preußen repräsentiere despotische Militärgewalt, eine Politik mittels Kriegskalkül, Verachtung für geschmeidig rücksichtsvolle Verhandlungen, Gleichgültigkeit gegenüber menschlichem Leid, Unterdrückung von unabhängiger Meinung und Missachtung des Urteils der europäischen Politik über das eigene Land [ebd., 395]. Man brauchte also nicht bis zum Ersten Weltkrieg zu warten, um die spätere Theorie eines deutschen Sonderwegs in die Moderne keimen zu sehen. 1915 konnte der amerikanische Soziologe THORSTEIN VEBLEN in seinem Buch ‚Imperial Germany and the Industrial Revolution' vielmehr an die Beobachtungen von britischen Zeitgenossen der Reichsgründung anknüpfen, als er die Diagnose stellte, dass das deutsche Kaiserreich angesichts der Rückständigkeit seiner politisch-sozialen Ordnung gegenüber einem liberalen Gemeinwesen wie Großbritannien keine Aussicht auf eine führende Position in der Welt haben könne, und dies trotz modernster Wissenschaft und Technik und seiner industriellen Leistungskraft. Die Einsicht, dass Preußen und das borussisch-kleindeutsche Reich einen soziopolitischen Widerspruch bildeten zu den liberalen Ordnungsideen Westeuropas im letzten Drittel des 19. Jahrhunderts, ist simultan mit der Reichsgründung formuliert worden. Bis 1848 hatte Preußen gerade aus britischer Sicht als genuiner Bestandteil eines liberalen eu-

Skeptische Sicht auf Preußen und die Reichsgründung

ropäischen Ordnungszusammenhangs gegolten. Der Umschwung solcher Wertzuschreibungen erfolgte in den Jahrzehnten von 1851 bis 1866/71.

Einschlägige Edition: Akten zur Geschichte des Krimkriegs

Die historische Forschung zur Geschichte des Krimkriegs ist seit den 1990er Jahren allein dadurch ein großes Stück vorangetrieben worden, dass die einschlägige Quellenedition 2006 abgeschlossen werden konnte [312: Akten zur Geschichte des Krimkriegs. Serie I bis IV]. Jeweils drei Bände erschließen die österreichische und französische Politik, zwei die preußische, während die englischen Akten vier Bände ausmachen. Auch darin spiegelt sich Großbritanniens Gewicht in den europäischen Staatenbeziehungen des 19. Jahrhunderts. Auf die Veröffentlichung der russischen Akten wurde verzichtet, was der Herausgeber der Edition WINFRIED BAUMGART näher begründet [ebd., Serie III: Englische Akten. Bd. 1, 11 f.]. In einer Überblicksdarstellung hat er obendrein die politisch-diplomatischen Bezüge des Krimkriegs knapp beschrieben und darin besonderes Augenmerk auf die Bedeutung des Osmanischen Reichs gelegt, dessen Schwäche zu den Auslösern des Konflikts zählte. Die Bedeutung des Krimkriegs selbst jedoch sieht BAUMGART nicht nur in den destruktiven Auswirkungen auf das europäische Staatensystem und seine völkerrechtliche Grundlage, sondern auch darin, dass dieser Konflikt bereits Merkmale des Ersten Weltkriegs sichtbar machte und auf diesen vorauswies [359: W. BAUMGART, The Crimean War].

„Vermiedene Kriege"

Allerdings ist es in der Geschichtswissenschaft kaum zulässig, einlinige Entwicklungen zu postulieren und monokausale Erklärungen anzubieten. Das macht der Verweis auf eine große Zahl vermiedener Kriege zwischen Krimkrieg und Erstem Weltkrieg deutlich [361: J. DÜLFFER u.a., Vermiedene Kriege]. Gegen die Tendenz der Forschung in den letzten Jahren, „den Ersten Weltkrieg als gleichsam natürliches Ereignis der Entwicklung des Mächtesystems anzusehen" [ebd., 1], werden mehr als dreißig Konflikte rund um die Welt untersucht, an denen die eine oder andere europäische Großmacht beteiligt war. Angesichts von „acht Typen des Konfliktmanagements in gefährlichen Krisen" [ebd., 21] wird hier markant verdeutlicht, dass die Geltung von multilateralen Verträgen in dem halben Jahrhundert von 1856 bis 1914 eine bis zur Bedeutungslosigkeit abnehmende Rolle spielte. Die Entstehung einer ganzen Anzahl von Regeln und Institutionen zur Konfliktbewältigung [ebd., 24 ff.] verweist implizit auf den Sachverhalt, dass es in dieser Zeit kein umfassend gültiges Völkerrecht gab. Die Zeitgenossen empfanden das deutlich, wie die verschiedenen Versuche um 1900 zeigen, die internationale

Politik zu verrechtlichen und den Frieden sicher zu machen [zum deutschen Kontext vgl. 373: B. RIEHLE, Eine neue Ordnung der Welt; zur Pax Britannica: 332: J. OSTERHAMMEL, Die Verwandlung der Welt, 646–649]. Nach dem Krimkrieg befanden sich die Großmächte in einer Konstellation, der die Regelungen des *ius publicum europaeum* von 1815 nicht mehr angemessen waren und die noch keine neuen Kriterien für ein erweitertes, über Europa hinausreichendes Völkerrecht zu entwickeln vermochte.

Die immensen Schwierigkeiten, die der Zerfall des überlebten Völkerrechts von 1815 seit dem Pariser Frieden 1856 nach sich zog, werden durch die Analyse der britischen Handelspolitik zwischen Krimkrieg und Reichsgründung sichtbar [367: G. METZLER, Großbritannien – Weltmacht in Europa]. Das nationale Interesse der Handelsmacht Großbritannien sowie die Einsicht, dass die Bedürfnisse eines modernen Nationalstaats anderer Rechtsbedingungen bedürfe als das monarchische Staatensystem zur Zeit des Wiener Kongresses, hatten die Londoner Außenpolitik schon seit 1850/51 beschäftigt. In den 1860er Jahren folgte dann der aus nationalem Interesse resultierende Versuch, anstelle einer irgendwie durch Vertragssysteme eingeengten Außenpolitik das Modell eines liberalen Beziehungsgefüges zwischen zwei oder auch mehreren Staaten zu entwickeln. „No Foreign Politics" lautete eine Forderung in den Jahren nach 1860. Beeinflusst durch den wirkungsmächtigen Protagonisten des Freihandels Richard Cobden ließ sich dann die Schwerpunktverlagerung vom Foreign Office zum Board of Trade mit der Aussage begründen: „Free Trade is God's Diplomacy" [ebd., 133 ff., 139–157]. Als der britische Versuch scheiterte, ein Netzwerk von Handelsverträgen an die Stelle des Völkerrechts von 1815 zu setzen, und als die preußische Politik in Europa dem Machterwerb durch Krieg den Vorrang gab vor der Machtsicherung durch Handel, setzte Englands Rückzug aus den europäischen Staatenbeziehungen in die „splendid isolation" ein.

Rückzug Englands aus dem europäischen Staatensystem

Gleichwohl, Außenpolitik und internationale Beziehungen lassen sich nicht auf Rationalität, Kalkül und Interesse im Sinne der Politikgeschichte reduzieren. Vielmehr bildete die Welt der Diplomaten eine eigene Kultur aus, die über den institutionengeschichtlichen [362: D. GRYPA, Der diplomatische Dienst des Königreichs Preußen] oder den kulturgeschichtlichen [368: M. MÖSSLANG/ T. RIOTTE (Hrsg), The Diplomats' World] Zugang erfasst werden kann. Der Wandel im diplomatischen Dienst während des 19. Jahrhunderts durch zunehmende Professionalisierung, die Bedeutung der verschiedenartigen nationalen Kulturstile in der Begegnung von Men-

Kulturgeschichtlicher Zugang präzisiert die politikgeschichtliche Interpretation

schen aus vergleichbaren sozialen Milieus sowie die wachsende Bedeutung der Presse und die publizistische Begleitung der außenpolitischen Praxis können mit dem kulturgeschichtlichen Zugang präzise ausgeleuchtet werden. Wie insbesondere die Darstellung von Monarchenbegegnungen im Europa des 19. Jahrhunderts zeigen kann [370: J. PAULMANN, Pomp und Politik], trägt diese dazu bei, das vorrationale, emotionale, seitab jeglicher Absichten und Planung liegende Beiwerk im politischen Prozess sichtbar zu machen, das keine diplomatiegeschichtliche Darstellung zu erfassen vermag und das dennoch dem Lauf der Dinge nicht selten die entscheidende Wendung gegeben hat.

III. Quellen und Literatur

Die Zitierweise bei Zeitschriften entspricht dem Schema der Historischen Zeitschrift.

A. Quellen

Quellen werden nur in äußerster Beschränkung – im wesentlichen auf die im Text zitierten Werke – aufgeführt, da die folgende Quellenkunde (1.) einen ausgezeichneten und umfassenden Überblick gibt:

1. Restauration, Liberalismus und nationale Bewegung (1815–1870). Akten, Urkunden und persönliche Quellen. Bearb. v. W. SIEMANN. Darmstadt 1982.
2. Akten zur Geschichte des Krimkrieges [AGKK]. Hrsg. v. W. BAUMGART. München. Serie 1: Österr. Akten. Bd. 1–3, 1979/80; Serie 2: Preuß. Akten. Bd. 2, 1990; Serie 3: Engl. Akten. Bd. 4, 1988.
3. F. GRAF VON BEUST, Aus drei Viertel-Jahrhunderten. Erinnerungen und Aufzeichnungen. 2 Bde. Stuttgart 1887.
4. [BISMARCK] Die politischen Reden des Fürsten Bismarck. Historisch-kritische Gesamtausgabe besorgt v. H. KOHL. Bd. 1–14. Stuttgart 1892–1905.
5. O. FÜRST VON BISMARCK, Die gesammelten Werke. Bde. 1–15. Berlin 1924–35.
6. DERS., Erinnerung und Gedanke. Kritische Neuausgabe auf Grund des gesamten schriftlichen Nachlasses. Hrsg. v. G. RITTER u. R. STADELMANN. Berlin 1932.
7. K. BOURNE, The Foreign Policy of Victorian England. 1830–1902. London 1970.
8. The Consolidated Treaty Series [CTS]. Hrsg. u. kommentiert v. C. PARRY, Bd. 63 (1814)-142 (1871). New York 1969.
9. Der diplomatische Ursprung des Krieges von 1870/71 (Dez. 1863–Jul. 1864). Ges. Urkunden, hrsg. v. Franz. Ministerium des Auswärtigen [übers. v. J. TH. PLANGE]. Bd. 1–3. Berlin 1910/11.

10. H.-D. DYROFF (Hrsg.), Der Wiener Kongreß 1814/15. München 1966.
11. Gesandtschaftsberichte aus München 1814–1848. Bearb. v. A. CHROUST. Abt. 1–3 in 15 Bdn. München 1935–51.
12. J. L. KLÜBER (Hrsg.), Acten des Wiener Congresses in den Jahren 1814 und 1815. Bd. 1–9. Erlangen 1815–35, *Ndr.* Osnabrück 1966.
13. R. FÜRST METTERNICH-WINNEBURG/A. GRAF VON KLINCKOWSTRÖM (Hrsg.), Aus Metternich's nachgelassenen Papieren. 3 Tle. in 8 Bdn. Wien 1880–84.
14. K. OBERMANN (Hrsg.), Einheit und Freiheit. Die deutsche Geschichte von 1815 bis 1849 in zeitgenössischen Dokumenten. Berlin (DDR) 1950.
15. H. ONCKEN, Die Rheinpolitik Kaiser Napoleons III. von 1863 bis 1870 und der Ursprung des Krieges von 1870/71. 3 Bde. Berlin/Leipzig 1926.
16. Preußen im Bundestag 1851 bis 1859. Documente der K. Preuß. Bundestags-Gesandtschaft, hrsg. v. H. RITTER VON POSCHINGER. T. 1–4. Leipzig 1882–85.
17. Preußens Auswärtige Politik 1850–1858. Hrsg. v. H. VON POSCHINGER. 3 Bde. Berlin 1902.
18. [PREUSSEN] Die Auswärtige Politik Preußens 1858–1871 [APP]. Hrsg. v. d. Hist. Reichskommission unter Ltg. v. E. BRANDENBURG. Abt. 1–3 in 12 Bdn. Oldenburg i. O. 1932–45.
19. Quellen zur deutschen Politik Österreichs 1859–1866. Unter Mitw. v. O. SCHMID hrsg. v. H. RITTER VON SRBIK. Bd. 1–5. Oldenburg i. O./Berlin 1934–38.
20. L. VON RANKE, Aus dem Briefwechsel Friedrich Wilhelms IV. mit Bunsen. Leipzig 1873.
21. L. A. VON ROCHAU, Grundsätze der Realpolitik. Hrsg. u. eingel. v. H.-U. WEHLER. Frankfurt a. M./Berlin/Wien 1972.
22. Vorgeschichte und Begründung des Deutschen Zollvereins 1815–1834. Bearb. v. W. VON EISENHART ROTHE u. A. RITTHALER. Eingel. v. H. ONCKEN. 3 Bde. Berlin 1934.
23. [WILHELM I.] Briefe Kaiser Wilhelms des Ersten. Hrsg. v. E. BRANDENBURG. Leipzig 1911.

B. Literatur

1. Übergreifende Abhandlungen und Gesamtdarstellungen

24. M. S. ANDERSON, The Ascendancy of Europe (1815–1914). London 1972.
25. DERS., The Eastern Question. London 1966.
26. J. BECKER/A. HILLGRUBER (Hrsg.), Die Deutsche Frage im 19. und 20. Jahrhundert. München 1983.
27. L. BENTFELDT, Der Deutsche Bund als nationales Band 1815–1866. Göttingen 1985.
28. L. BERGERON/F. FURET/R. KOSELLECK, Das Zeitalter der europäischen Revolution 1780–1848. Frankfurt a. M. 1969.
29. V. BIBL, Metternich. Der Dämon Österreichs. Leipzig/Wien 1938.
30. A. M. BIRKE/G. HEYDEMANN (Hrsg.), Die Herausforderung des europäischen Staatensystems. Göttingen/Zürich 1989.
31. E. BRANDENBURG, Die Reichsgründung. 2 Bde. Leipzig 1916.
32. F. R. BRIDGE/R. BULLEN, The Great Powers and the European States System 1815–1914. London/New York 1980.
33. O. BÜSCH (Hrsg.), Friedrich Wilhelm IV. in seiner Zeit. Berlin 1987.
34. W. BUSSMANN, Europa von der Französischen Revolution zu den nationalstaatlichen Bewegungen des 19. Jahrhunderts, in: Th. Schieder (Hrsg.), Handbuch der Europäischen Geschichte. Bd. 5. Stuttgart 1981, 1–186.
35. DERS., Zwischen Preußen und Deutschland. Friedrich Wilhelm IV. Eine Biographie. Berlin 1990.
36. G. A. CRAIG, Geschichte Europas im 19. und 20. Jahrhundert. Bd. 1. München 1978.
37. L. DEHIO, Gleichgewicht oder Hegemonie. Krefeld 1948.
38. A. DOERING-MANTEUFFEL, Vom Wiener Kongreß zur Pariser Konferenz. England, die deutsche Frage und das Mächtesystem 1815–1856. Göttingen/Zürich 1991.

39. K. G. Faber, Deutsche Geschichte im 19. Jahrhundert (1815–1851). Wiesbaden 1979.
40. L. Gall, Die europäischen Mächte und der Balkan im 19. Jahrhundert, in: HZ 228 (1979) 551–571.
41. Ders., Bismarck. Der weiße Revolutionär. Frankfurt a. M./Berlin 1980.
42. Ders., Europa auf dem Weg in die Moderne 1850–1890. München 1984.
43. I. Geiss, Der lange Weg in die Katastrophe. Die Vorgeschichte des Ersten Weltkriegs 1815–1914. München/Zürich 1990.
44. B. Gödde-Baumanns, Deutsche Geschichte in französischer Sicht. Wiesbaden 1971.
45. W. D. Gruner, Die deutsche Frage. Ein Problem der europäischen Geschichte seit 1800. München 1985.
46. Ders. (Hrsg.), Gleichgewicht in Geschichte und Gegenwart. Hamburg 1989.
47. K. Hildebrand, „British Interests" und „Pax Britannica". Grundfragen englischer Außenpolitik im 19. und 20. Jahrhundert, in: HZ 221 (1975) 623–639.
48. Ders., Deutsche Außenpolitik 1871–1918. München 1989.
49. O. Hintze, Die Hohenzollern und ihr Werk. Berlin 1915.
50. W. Hofer (Hrsg.), Europa und die deutsche Frage. Köln 1970.
51. E. R. Huber, Deutsche Verfassungsgeschichte seit 1789. Bd. 1–3. Stuttgart 1957–63.
52. B. Jelavich, A Century of Russian Foreign Policy 1814–1914. Philadelphia/New York 1964.
53. P. J. Katzenstein, Disjoined Partners. Austria and Germany since 1815. Berkeley, Cal. 1976.
54. R. Koch, Deutsche Geschichte 1815–1848. Stuttgart 1985.
55. D. Langewiesche, Europa zwischen Restauration und Revolution 1815–1849. München 1985.
56. M. Lenz, Die Großen Mächte. Ein Rückblick auf unser Jahrhundert, in: Deutsche Rundschau 102 (1900) 74–98, 269–288, 422–447.
57. O. Lorenz, Staatsmänner und Geschichtsschreiber des 19. Jahrhunderts. Berlin 1896.
58. H. Lutz/H. Rumpler (Hrsg.), Österreich und die deutsche Frage im 19. und 20. Jahrhundert. München 1982.
59. H. Lutz, Zwischen Habsburg und Preußen. Deutschland 1815–1866. Berlin 1985.
60. E. Marcks, Kaiser Wilhelm I. Leipzig 1897.

61. DERS., Der Aufstieg des Reiches. Deutsche Geschichte von 1807–1870/71. Stuttgart/Berlin 1936.
62. M. MESSERSCHMIDT, Deutschland in englischer Sicht. Düsseldorf 1955.
63. W. E. MOSSE, The European Powers and the German Question 1848–1871. Cambridge 1958.
64. TH. NIPPERDEY, Deutsche Geschichte 1800–1866. München 1983.
65. K. OBERMANN, Deutschland von 1815 bis 1849. Berlin (DDR) 1973.
66. O. PFLANZE, Bismarck and the Development of Germany. Bd. 1: The Period of Unification, 1815–1871. 2. Aufl. Princeton 1990.
67. R. POIDEVIN/J. BARIÉTY, Frankreich und Deutschland. Die Geschichte ihrer Beziehungen 1815–1975. München 1982.
68. G. RITTER, Staatskunst und Kriegshandwerk. Das Problem des ‚Militarismus‘ in Deutschland. Bd. 1. München 1954.
69. H. RUMPLER (Hrsg.), Deutscher Bund und deutsche Frage 1815–1866. Wien/München 1990.
70. TH. SCHIEDER, Vom Deutschen Bund zum Deutschen Reich, in: Gebhardt-Handbuch der Deutschen Geschichte. Bd. 3. 9. Aufl. Stuttgart 1970, 99–220.
71. DERS. (Hrsg.), Handbuch der Europäischen Geschichte. Bd. 5. Hrsg. v. W. Bußmann. Stuttgart 1981.
72. F. SCHNABEL, Deutschland in den weltgeschichtlichen Wandlungen des letzten Jahrhunderts. Berlin 1925.
73. DERS., Deutsche Geschichte im 19. Jahrhundert. 4 Bde. Freiburg i. Br. 1929–34.
74. H. SCHULZE, Der Weg zum Nationalstaat. Die deutsche Nationalbewegung vom 18. Jahrhundert bis zur Reichsgründung. München 1985.
75. H.-O. SIEBURG, Deutschland und Frankreich in der Geschichtsschreibung des 19. Jahrhunderts (1848–1871). Wiesbaden 1968.
76. A. SKED (Hrsg.), Europe's Balance of Power 1815–1848. London 1979.
77. H. RITTER VON SRBIK, Metternich. Der Staatsmann und der Mensch. 3 Bde. München 1925–54.
78. DERS., Deutsche Einheit. Idee und Wirklichkeit vom Heiligen Reich bis Königgrätz. 4 Bde. München 1935–42.
79. A. STERN, Geschichte Europas seit den Verträgen von 1815 bis zum Frankfurter Frieden von 1871. 6 Bde. Berlin 1894–1911.
80. G. STÖKL, Osteuropa und die Deutschen. 3. Aufl. Stuttgart 1982.

81. M. Stürmer (Hrsg.), Das kaiserliche Deutschland. Düsseldorf 1970.
82. H. von Sybel, Die Begründung des Deutschen Reiches durch Wilhelm I. 7 Bde. München/Berlin 1889–94.
83. A. J. P. Taylor, The Struggle for Mastery in Europe, 1848–1918. Oxford 1954.
84. H. von Treitschke, Deutsche Geschichte im 19. Jahrhundert. 5 Bde. Leipzig 1879–94.
85. K. R. Wenger, Preußen in der öffentlichen Meinung Frankreichs 1815–1870. Göttingen 1979.
86. E. Wienhöfer, Das Militärwesen des Deutschen Bundes und das Ringen zwischen Österreich und Preußen um die Vorherrschaft in Deutschland 1815–1866. Osnabrück 1973.
87. J. Ziekursch, Politische Geschichte des neuen deutschen Kaiserreiches. Bd. 1: Die Reichsgründung. Frankfurt a. M. 1925.

2. Europäische Neuordnung und „Wiener System" 1814/15–1822

88 K. O. Frhr. von Aretin, Vom Deutschen Reich zum Deutschen Bund. Göttingen 1980.
89. G. Bertier de Sauvigny, France and the European Alliance 1816–1821. Notre Dame, Ind. 1958.
90. Ders., Sainte-Alliance et Alliance dans les conceptions de Metternich, in: RH 223 (1960) 249–274.
91. Ders., Metternich et la France après le congrès de Vienne. 3 Bde. Paris 1968–74.
92. M. Bourquin, Historie de la Sainte Alliance. Genf 1954.
93. E. Büssem, Die Karlsbader Beschlüsse von 1819. Hildesheim 1974.
94. U. Eich, Rußland und Europa. Studien zur russischen Deutschlandpolitik in der Zeit des Wiener Kongresses. Köln/Wien 1986.
95. E. Fehrenbach, Vom Ancien Régime zum Wiener Kongreß. München/Wien 1981.
96. K. Griewank, Der Wiener Kongreß und die Europäische Restauration 1814/15. 2. Aufl. Leipzig 1954.
97. H. A. Kissinger, Großmacht-Diplomatie. Von der Staatskunst Castlereaghs und Metternichs. Düsseldorf/Wien 1962.

98. E. E. KRAEHE, Metternich's German Policy. Bd. 2: The Congress of Vienna 1814–1815. Princeton, N. J. 1983.
99. W. MARKERT, Metternich und Alexander I. Die Rivalität der Mächte in der europäischen Allianz, in: Ders., Osteuropa und die abendländische Welt. Göttingen 1966, 122–144.
100. A. O. MEYER, Der Streit um Metternich, in: HZ 157 (1937) 75–84.
101. W. NÄF, Zur Geschichte der Heiligen Allianz. Bern 1928.
102. DERS., Staat und Staatsgedanke. Bern 1935.
103. J.-H. PIRENNE, La Sainte-Alliance. Organisation européenne de la paix mondiale. Bd. 1–2. Neuchâtel 1946–49.
104. K. VON RAUMER/M. BOTZENHART, Deutsche Geschichte im 19. Jahrhundert. Deutschland um 1800: Krise und Neugestaltung 1789–1815. Wiesbaden 1980.
105. P. R. ROHDEN, Die klassische Diplomatie von Kaunitz bis Metternich. Leipzig 1939.
106. H. SCHAEDER, Autokratie und Heilige Allianz. 2. Aufl. Darmstadt 1963.
107. H. W. SCHMALZ, Versuche einer gesamteuropäischen Organisation 1815–1820. Aarau 1940.
108. P. W. SCHROEDER, Metternich's Diplomacy at Its Zenith 1820–1823. Austin, Texas 1962.
109. H. W. SCHWARZ, Die Vorgeschichte des Vertrages von Ried. München 1933.
110. W. SCHWARZ, Die Heilige Allianz. Stuttgart 1935.
111. H. A. STRAUS, The Attitude of the Congress of Vienna toward Nationalism in Germany, Italy and Poland. New York 1949.
112. CH. K. WEBSTER, The Congress of Vienna 1814–1815. London 1919.
113. DERS., The Foreign Policy of Castlereagh 1815–1822. London 1925.
114. DERS., The Foreign Policy of Castlereagh 1812–1815. London 1931.

3. Deutschland und das Staatensystem in der „Wiener Ordnung" 1822–1830–1847/48

115. M. Boyce, The Diplomatic Relations of England with the Quadruple Alliance 1815–1830. Iowa City 1918.
116. E. Bucher, Die Geschichte des Sonderbundskrieges. Zürich 1964.
117. R. Bullen, Palmerston, Guizot and the Collapse of the Entente Cordiale. London 1974.
118. P. Burg, Der Wiener Kongreß. Der Deutsche Bund im europäischen Staatensystem. München 1984.
119. C. H. Church, Europe in 1830. London 1983.
120. H. von der Dunk, Der deutsche Vormärz und Belgien 1830/48. Wiesbaden 1966.
121. K. Eckinger, Lord Palmerston und der Schweizer Sonderbundskrieg. Berlin 1938.
122. H. Gollwitzer, Ideologische Blockbildung als Bestandteil internationaler Politik im 19. Jahrhundert, in: HZ 201 (1965) 306–333.
123. W. D. Gruner, Europäischer Friede als nationales Interesse. Die Rolle des Deutschen Bundes in der britischen Politik 1814–1832, in: Bohemia 18 (1977) 96–128.
124. Ders., England, Hannover und der Deutsche Bund 1814–1837, in: A. M. Birke/K. Kluxen (Hrsg.), England und Hannover. München 1986, 81–126.
125. H.-H. Hahn, Der polnische Novemberaufstand von 1830 angesichts des zeitgenössischen Völkerrechts, in: HZ 235 (1982) 85–119.
126. K. Hammer, Die französische Diplomatie der Restauration und Deutschland 1814 bis 1830. Stuttgart 1962.
127. G. Heydemann, Repression oder Reform? Großbritanniens Deutschland- und Italienpolitik und das europäische Staatensystem zwischen 1815 und 1848 – ein Vergleich. Phil. Habil.schr. Bayreuth 1990.
128. K. M. Hoffmann, Preußen und die Julimonarchie 1830–1834. Berlin 1936.
129. K. Holzapfel, Revolution und Diplomatie (1830–1834). Der historische Ort des Prinzips der Nichteinmischung, in: JbG 33 (1986) 7–47.

130. M. Kossok/W. Loch (Hrsg.), Die Französische Julirevolution von 1830 und Europa. Vaduz 1985.
131. H. Müller, Die Krise des Interventionsprinzips der Heiligen Allianz. Zur Außenpolitik Österreichs und Preußens nach der Julirevolution von 1830, in: JbG 14 (1976) 9–56.
132. Ders., Der Weg nach Münchengrätz, in: JbG 21 (1980) 7–62.
133. W. Näf, Der Schweizerische Sonderbundskrieg als Vorspiel der Deutschen Revolution von 1848. Basel 1919.
134. Ders., Abrüstungsverhandlungen im Jahre 1831. Bern 1931.
135. R. Poidevin/H.-O. Sieburg (Hrsg.), Aspects des relations franco-allemands 1830–1848. Metz 1978.
136. F. Richter, Das europäische Problem der preußischen Staatspolitik und die revolutionäre Krisis von 1830 bis 1832. Leipzig 1933.
137. H. Rieben, Prinzipiengrundlage und Diplomatie in Metternichs Europapolitik. 1815–1848. Aarau 1942.
138. D. Roghé, Die französische Deutschlandpolitik während der ersten zehn Jahre der Julimonarchie (1830–1840). Diss. phil. Würzburg 1971.
139. H. W. V. Temperley, The Foreign Policy of Canning 1822–1827. London 1925.
140. I. Veit-Brause, Die deutsch-französische Krise von 1840. Diss. phil. Köln 1967.
141. M. Vogt, Das vormärzliche Deutschland im Urteil englischer Zeitungen, Zeitschriften und Bücher (1830–1847). Diss. phil. Göttingen 1962.
142. Ch. K. Webster, The Foreign Policy of Palmerston 1830–1841. London 1951.
143. Ders., Palmerston, Metternich, and the European System 1830–1841, in: Ders., The Art and Practice of Diplomacy. London 1961. 152–180.

4. Die Revolutionszeit 1848–1851

144. F. Baumgart, Die verdrängte Revolution. Darstellung und Bewertung der Revolution von 1848 in der deutschen Geschichtsschreibung vor dem Ersten Weltkrieg. Düsseldorf 1976.
145. E. Brandenburg, Die deutsche Revolution 1848. Leipzig 1912.
146. G. Gillessen, Lord Palmerston und die Einigung Deutschlands (1848–1851). Lübeck/Hamburg 1961.

147. H.-H. HAHN, Internationale Beziehungen und europäische Revolution. Das europäische Staatensystem in der Revolution von 1848. Phil. Habil.schr. Köln 1986.
148. J. HOFFMANN, Rußland und die Olmützer Punktation vom 29. November 1850, in: FOEG 7 (1959) 59–71.
149. H.-G. KRAUME, Außenpolitik 1848. Die holländische Provinz Limburg in der deutschen Revolution. Düsseldorf 1979.
150. D. LANGEWIESCHE (Hrsg.), Die deutsche Revolution von 1848/49. Darmstadt 1983.
151. E. MARCKS, Die europäischen Mächte und die 48er Revolution, in: HZ 142 (1930) 73–87.
152. DERS., Bismarck und die deutsche Revolution 1848–1851. Aus dem Nachlaß hrsg. u. eingel. v. W. ANDREAS. Stuttgart/Berlin 1939.
153. F. MEINECKE, Radowitz und die deutsche Revolution. Berlin 1913.
154. G. MOLTMANN, Atlantische Blockpolitik im 19. Jahrhundert. Die Vereinigten Staaten und der deutsche Liberalismus während der Revolution von 1848/49. Düsseldorf 1973.
155. H. PRECHT, Englands Stellung zur deutschen Einheit 1848–1850. München/Berlin 1925.
156. A. SCHARFF, Die europäischen Großmächte und die deutsche Revolution. Deutsche Einheit und europäische Ordnung 1848–1851. Leipzig 1942.
157. DERS., Schleswig-Holstein in der deutschen und nordeuropäischen Geschichte. Stuttgart 1969.
158. H. J. SCHOEPS, Von Olmütz nach Dresden 1850/51. Köln/Berlin 1972.
159. R. STADELMANN, Soziale und politische Geschichte der Revolution von 1848. München 1948.
160. V. VALENTIN, Geschichte der deutschen Revolution von 1848–1849. 2 Bde. Berlin 1930/31, Ndr. Köln/Berlin 1977.
161. V. WEIMAR, Der Malmöer Waffenstillstand von 1848. Neumünster 1959.
162. G. WOLLSTEIN, Das ‚Großdeutschland' der Paulskirche. Nationale Ziele in der bürgerlichen Revolution 1848/49. Düsseldorf 1977.
163. DERS., Deutsche Geschichte 1848/49. Stuttgart 1986.

5. Europäisches Staatensystem und deutscher Dualismus 1848/51–1856/59

164. R. A. Austensen, Austria and the „Struggle for Supremacy in Germany", 1848–1864, in: JModH 52 (1980) 195–225.
165. W. Baumgart, Probleme der Krimkriegsforschung, in: Jb. f. d. Gesch. Ostmitteleuropas N.F. 19 (1971) 49–109, 243–264, 371–400.
166. Ders., Der Friede von Paris 1856. München/Wien 1972.
167. Ders., Zur Außenpolitik Friedrich Wilhelms IV. 1840–1858, in: 33, 132–156.
168. H. Böhme (Hrsg.), Probleme der Reichsgründungszeit 1848–1879. Köln/Berlin 1968.
169. K. Borries, Preußen im Krimkrieg (1853–1856). Stuttgart 1930.
170. R. Buchner, Die deutsch-französische Tragödie 1848–1864. Würzburg 1965.
171. F. Eckhart, Die deutsche Frage und der Krimkrieg. Berlin 1931.
172. H. Friedjung, Der Krimkrieg und die österreichische Politik. Stuttgart/Berlin 1907.
173. Ders., Österreich von 1848 bis 1860. 2 Bde. Stuttgart/Berlin 1908/12.
174. W. D. Gruner, Frankreich und der Deutsche Bund 1851–1866, in: 181, 39–61.
175. Ch. W. Hallberg, Franz Joseph and Napoleon III. 1852–1864. 1955, Ndr. New York 1973.
176. W. Heindl, Graf Buol-Schauenstein in St. Petersburg und London (1848–1852). Wien/Köln/Graz 1970.
177. K. Hildebrand, Die „Krimkriegssituation" – Wandel und Dauer einer historischen Konstellation der Staatenwelt, in: Deutschland in Europa. Gedenkschrift f. A. Hillgruber. Hrsg. v. J. Dülffer u. a. Berlin 1990, 37–51.
178. S. A. Kaehler, Realpolitik zur Zeit des Krimkrieges, in: Ders., Studien zur deutschen Geschichte d. 19. u. 20. Jhdts. Göttingen 1961, 128–170.
179. A. Kaernbach, Bismarcks Konzepte zur Reform des Deutschen Bundes. Zur Kontinuität der Politik Bismarcks und Preußens in der Deutschen Frage. Göttingen 1991.
180. E. E. Kraehe, Austria and the Problem of Reform in the Ger-

man Confederation, 1851–1863, in: AHR 56 (1950/51) 276–294.
181. R. POIDEVIN/H.-O. SIEBURG (Hrsg.), Aspects des relations franco-allemandes à l'époque du Second Empire 1851–1866. Metz 1982.
182. P. W. SCHROEDER, Austria, Great Britain, and the Crimean War. The Destruction of the European Concert. Ithaca/London 1972.
183. A. J. P. TAYLOR, European Mediation and the Agreement of Villafranca 1859, in: EHR 51 (1936) 52–78.
184. B. UNCKEL, Österreich und der Krimkrieg. Studien zur Politik der Donaumonarchie in den Jahren 1852–1856. Lübeck/Hamburg 1969.

6. Die Mittelstaaten von den Anfängen des Deutschen Bundes bis zur Reichsgründung 1815–1871

185. E. BRANDENBURG, Der Eintritt der süddeutschen Staaten in den Norddeutschen Bund. Berlin 1910.
186. O. BRANDT, Mittelstaatliche Politik im Deutschen Bund nach der Revolution von 1848, in: ZBLG 2/2 (1929) 299–318.
187. P. BURG, Die deutsche Trias in Idee und Wirklichkeit. Vom Alten Reich zum Deutschen Zollverein. Stuttgart 1989.
188. E. DEUERLEIN, Die deutschen Mittel- und Kleinstaaten 1866, in: PolZG 25/66 (1966) 3–13.
189. M. DOEBERL, Bayern und die wirtschaftliche Einigung Deutschlands. München 1915.
190. DERS., Bayern und die deutsche Frage in der Epoche des Frankfurter Parlaments. München 1922.
191. DERS., Bayern und das preußische Unionsprojekt. München/Berlin 1926.
192. DERS., Bayern und Deutschland. Bayern und die Bismarcksche Reichsgründung. München/Berlin 1925.
193. W. P. FUCHS, Die deutschen Mittelstaaten und die Bundesreform 1853–1860. Berlin 1934.
194. W. D. GRUNER, Die Würzburger Konferenzen der Mittelstaaten in den Jahren 1859–1861 und die Bestrebungen zur Reform des Deutschen Bundes, in: ZBLG 36 (1973) 181–253.
195. DERS., Bayern, Preußen und die Süddeutschen Staaten 1866–1870, in: ZBLG 37 (1974) 799–827.

196. F. Köster, Hannover und die Grundlegung der preußischen Suprematie in Deutschland 1862–1864. Hildesheim 1978.
197. S. Krauss, Die politischen Beziehungen zwischen Bayern und Frankreich 1814/15–1840. München 1987.
198. Th. Mästle, Württemberg und die Großmächte vom Wiener Kongreß bis zum Tode König Wilhelms I. (1815–1864). Diss. phil. Tübingen 1951.
199. S. Meiboom, Studien zur deutschen Politik Bayerns in den Jahren 1851–1859. München 1931.
200. W. Mössle, Bayern auf den Dresdener Konferenzen 1850/51. Berlin 1972.
201. H. Müller, Bremen und Frankreich zur Zeit des Deutschen Bundes 1815–1867. Bremen 1984.
202. K. A. von Müller, Bismarck und Ludwig II. im September 1870, in: HZ 111 (1913) 89–132.
203. H. Rall, König Ludwig II. und Bismarcks Ringen um Bayern 1870/71. München 1973.
204. H. Rumpler, Die deutsche Politik des Freiherrn von Beust 1848–1850. Zur Problematik mittelstaatlicher Reformpolitik im Zeitalter der Paulskirche. Wien/Graz/Köln 1972.
205. R. Schridde, Bismarck und Hannover. Die Gesandtenzeit 1851–1862. Hildesheim 1963.
206. W. Schüssler, Bismarcks Kampf um Süddeutschland 1867. Berlin 1927.
207. H. Seier, Kurhessen und die Anfänge des Deutschen Bundes, in: HessJbLG 29 (1979) 98–161.
208. E. Weis, Vom Kriegsausbruch zur Reichsgründung. Zur Politik des bayerischen Außenministers Graf Bray-Steinburg im Jahr 1870, in: ZBLG 33 (1970) 787–810.
209. G. S. Werner, Bavaria in the German Confederation 1820–1848. Rutherford, N.J. 1977.
210. R. Wilhelm, Das Verhältnis der süddeutschen Staaten zum Norddeutschen Bund (1867–1870). Husum 1978.

7. Die deutsche Frage und das europäische Staatensystem im Schatten der Machtpolitik 1856/59–1866–1870/71

211. W. S. Askew, Russian Military Strength on the Eve of the Franco-Prussian War, in: SEER 30 (1951/52) 185–205.
212. J. Becker, Zum Problem der Bismarckschen Politik in der spanischen Thronfrage 1870, in: HZ 212 (1971) 529–607.
213. D. Beyrau, Russische Orientpolitik und die Entstehung des deutschen Kaiserreiches 1866–1870/71. Wiesbaden 1974.
214. G. Brüns, England und der deutsche Krieg 1866. Berlin 1933.
215. Ch. Calmès, 1867. L'affaire du Luxemburg. 3. Aufl. Luxemburg 1982.
216. E. M. Carroll, French Public Opinion on the War with Prussia in 1870, in: AHR 31 (1925/26) 679–700.
217. Ch. W. Clark, Franz Joseph and Bismarck. The Diplomacy of Austria before the War of 1866. Cambridge, Mass. 1934.
218. G. A. Craig, Königgrätz. Wien 1966.
219. E. Deuerlein, Das Ende des Deutschen Bundes, in: PolZG 25/66 (1966) 15–30.
220. R. Dietrich (Hrsg.), Europa und der Norddeutsche Bund. Berlin 1968.
221. I. Diószegi, Österreich-Ungarn und der französisch-preußische Krieg 1870–1871. Budapest 1974.
222. J. Dittrich, Bismarck, Frankreich und die spanische Thronkandidatur der Hohenzollern. München 1962.
223. K.-G. Faber, Realpolitik als Ideologie. Die Bedeutung des Jahres 1866 für das politische Denken in Deutschland, in: HZ 203 (1966) 1–45.
224. E. Fleischhauer, Bismarcks Rußlandpolitik im Jahrzehnt vor der Reichsgründung. Köln/Wien 1976.
225. W. Frauendienst, Das Jahr 1866. Göttingen 1966.
226. H. Friedjung, Der Kampf um die Vorherrschaft in Deutschland 1859 bis 1866. 2 Bde. Stuttgart/Berlin 1907/08.
227. Ch. Friese, Rußland und Preußen vom Krimkrieg bis zum Polnischen Aufstand. Berlin/Königsberg 1931.
228. L. Gall, Zur Frage der Annexion von Elsaß und Lothringen 1870, in: HZ 206 (1968) 265–326.
229. Ders. (Hrsg.), Das Bismarck-Problem in der Geschichtsschreibung nach 1945. Köln/Berlin 1971.

230. DERS., Bismarck und der Bonapartismus, in: HZ 223 (1976) 618–637.
231. H. GEUSS, Bismarck und Napoleon III. Ein Beitrag zur Geschichte der preußisch-französischen Beziehungen 1851–1871. Köln/Graz 1959.
232. W. VON GROOTE/U. VON GERSDORFF (Hrsg.), Entscheidung 1866. Der Krieg zwischen Österreich und Preußen. Stuttgart 1966.
233. DIES., Entscheidung 1870. Der deutsch-französische Krieg. Stuttgart 1970.
234. K. HILDEBRAND, Die deutsche Reichsgründung im Urteil der britischen Politik, in: Francia 5 (1977) 399–424.
235. A. HILLGRUBER, Bismarcks Außenpolitik. Freiburg 1972.
236. M. HOWARD, The Franco-Prussian War. The German Invasion of France 1870–71. London 1961.
237. P. M. KENNEDY, The Rise of the Anglo-German Antagonism 1860–1914. London 1980.
238. H. KOBER, Studien zur Rechtsanschauung Bismarcks. Tübingen 1961.
239. E. KOLB, Bismarck und das Aufkommen der Annexionsforderung 1870, in: HZ 209 (1969) 318–356.
240. DERS., Der Kriegsausbruch 1870. Politische Entscheidungsprozesse und Verantwortlichkeiten in der Julikrise. Göttingen 1970.
241. DERS. (Hrsg.), Europa und die Reichsgründung. München 1980.
242. DERS. (Hrsg.), Europa vor dem Krieg von 1870. München 1987.
243. DERS., Der Weg aus dem Krieg. Bismarcks Politik im Krieg und die Friedensanbahnung 1870/71. München 1990.
244. R. LILL, Beobachtungen zur preußisch-italienischen Allianz (1866), in: QuFiAB 44 (1964) 464–527.
245. W. LIPGENS, Bismarck, die öffentliche Meinung und die Annexion von Elsaß und Lothringen 1870, in: HZ 199 (1964) 31–112.
246. DERS., Bismarck und die Frage der Annexion 1870. Eine Erwiderung, in: HZ 206 (1968) 586–617.
247. O. LORENZ, Kaiser Wilhelm und die Begründung des Reichs 1866–1871. Jena 1902.
248. H. LUTZ, Von Königgrätz zum Zweibund, in: HZ 217 (1973) 347–380.

249. DERS., Österreich-Ungarn und die Gründung des Deutschen Reiches. Europäische Entscheidungen 1867–1871. Frankfurt a. M./Berlin/Wien 1979.
250. R. MILLMAN, British Policy and the Coming of the Franco-Prussian War. Oxford 1965.
251. S. NA'AMAN, Der deutsche Nationalverein. Düsseldorf 1987.
252. E. NAUJOKS, Bismarcks auswärtige Pressepolitik und die Reichsgründung (1865–1871). Wiesbaden 1968.
253. H. POTTHOFF, Die deutsche Politik Beusts (1866–1870). Bonn 1968.
254. E. A. POTTINGER, Napoleon III. and the German Crisis 1865–1866. Cambridge, Mass. 1966.
255. W. RADEWAHN, Die Pariser Presse und die deutsche Frage. Frankfurt a. M./Bern/Las Vegas 1977.
256. W. REAL, Der deutsche Reformverein. Lübeck/Hamburg 1966.
257. K. RHEINDORF, England und der deutsch-französische Krieg 1870–71. Bonn/Leipzig 1923.
258. G. RITTER, Bismarck und die Rhein-Politik Napoleons III., in: RhVjbll 15/16 (1950/51) 339–370.
259. K. A. P. SANDIFORD, Great Britain and the Schleswig-Holstein Question 1848–1864. Toronto 1975.
260. TH. SCHIEDER/E. DEUERLEIN (Hrsg.), Reichsgründung 1870/71. Stuttgart 1970.
261. TH. SCHIEDER, Das Jahr 1866 in der deutschen und europäischen Geschichte, in: DERS., Einsichten in die Geschichte. Frankfurt a. M./Berlin/Wien 1980, 261–282.
262. L. L. SNYDER/I. M. BROWN, Bismarck and the German Unification. London 1971.
263. R. J. SONTAG, Germany and England. Background of Conflict 1848–1894. 1938, Ndr. New York 1964.
264. R. STADELMANN, Das Jahr 1865 und das Problem von Bismarcks deutscher Politik. München/Berlin 1933.
265. V.-L. TAPIÉ, Autour d'une tentative d'Alliance entre la France et l'Autriche 1867–70. Wien 1970.
266. V. VALENTIN, Bismarcks Reichsgründung im Urteil englischer Diplomaten. Amsterdam 1937.
267. A. WANDRUSZKA, Schicksalsjahr 1866. Graz/Wien/Köln 1966.
268. E. ZECHLIN, Bismarck und die Grundlegung der deutschen Großmacht. 1930. 2., erw. Aufl. Darmstadt 1960.

8. Zollverein und deutsche Politik

269. H. BERDING, Die Entstehung des Deutschen Zollvereins als Problem historischer Forschung, in: Vom Ancien régime zum modernen Parteienstaat. Festschrift f. Th. Schieder. München/Wien 1978, 225–237.
270. H. BÖHME, Deutschlands Weg zur Großmacht. Studien zum Verhältnis von Wirtschaft und Staat während der Reichsgründungszeit 1848–1881. Köln/Berlin 1966.
271. G. BONDI, Deutschlands Außenhandel 1815–1870. Berlin (DDR) 1958.
272. H. VON BORRIES, Deutschlands Außenhandel 1836–1856. Stuttgart 1970.
273. H.-H. BRANDT, Der österreichische Neoabsolutismus: Staatsfinanzen und Politik 1848–1860. Göttingen 1978.
274. W. FISCHER, Wirtschaft und Gesellschaft im Zeitalter der Industrialisierung. Göttingen 1972.
275. E. FRANZ, Der Entscheidungskampf um die wirtschaftspolitische Führung Deutschlands 1856–1867. München 1933.
276. DERS., Ein Weg zum Reich. Die Entstehung des Deutschen Zollvereins, in: VSWG 27 (1934) 105–136.
277. L. GALL, Staat und Wirtschaft in der Reichsgründungszeit, in: HZ 209 (1969) 616–630.
278. H.-W. HAHN, Wirtschaftliche Integration im 19. Jahrhundert. Die hessischen Staaten und der Deutsche Zollverein. Göttingen 1982.
279. DERS., Geschichte des Deutschen Zollvereins. Göttingen 1984.
280. TH. S. HAMEROW, Restoration, Revolution, Reaction. Economics and Politics in Germany 1815–1871. Princeton, N.J. 1958.
281. W. O. HENDERSON, The Zollverein. 2. Aufl. London 1959.
282. M. KUTZ, Deutschlands Außenhandel von der Französischen Revolution bis zur Gründung des Zollvereins. Wiesbaden 1974.
283. A. MEYER, Der Zollverein und die deutsche Politik Bismarcks. Frankfurt a. M./Bern/New York 1986.
284. R. POIDEVIN, Les relations économiques entre la France et le Zollverein (1851–1866), in: 181, 97–104.
285. A. H. PRICE, The Evolution of the Zollverein. Ann Arbor 1949.
286. H. ROSENBERG, Die Weltwirtschaftskrise 1857–1859. Göttingen, 2. Aufl. 1974.

287. K. Schenk, Die Stellung der europäischen Großmächte zur Begründung des deutschen Zollvereins 1815–1834. Düsseldorf 1939.
288. H.-U. Wehler, Sozialökonomie und Geschichtswissenschaft, in: NPL 14 (1969) 344–374.
289. W. Zorn, Wirtschafts- und sozialgeschichtliche Zusammenhänge der deutschen Reichsgründungszeit (1850–1879), in: 168, 296–316.
290. Ders., Die wirtschaftliche Integration Kleindeutschlands in den 1860er Jahren und die Reichsgründung, in: HZ 216 (1973) 304–334.
291. Ders., Zwischenstaatliche Integration im Deutschen Zollverein 1867–1870. Ein quantitativer Versuch, in: VSWG 65 (1978) 38–76.

9. Deutschland in der Staatenordnung Europas

292. W. Baumgart, Vom Europäischen Konzert zum Völkerbund. Friedensschlüsse und Friedenssicherung von Wien bis Versailles. Darmstadt 1974.
293. R. C. Binkley, Realism and Nationalism, 1852–1871. New York 1935.
294. N. Dommermuth, Das angebliche europäische Garantierecht über den Deutschen Bund von 1815 bis 1866. Leipzig 1928.
295. H. Duchhardt, Gleichgewicht der Kräfte, Convenance, Europäisches Konzert. Darmstadt 1976.
296. W. E. Echard, Napoleon III. and the Concert of Europe. Baton Rouge/London 1983.
297. R. B. Elrod, The Concert of Europe: A Fresh Look at an International System, in: WP 28 (1975/76) 159–174.
298. A. Gauland, Das Legitimitätsprinzip in der Staatenpraxis seit dem Wiener Kongreß. Berlin 1971.
299. C. Holbraad, The Concert of Europe. London 1970.
300. K.-E. Jeismann, Das Problem des Präventivkriegs im europäischen Staatensystem mit besonderem Blick auf die Bismarckzeit. Freiburg 1957.
301. R. Lill, Großdeutsch und kleindeutsch im Spannungsfeld der Konfessionen, in: A. Rauscher (Hrsg.), Probleme des Konfessionalismus in Deutschland seit 1800. Paderborn 1984, 29–47.

302. W. Näf, Die europäische Staatengemeinschaft in der neueren Geschichte. Zürich/Leipzig 1943.
303. Th. Nipperdey, Der deutsche Föderalismus zwischen 1815 und 1866 im Rückblick, in: A. Kraus (Hrsg.), Land und Reich, Stamm und Nation. Festgabe f. M. Spindler z. 90. Geburtstag. Bd. 3. München 1984, 1–18.
304. W. A. Philipps, The Confederation of Europe. A Study of the European Alliance 1813–1823 as an Experiment in the International Organisation of Peace. New York/Bombay/Calcutta 1914.
305. R. Rie, Der Wiener Kongreß und das Völkerrecht. Bonn 1957.
306. H. Rumpler, Föderalismus als Problem der deutschen Verfassungsgeschichte des 19. Jhdts. (1815–1871), in: Der Staat 16 (1977) 215–228.
307. Th. Schieder, Die mittleren Staaten im System der großen Mächte, in: HZ 232 (1981) 583–604.
308. P. W. Schroeder, The Lost Intermediaries: The Impact of 1870 on the European System, in: The International History Review 6 (1984) 1–27.
309. Ders., The 19th-Century International System: Changes in the Structure, in: WP 39 (1986) 1–26.
310. H. Seier, Zur Frage der militärischen Exekutive in der Konzeption des Deutschen Bundes, in: Staatsverfassung und Heeresverfassung in der europäischen Geschichte der frühen Neuzeit. Hrsg. v. J. Kunisch. Berlin 1986, 397–445.
311. E. Stamm, Konstantin Frantz 1857–1866. Ein Wort zur deutschen Frage. Berlin/Leipzig 1930.

C. Nachtrag 2010

1. Quellen

312. Akten zur Geschichte des Krimkriegs. Hrsg. v. W. BAUMGART. Serie I: Österreichische Akten. Bd. 1–3; Serie II: Preußische Akten. Bd. 1–2; Serie III: Englische Akten. Bd. 1–4; Serie IV: Französische Akten. Bd. 1–3. München/Wien 1979–2006.
313. British Envoys to Germany 1816–1866. Royal Historical Society in Association with the German Historical Institute London. Camden Fifth Series. Bd. 1: 1816–1829. Hrsg. v. S. FREITAG u. P. WENDE. Cambridge 2000. Bd. 2: 1830–1847. Hrsg. v. M. MÖSSLANG, S. FREITAG u. P. WENDE. Cambridge 2002. Bd. 3: 1848–1850. Hrsg. v. M. MÖSSLANG, T. RIOTTE u. H. SCHULZE. Cambridge 2006.
314. Quellen zur Geschichte des Deutschen Bundes. Für die Historische Kommission bei der Bayerischen Akademie der Wissenschaften hrsg. v. L. GALL.
Abt. I: Quellen zur Entstehung und Frühgeschichte des Deutschen Bundes 1813–1830. Bd. 1,1 und 1,2: Die Entstehung des Deutschen Bundes 1813–1815. Bearb. v. E. TREICHEL. München 2000.
Abt. II: Quellen zur Geschichte des Deutschen Bundes 1830–1848. Bd. 1: Reformpläne und Repressionspolitik 1830–1834. Bearb. v. R. ZERBACK. München 2003.
Abt. III: Quellen zur Geschichte des Deutschen Bundes 1850–1866. Bd. 1: Die Dresdener Konferenz und die Wiederherstellung des Deutschen Bundes 1850/51. Bearb. v. J. MÜLLER. München 1996; Bd. 2: Der Deutsche Bund zwischen Reaktion und Reform 1851–1858. Bearb. v. J. MÜLLER. München 1998.

2. Literatur

2.1 Gesamtdarstellungen, thematische Sammelbände, Methodisches

315. W. BAUMGART, Europäisches Konzert und nationale Bewegung. Internationale Beziehungen 1830–1870. Paderborn u.a. 1999.
316. C. A. BAYLY, The Birth of the Modern World 1780–1914. Global Connections and Comparisons. Oxford 2004.

317. T. C. W. BLANNING (Hrsg.), The Nineteenth Century. Europe 1789–1914. Oxford 2000.
318. M. BOTZENHART, 1848/49: Europa im Umbruch. Paderborn u.a. 1998.
319. H. BRANDT, Europa 1815–1850. Reaktion – Konstitution – Revolution. Stuttgart u.a. 2002.
320. H.-H. BRANDT, Deutsche Geschichte 1850–1870. Entscheidung über die Nation. Stuttgart u.a. 1999.
321. G. BUDDE/S. CONRAD/O. JANZ (Hrsg.), Transnationale Geschichte. Themen, Tendenzen und Theorien. Göttingen 2006.
322. J. FISCH, Europa zwischen Wachstum und Gleichheit 1850–1914. Stuttgart 2002.
323. M. GEHLER/R. F. SCHMIDT/H.-H. BRANDT/R. STEININGER (Hrsg.), Ungleiche Partner? Österreich und Deutschland in ihrer gegenseitigen Wahrnehmung. Historische Analysen und Vergleiche aus dem 19. und 20. Jahrhundert. Stuttgart 1996.
324. A. GREEN, Fatherlands. State-building and Nationhood in Nineteenth-Century Germany. Cambridge 2001.
325. T. GROSSBÖLTING, „Im Reich der Arbeit". Die Repräsentation gesellschaftlicher Ordnung in den deutschen Industrie- und Gewerbeausstellungen 1790–1914. München 2008.
326. W. D. GRUNER, Die deutsche Frage in Europa 1800–1990. Zürich 1993.
327. P. KRÜGER (Hrsg.), Das europäische Staatensystem im Wandel. Strukturelle Bedingungen und bewegende Kräfte seit der Frühen Neuzeit. München 1996.
328. D. LANGEWIESCHE/G. SCHMIDT (Hrsg.), Föderative Nation. Deutschlandkonzepte von der Reformation bis zum Ersten Weltkrieg. München 1999.
329. C. S. MAIER, Consigning the Twentieth Century to History. Alternative Narratives for the Moden Era, in: AHR 105 (2000) 807–831.
330. DERS., Transformations of Territoriality, in: 321, 32–54.
331. J. OSTERHAMMEL, Geschichtswissenschaft jenseits des Nationalstaats. Studien zu Beziehungsgeschichte und Zivilisationsvergleich. Göttingen 2001.
332. DERS., Die Verwandlung der Welt. Eine Geschichte des 19. Jahrhunderts. München 2009.
333. DERS./N. P. PETERSSON, Geschichte der Globalisierung. Dimensionen, Prozesse, Epochen. München 2003.
334. H. RUMPLER, Österreichische Geschichte 1804–1914. Eine

Chance für Mitteleuropa. Bürgerliche Emanzipation und Staatsverfall in der Habsburgermonarchie. Wien 1997.
335. P. W. Schroeder, The Transformation of European Politics 1763–1848. Oxford 1994.
336. Ders., International Politics, Peace, and War, 1815–1914, in: 317, 158–209.
337. W. Siemann, Vom Staatenbund zum Nationalstaat. Deutschland 1806–1871. München 1995.
338. A. Sked, The Decline and Fall of the Habsburg Empire, 1815–1918. London/New York 2001.

2.2 *Der Deutsche Bund im europäischen Staatensystem*

339. J. Angelow, Von Wien nach Königgrätz. Die Sicherheitspolitik des Deutschen Bundes im europäischen Gleichgewicht (1815–1866). München 1996.
340. W. Baumgart, Bismarck und der Deutsche Krieg 1866. Im Lichte der Edition von Band 7 der „Auswärtigen Politik Preußens", in: HMRG 20 (2007) 93–115.
341. J. R. Davis, Britain and the German Zollverein, 1848–1866. London 1997.
342. Ders., The Bamberg Conference of 1854. A Re-Evaluation, in: European History Quarterly 28 (1998) 81–107.
343. J. Flöter, Beust und die Reform des Deutschen Bundes 1850–1866. Sächsisch-mittelständische Koalitionspolitik im Kontext der deutschen Frage. Köln u.a. 2001.
344. D. Langewiesche, Föderativer Nationalismus als Erbe der deutschen Reichsnation. Über Föderalismus und Zentralismus in der deutschen Nationalgeschichte, in: Ders., Nation, Nationalismus, Nationalstaat in Deutschland und Europa. München 2000, 55–79.
345. Ders., Was heißt ‚Erfindung der Nation'? Nationalgeschichte als Artefakt – oder Geschichtsdeutung als Machtkampf, in: HZ 277 (2003) 593–617.
346. S. Lippert, Felix Fürst zu Schwarzenberg. Eine politische Biographie. Stuttgart 1998.
347. G. Mai (Hrsg.), Die Erfurter Union und das Erfurter Unionsparlament 1850. Köln u.a. 2000.
348. J. Müller, Deutscher Bund und deutsche Nation 1848–1866. Göttingen 2005.
349. J. Müller, Der Deutsche Bund 1815–1866. München 2006.

350. H. Seier, Der Deutsche Bund als militärisches Sicherungssystem 1815–1866, in: G. Clemens (Hrsg.), Nation und Europa. Studien zum internationalen Staatensystem im 19. und 20. Jahrhundert. Stuttgart 2001, 19–33.
351. N. Wehner, Die deutschen Mittelstaaten auf dem Frankfurter Fürstentag 1863. Frankfurt a.M. u.a. 1993.

2.3 Wandel des Metternich-Bildes

352. R. D. Billinger, Metternich and the German Question. States' Rights and Federal Duties 1820–1834. Cranbury, NJ 1991.
353. W. Burgdorf, Ein Weltbild verliert seine Welt. Der Untergang des Alten Reiches und die Generation 1806. 2. Aufl. München 2008.
354. H.-C. Kraus, Das Ende des alten Deutschland. Krise und Auflösung des Heiligen Römischen Reichs Deutscher Nation. Berlin 2006.
355. D. Seward, Metternich. The First European. New York 1991.
356. W. Siemann, Metternich. Staatsmann zwischen Restauration und Moderne. München 2010.
357. A. Sked, Metternich and Austria. An Evaluation. Houndmills, Basingstoke 2008.
358. Th. Stamm-Kuhlmann, Metternich im zwanzigsten Jahrhundert. Motive einer Rehabilitation, in: HMRG 12 (1999) 113–133.

2.4 Geschichte der Staatenbeziehungen und der Europäischen Konzertdiplomatie

359. W. Baumgart, The Crimean War 1853–1856. London 1999.
360. A. Doering-Manteuffel, Großbritannien und die Transformation des europäischen Staatensystems, in: 327, 153–170.
361. J. Dülffer/M. Kröger/R.-H.Wippich, Vermiedene Kriege. Deeskalation von Konflikten der Großmächte zwischen Krimkrieg und Erstem Weltkrieg. München 1997.
362. D. Grypa, Der Diplomatische Dienst des Königreichs Preußen (1815–1866). Institutioneller Aufbau und soziale Zusammensetzung. Berlin 2008.
363. G. Heydemann, Konstitution gegen Revolution. Die britische Deutschland- und Italienpolitik 1815–1848. Göttingen/Zürich 1995 (s. auch: 127).

364. K. HILDEBRAND, No Intervention. Die Pax Britannica und Preußen 1865/66–1869/70. Eine Untersuchung zur englischen Weltpolitik im 19. Jahrhundert. München 1997.
365. R. MARCOWITZ, Kongreßdiplomatie 1815–1823. Frankreichs Rückkehr in das Europäische Konzert, in: Francia 24 (1997) 1–22.
366. DERS., Großmacht auf Bewährung. Die Interdependenz französischer Innen- und Außenpolitik und ihre Auswirkungen auf Frankreichs Stellung im europäischen Konzert 1814/15–1851/52. Stuttgart 2001.
367. G. METZLER, Großbritannien – Weltmacht in Europa. Handelspolitik im Wandel des europäischen Staatensystems 1856 bis 1871. Berlin 1997.
368. M. MÖSSLANG/T. RIOTTE (Hrsg.), The Diplomats' World. A Cultural History of Diplomacy, 1815–1914. Oxford 2008.
369. F. L. MÜLLER, Britain and the German Question. Perspectives of Nationalism and Political Reform, 1830–63. Houndmills, Basingstoke 2002.
370. J. PAULMANN, Pomp und Politik. Monarchenbegegnungen in Europa zwischen Ancien Régime und Erstem Weltkrieg. Paderborn u.a. 2000.
371. W. PYTA, Idee und Wirklichkeit der „Heiligen Allianz", in: F.-L. KROLL (Hrsg.), Neue Wege der Ideengeschichte. Paderborn u.a. 1996, 315–345.
372. DERS., Konzert der Mächte und kollektives Sicherheitssystem. Neue Wege zwischenstaatlicher Friedenswahrung nach dem Wiener Kongreß, in: Jahrbuch des Historischen Kollegs 1996. München 1997, 133–173.
373. B. RIEHLE, Eine neue Ordnung der Welt. Föderative Friedenstheorien im deutschsprachigen Raum zwischen 1892 und 1932. Göttingen 2009.
374. M. SCHULZ, Normen und Praxis. Das Europäische Konzert der Großmächte als Sicherheitsrat 1815–1860. München 2009.
375. K. WEIGAND, Österreich, die Westmächte und das europäische Staatensystem nach dem Krimkrieg (1856–1859). Husum 1997.
376. H. WENTKER, Zerstörung der Großmacht Rußland? Die britischen Kriegsziele im Krimkrieg. Göttingen/Zürich 1993.

Register

(Die Stichworte „Österreich/Habsburger Monarchie", „Preußen" und „Deutschland" wurden nicht aufgenommen.)

Aberdeen, G. Hamilton Gordon, Earl of 18
Adenauer, K. 51
Alexander I., Zar von Rußland 1 f., 5, 7 f., 13, 17
Alexander II., Zar von Rußland 106
ALTER, P. 105
Alvensleben, G. v. 43
Autokratische Monarchie/Absolutismus 8, 14

BAUMGART, F. 85
BAUMGART, W. 73, 93, 113 f.
BECKER, J. 105
Belgien 13 f., 16, 82
BERDING, H. 108 f.
BERTIER DE SAUVIGNY, G. de 79
Beust, F. F. Frhr. v. 101
Bewegung/„Kräfte der Bewegung" (s. auch Liberalismus, Nationalismus) 8, 11 f., 62, 68
BEYRAU, D. 101, 105
BILLINGER, R. D. 84
BINKLEY, R. C. 113 f.
Bismarck, O. v. (Graf seit 1865) 20, 28, 30, 32, 35, 37, 39–45, 47 ff., 51, 54, 56–61, 63 f., 67, 69 f., 72, 74, 77 f., 88, 90, 92 f., 95 f., 98–107, 110, 115, 117
BÖHME, H. 111
BORRIES, K. 92
BOTZENHART, M. 4, 75
BOURQUIN, M. 79
BRANDENBURG, E. 58 f.
BRANDT, H.-H. 111
Briand, A. 51, 66
BRIDGE, F. R. 73

Bruck, K. L. Frhr. v. 31, 63, 111
BUCHER, E. 84
BULLEN, R. 73, 84
Bunsen, Chr. K. J. Frhr. v. 58
Buol-Schauenstein, K. F. Graf v. 92 ff.
BURG, P. 6, 80, 83
BUSSMANN, W. 73, 98

Castlereagh, R. Stewart, Viscount 2 f., 69, 76 f., 79
Cavour, C. di 38, 93
CHROUST, A. 67 f.
Coudenhove-Kalergi, R. Graf 66

Dänemark 7, 24, 40 f., 70
DEHIO, L. 70, 91
DELBRÜCK, H. 57
DERNDARSKY, M. 95
Deutscher Bund 6 f., 9 ff., 13, 15, 19 ff., 24–27, 29–32, 35 f., 40 ff., 44 f., 48, 54, 56–59, 61 f., 66, 68, 72 ff., 76, 80, 83, 87, 91, 94, 96 ff., 101, 105, 109, 112, 116 ff.
DOEBERL, M. 90
DOERING-MANTEUFFEL, A. 81, 84, 89, 91, 94
DOMMERMUTH, N. 84
Dresdener Konferenzen (1851) 25, 29 f., 87, 90
Drittes Deutschland (1815–1866)/ Süddeutschland (1866–1871) 6, 11 f., 20 ff., 28 f., 36, 39, 47 f., 50 f., 67 f., 80, 90 f., 94 f.
DROYSEN, J. G. 53, 58
Dualismus, deutscher 3 f., 6, 20, 26 f., 30, 37–46, 61, 63 f., 87, 90 ff., 94, 110 f.

ECHARD, W. E. 101, 114 f.
ECKART, F. 92, 94
ECKINGER, K. 84
EICH, U. 80
ELROD, R. B. 115
England/Großbritannien 5, 7, 11–17, 19, 24 f., 33–37, 39, 41, 45, 50, 71, 73, 76, 79 f., 83, 86, 88, 94, 104, 113, 116
Europäisches Konzert 7, 9, 13 f., 16, 19, 31–36, 81 ff., 93, 112–116

FABER, K.-G. 98
FEHRENBACH, E. 102
FELLNER, F. 64
FENSKE, H. 106
FICKER, J. v. 55
FISCHER, W. 109
Föderalismus/föderativ 1, 3, 68, 72, 75, 90, 97, 99, 117
Frankreich 2, 4 f., 8, 11, 13–17, 28, 33 f., 36–41, 43 f., 46–51, 70, 79, 82 f., 85 f., 94, 102, 104 f., 114, 116
FRANTZ, K. 117
Franz II., Kaiser von Österreich 1, 23, 62
FRANZ, E. 111
Frieden/Friedenssicherung 4, 7 f., 13, 24, 26, 35, 54, 71, 93
FRIEDJUNG, H. 62 ff., 92
Friedrich VII., König von Dänemark 40
Friedrich Wilhelm III., König von Preußen 8
Friedrich Wilhelm IV., König von Preußen 19, 27 f., 32, 39, 58, 90
FUCHS, W. P. 94

Gagern, H. v. 26, 28, 89
GALL, L. 44, 50, 72, 106 f., 111
Garantie 1, 83 f.
Gaulle, Ch. de 51
GEISS, I. 8
Georg IV., engl. Prinzregent 7
GERVINUS, G. G. 60
GILLESSEN, G. 88 ff.
Gleichgewicht 3, 5, 16, 30, 34, 70, 75, 113 ff., 118
GOLLWITZER, H. 16, 82
GRIEWANK, K. 77, 79

großdeutsch 26, 38, 63 f., 68, 117
GRUNER, W. D. 73, 84
Guizot, F. P. 19

Habsburg, R. v. 55
HAHN, H.-H. 90
HAHN, H.-W. 21, 109 ff.
Hardenberg, K. A. Fürst v. 2
Hegemonie/Hegemonialpolitik 20, 22, 38 f., 49 f., 70
„Heilige Allianz" 7 f., 12, 14, 16, 36, 77 ff.
HENDERSON, W. O. 109
HEYDEMANN, G. 81, 83 f.
HILDEBRAND, K. 66, 72, 103 ff.
HILLGRUBER, A. 100, 115
HINTZE, O. 58
HOFFMANN, J. 91
HOLBRAAD, C. 113
HUBER, E. R. 12, 21 f., 84

Industrialisierung 16, 23, 34 f., 77
Intervention/Nichtintervention 7, 10, 14 f., 17, 40 ff., 79
Italien 4, 28, 38, 44, 49, 62, 103
Ius Publicum Europaeum/europäisches Völkerrecht 7 ff., 11, 15, 30, 32, 35, 39, 41, 58 f., 75 f., 84, 90, 106, 114, 116

KAEHLER, S. A. 92 f.
KAERNBACH, A. 94
KAHLENBERG, F. P. 99 f.
Karl X., König von Frankreich 12
KISSINGER, H. A. 71, 73, 79 f., 84, 113
kleindeutsch 26, 38, 48, 57, 60, 63, 66, 90, 117
KOHL, H. 59
KOLB, E. 101, 105 ff.
„Kongresse"/Großmächtekonferenzen 1818–1822 7, 9, 11, 67, 76 f., 79, 81
Kongreßvorschlag 32, 36 f., 45 f., 101, 114 f.
Konservativismus 11, 19, 31, 34
Konstitutionalismus/konstitutionelle Verfassungen 10 f., 14, 19, 83
KOSELLECK, R. 12

Kotzebue, K. A. v. 11
KRAEHE, E. E. 79, 94
Krieg/Kriegsprävention 16, 18, 24f., 29, 35, 41, 47, 106
Krimkrieg 4, 35ff., 59, 77, 81, 92–95, 98, 115f.

Legitimität/Legitimismus 4f., 13f., 19, 31, 33, 34, 44, 62, 69, 78f., 83f., 113, 116
LENZ, M. 56, 58f., 66
Leopold v. Sachsen-Coburg-Gotha 14
Liberalismus/liberale Bewegung 9, 15f., 19, 21f., 24, 26f., 31, 44, 46, 49, 51, 60ff., 69, 82f.
LIPGENS, W. 105f.
LORENZ, O. 61f.
Louis Philippe von Orléans, König von Frankreich 13
Ludwig XVIII., König von Frankreich 3
Luther, M. 55
LUTZ, H. 12, 18, 73f., 76, 97, 102, 104

Macht/Machtpolitik 17, 31f., 35f., 38f., 44f., 50, 53, 56, 69, 71, 93ff., 98, 112, 115
Manteuffel, O. Frhr. v. 32, 58, 91
MARCKS, E. 56, 58, 67, 85f., 88, 96
MEIBOOM, S. 95
MEINECKE, F. 57f., 90
Metternich, C. Fürst v. 2f., 7–14, 16f., 19, 22f., 31f., 60–63, 68f., 74ff., 78ff., 82ff., 101, 116
Mitteleuropa 24, 27–30, 39, 42, 46, 50, 59, 63, 83, 90f., 102, 104f.
Mittelstaaten, s. Drittes Deutschland
Modernisierung 19, 23, 32, 34, 62
MOLTMANN, G. 89
MORAS, J. 69
MOSSE, W. E. 70, 88f.
MÜLLER, H. 82

NÄF, W. 77–80, 84, 114
Napoleon Bonaparte 1ff., 7, 54
Napoleon III., Kaiser von Frankreich (bis 1852 Prinzpräsident Louis Napoleon) 33f., 36ff., 41, 43, 47–50, 59, 101, 103ff., 114f.
Nationalismus/nationale Bewegung 11, 18, 25, 27f., 38, 40, 43f., 46, 49, 51, 54, 60, 72, 75, 82, 86, 88
Nationalstaat/Nationalstaatlichkeit 7, 17, 24ff., 30, 35, 48, 56f., 65
Neutralität 14, 36f., 43
Nikolaus I., Zar von Rußland 25, 43
NIPPERDEY, TH. 74, 96f., 117
Norddeutscher Bund 46–49, 103

Öffentlichkeit/öffentliche Meinung 15, 33, 38, 44, 46, 49, 56, 103, 107
ONCKEN, H. 57, 66, 67, 108
Ordnungsgedanke/„Ordnung" als ideologisches Prinzip 4, 8f., 11, 16, 27, 31f., 34f., 44, 60f., 68f., 75f., 78, 80, 101, 103, 113–116

PAESCHKE, H. 69
Palmerston, H. J. Temple, Viscount 15, 82, 103
Parlamentarismus 53, 79
Paulskirche/Frankfurter Nationalversammlung 1848 18, 24–27, 29, 63, 85f., 88ff.
PHILLIPPS, W. A. 112f.
PIRENNE, J.-H. 79
Pitt, W. d. J. 1
Polen 5, 13, 24f., 83, 85, 87, 89
POSCHINGER, H. v. 58
PRECHT, H. 86
PRICE, A. H. 109

RADEWAHN, W. 103
Radowitz, J. M. v. 28f., 58, 89, 91, 99
RANKE, L. v. 53, 56, 58
RAUMER, K. v. 75
Realpolitik, s. Machtpolitik
Rechberg, J. B. Graf v. 101
„Revolution"/antirevolutionäre Politik 8, 10f., 16, 32
Rheinkrise (1840) 17ff., 84, 86
RIE, R. 112f.
RITTER, G. 69, 71

Rivalität, preußisch-österreichische, s. Dualismus, deutscher
Rochau, L. A. v. 38
RUMPLER, H. 73 f., 90 f., 99, 101, 117
Rußland 5, 7, 12, 17, 24 f., 29, 34, 36, 41, 43, 45, 71, 78, 85–88, 95, 105, 116

Sand, K. L. 11
SCHARFF, A. 86 f., 90
SCHIEDER, TH. 18, 72 f., 95 f., 98 f.
Schleswig-Holstein 25, 33, 40 ff., 45 f., 59, 85 f., 89
SCHNABEL, F. 68 f., 72, 80, 95
SCHOEPS, H. J. 91
SCHROEDER, P. W. 70, 73, 79 f., 84, 93, 95, 103, 116 f.
SCHULIN, E. 54
SCHULZE, H. 18
Schwarzenberg, F. Fürst v. 26 ff., 30, 32, 62 f., 91, 101
SEIER, H. 55, 57
SIEBURG, H.-O. 54
Solidaritätspolitik der Großmächte 8 f., 16, 32–35, 59, 113
Souveränität 3, 6, 20, 22, 27, 35, 56 f., 75, 79, 100, 116
SRBIK, H. Ritter v. 60 f., 67, 72, 74–77, 79 f.
STADELMANN, R. 88
STAMM, E. 117
Stresemann, G. 51
SYBEL, H. v. 54 ff., 61

Talleyrand, Ch. M. de 4
TAYLOR, A. J. P. 70
TEMPERLEY, H. 79, 81, 113
TREITSCHKE, H. v. 54 ff., 60 f., 108

UNCKEL, B. 93

VALENTIN, V. 58, 85 ff., 89
VEIT-BRAUSE, I. 84

WANDRUSZKA, A. 96
WEBSTER, CH. K. 76 f., 82, 113
WEHLER, H.-U. 111
Wiener Kongreß 2, 4, 6 ff., 13, 17, 19 ff., 54 f., 60, 66, 74, 77, 79 f., 112 ff.
Wiener Ordnung 16, 19, 31, 33–36, 57, 80 ff., 84, 93, 113 ff.
Wiener System 10, 16, 80 f., 84
Wilhelm I., König von Preußen 39, 42, 45, 59, 62
Wilhelm III., König der Niederlande 48
Wirtschaft/Handel/Handelspolitik 19, 21 ff., 28, 30 f., 34 f., 38 ff., 44, 46 f., 63, 95, 108–112
WOLLSTEIN, G. 90

ZMARZLIK, H.-G. 115
Zollverein 19–24, 28 f., 31, 39, 47 f., 55, 67 f., 108–112
ZORN, W. 108, 112

Enzyklopädie deutscher Geschichte
Themen und Autoren

Mittelalter

Agrarwirtschaft, Agrarverfassung und ländliche Gesellschaft im Mittelalter (Werner Rösener) 1992. EdG 13   Gesellschaft
Adel, Rittertum und Ministerialität im Mittelalter (Werner Hechberger) 2004. EdG 72
Die Stadt im Mittelalter (Frank G. Hirschmann) 2009. EdG 84
Die Armen im Mittelalter (Otto Gerhard Oexle)
Frauen- und Geschlechtergeschichte des Mittelalters (Hedwig Röckelein)
Die Juden im mittelalterlichen Reich (Michael Toch) 2. Aufl. 2003. EdG 44

Wirtschaftlicher Wandel und Wirtschaftspolitik im Mittelalter (Michael Rothmann)   Wirtschaft

Wissen als soziales System im Frühen und Hochmittelalter (Johannes Fried)   Kultur, Alltag, Mentalitäten
Die geistige Kultur im späteren Mittelalter (Johannes Helmrath)
Die ritterlich-höfische Kultur des Mittelalters (Werner Paravicini) 2. Aufl. 1999. EdG 32

Die mittelalterliche Kirche (Michael Borgolte) 2. Aufl. 2004. EdG 17   Religion und Kirche
Mönchtum und religiöse Bewegungen im Mittelalter (Gert Melville)
Grundformen der Frömmigkeit im Mittelalter (Arnold Angenendt) 2. Aufl. 2004. EdG 68

Die Germanen (Walter Pohl) 2. Aufl. 2004. EdG 57   Politik, Staat, Verfassung
Das römische Erbe und das Merowingerreich (Reinhold Kaiser) 3., überarb. u. erw. Aufl. 2004. EdG 26
Das Karolingerreich (Jörg W. Busch)
Die Entstehung des Deutschen Reiches (Joachim Ehlers) 3., um einen Nachtrag erw. Aufl. 2010. EdG 31
Königtum und Königsherrschaft im 10. und 11. Jahrhundert (Egon Boshof) 3., aktualisierte und um einen Nachtrag erw. Aufl. 2010. EdG 27
Der Investiturstreit (Wilfried Hartmann) 3., überarb. u. erw. Aufl. 2007. EdG 21
König und Fürsten, Kaiser und Papst nach dem Wormser Konkordat (Bernhard Schimmelpfennig) 1996. EdG 37
Deutschland und seine Nachbarn 1200–1500 (Dieter Berg) 1996. EdG 40
Die kirchliche Krise des Spätmittelalters (Heribert Müller)
König, Reich und Reichsreform im Spätmittelalter (Karl-Friedrich Krieger) 2., durchges. Aufl. 2005. EdG 14
Fürstliche Herrschaft und Territorien im späten Mittelalter (Ernst Schubert) 2. Aufl. 2006. EdG 35

Frühe Neuzeit

Bevölkerungsgeschichte und historische Demographie 1500–1800 (Christian Pfister) 2. Aufl. 2007. EdG 28   Gesellschaft

Umweltgeschichte der Frühen Neuzeit (Reinhold Reith)
**Bauern zwischen Bauernkrieg und Dreißigjährigem Krieg (André Holenstein)
1996. EdG 38
Bauern 1648–1806 (Werner Troßbach) 1992. EdG 19
Adel in der Frühen Neuzeit (Rudolf Endres) 1993. EdG 18
Der Fürstenhof in der Frühen Neuzeit (Rainer A. Müller) 2. Aufl. 2004. EdG 33
Die Stadt in der Frühen Neuzeit (Heinz Schilling) 2. Aufl. 2004. EdG 24
Armut, Unterschichten, Randgruppen in der Frühen Neuzeit
(Wolfgang von Hippel) 1995. EdG 34
Unruhen in der ständischen Gesellschaft 1300–1800 (Peter Blickle) 1988. EdG 1
Frauen- und Geschlechtergeschichte 1500–1800 (N. N.)
Die deutschen Juden vom 16. bis zum Ende des 18. Jahrhunderts
(J. Friedrich Battenberg) 2001. EdG 60**

Wirtschaft
Die deutsche Wirtschaft im 16. Jahrhundert (Franz Mathis) 1992. EdG 11
**Die Entwicklung der Wirtschaft im Zeitalter des Merkantilismus 1620–1800
(Rainer Gömmel) 1998. EdG 46
Landwirtschaft in der Frühen Neuzeit (Walter Achilles) 1991. EdG 10
Gewerbe in der Frühen Neuzeit (Wilfried Reininghaus) 1990. EdG 3
Kommunikation, Handel, Geld und Banken in der Frühen Neuzeit (Michael
North) 2000. EdG 59**

Kultur, Alltag, Renaissance und Humanismus (Ulrich Muhlack)
Mentalitäten **Medien in der Frühen Neuzeit (Andreas Würgler) 2009. EdG 85
Bildung und Wissenschaft vom 15. bis zum 17. Jahrhundert (Notker Hammerstein) 2003. EdG 64
Bildung und Wissenschaft in der Frühen Neuzeit 1650–1800
(Anton Schindling) 2. Aufl. 1999. EdG 30
Die Aufklärung (Winfried Müller) 2002. EdG 61
Lebenswelt und Kultur des Bürgertums in der Frühen Neuzeit (Bernd Roeck)
1991. EdG 9
Lebenswelt und Kultur der unterständischen Schichten in der Frühen Neuzeit
(Robert von Friedeburg) 2002. EdG 62**

Religion und **Die Reformation. Voraussetzungen und Durchsetzung (Olaf Mörke) 2005.
Kirche EdG 74
Konfessionalisierung im 16. Jahrhundert (Heinrich Richard Schmidt)
1992. EdG 12
Kirche, Staat und Gesellschaft im 17. und 18. Jahrhundert (Michael Maurer)
1999. EdG 51
Religiöse Bewegungen in der Frühen Neuzeit (Hans-Jürgen Goertz)
1993. EdG 20**

Politik, Staat, **Das Reich in der Frühen Neuzeit (Helmut Neuhaus) 2. Aufl. 2003. EdG 42
Verfassung Landesherrschaft, Territorien und Staat in der Frühen Neuzeit (Joachim Bahlcke)
Die Landständische Verfassung (Kersten Krüger) 2003. EdG 67
Vom aufgeklärten Reformstaat zum bürokratischen Staatsabsolutismus
(Walter Demel) 2., um einen Nachtrag erw. Auflage 2010. EdG 23
Militärgeschichte des späten Mittelalters und der Frühen Neuzeit
(Bernhard R. Kroener)**

Themen und Autoren 171

Das Reich im Kampf um die Hegemonie in Europa 1521–1648 (Alfred Kohler) 1990. EdG 6
Altes Reich und europäische Staatenwelt 1648–1806 (Heinz Duchhardt) 1990. EdG 4

Staatensystem, internationale Beziehungen

19. und 20. Jahrhundert

Bevölkerungsgeschichte und Historische Demographie 1800–2000 (Josef Ehmer) 2004. EdG 71
Migration im 19. und 20. Jahrhundert (Jochen Oltmer) 2010. EdG 86
Umweltgeschichte im 19. und 20. Jahrhundert (Frank Uekötter) 2007. EdG 81
Adel im 19. und 20. Jahrhundert (Heinz Reif) 1999. EdG 55
Geschichte der Familie im 19. und 20. Jahrhundert (Andreas Gestrich) 1998. EdG 50
Urbanisierung im 19. und 20. Jahrhundert (Klaus Tenfelde)
Von der ständischen zur bürgerlichen Gesellschaft (Lothar Gall) 1993. EdG 25
Die Angestellten seit dem 19. Jahrhundert (Günter Schulz) 2000. EdG 54
Die Arbeiterschaft im 19. und 20. Jahrhundert (Gerhard Schildt) 1996. EdG 36
Frauen- und Geschlechtergeschichte im 19. und 20. Jahrhundert (N. N.)
Die Juden in Deutschland 1780–1918 (Shulamit Volkov) 2. Aufl. 2000. EdG 16
Die deutschen Juden 1914–1945 (Moshe Zimmermann) 1997. EdG 43

Gesellschaft

Die Industrielle Revolution in Deutschland (Hans-Werner Hahn) 2., durchges. Aufl. 2005. EdG 49
Die deutsche Wirtschaft im 20. Jahrhundert (Wilfried Feldenkirchen) 1998. EdG 47
Agrarwirtschaft und ländliche Gesellschaft im 19. Jahrhundert (N.N.)
Agrarwirtschaft und ländliche Gesellschaft im 20. Jahrhundert (Ulrich Kluge) 2005. EdG 73
Gewerbe und Industrie im 19. und 20. Jahrhundert (Toni Pierenkemper) 2., um einen Nachtrag erw. Auflage 2007. EdG 29
Handel und Verkehr im 19. Jahrhundert (Karl Heinrich Kaufhold)
Handel und Verkehr im 20. Jahrhundert (Christopher Kopper) 2002. EdG 63
Banken und Versicherungen im 19. und 20. Jahrhundert (Eckhard Wandel) 1998. EdG 45
Technik und Wirtschaft im 19. und 20. Jahrhundert (Christian Kleinschmidt) 2007. EdG 79
Unternehmensgeschichte im 19. und 20. Jahrhundert (Werner Plumpe)
Staat und Wirtschaft im 19. Jahrhundert (Rudolf Boch) 2004. EdG 70
Staat und Wirtschaft im 20. Jahrhundert (Gerold Ambrosius) 1990. EdG 7

Wirtschaft

Kultur, Bildung und Wissenschaft im 19. Jahrhundert (Hans-Christof Kraus) 2008. EdG 82
Kultur, Bildung und Wissenschaft im 20. Jahrhundert (Frank-Lothar Kroll) 2003. EdG 65

Kultur, Alltag und Mentalitäten

Lebenswelt und Kultur des Bürgertums im 19. und 20. Jahrhundert (Andreas Schulz) 2005. EdG 75
Lebenswelt und Kultur der unterbürgerlichen Schichten im 19. und 20. Jahrhundert (Wolfgang Kaschuba) 1990. EdG 5

Religion und Kirche

Kirche, Politik und Gesellschaft im 19. Jahrhundert (Gerhard Besier) 1998. EdG 48
Kirche, Politik und Gesellschaft im 20. Jahrhundert (Gerhard Besier) 2000. EdG 56

Politik, Staat, Verfassung

Der Deutsche Bund 1815–1866 (Jürgen Müller) 2006. EdG 78
Verfassungsstaat und Nationsbildung 1815–1871 (Elisabeth Fehrenbach) 2., um einen Nachtrag erw. Aufl. 2007. EdG 22
Politik im deutschen Kaiserreich (Hans-Peter Ullmann) 2., durchges. Aufl. 2005. EdG 52
Die Weimarer Republik. Politik und Gesellschaft (Andreas Wirsching) 2., um einen Nachtrag erw. Aufl. 2008. EdG 58
Nationalsozialistische Herrschaft (Ulrich von Hehl) 2. Aufl. 2001. EdG 39
Die Bundesrepublik Deutschland. Verfassung, Parlament und Parteien (Adolf M. Birke/Udo Wengst) 2., überarb. und erw. Auflage 2010. EdG 41
Militär, Staat und Gesellschaft im 19. Jahrhundert (Ralf Pröve) 2006. EdG 77
Militär, Staat und Gesellschaft im 20. Jahrhundert (Bernhard R. Kroener)
Die Sozialgeschichte der Bundesrepublik Deutschland bis 1989/90 (Axel Schildt) 2007. EdG 80
Die Sozialgeschichte der DDR (Arnd Bauerkämper) 2005. EdG 76
Die Innenpolitik der DDR (Günther Heydemann) 2003. EdG 66

Staatensystem, internationale Beziehungen

Die deutsche Frage und das europäische Staatensystem 1815–1871 (Anselm Doering-Manteuffel) 3., um einen Nachtrag erw. Aufl. 2010. EdG 15
Deutsche Außenpolitik 1871–1918 (Klaus Hildebrand) 3., überarb. und um einen Nachtrag erw. Aufl. 2008. EdG 2
Die Außenpolitik der Weimarer Republik (Gottfried Niedhart) 2., aktualisierte Aufl. 2006. EdG 53
Die Außenpolitik des Dritten Reiches (Marie-Luise Recker) 2., um einen Nachtrag erw. Auflage 2010. EdG 8
Die Außenpolitik der Bundesrepublik Deutschland 1949 bis 1990 (Ulrich Lappenküper) 2008. EdG 83
Die Außenpolitik der DDR (Joachim Scholtyseck) 2003. EDG 69

Hervorgehobene Titel sind bereits erschienen.

Stand: (Januar 2010)